拉通

华为十倍增效千倍增长的横向逻辑

朱相鹏◎著

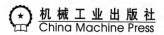

图书在版编目（CIP）数据

拉通：华为十倍增效千倍增长的横向逻辑/朱相鹏著. --北京：机械工业出版社，2022.6
ISBN 978-7-111-70608-3

I. ① 拉… II. ① 朱… III. ① 通信企业-企业管理-经验-深圳 IV. ① F632.765.3

中国版本图书馆CIP数据核字（2022）第066325号

华为1992～2019年增长八千余倍并且增效十倍的历程，是全世界企业史上珍贵的史料。"拉通"是其横向底层逻辑和密码，是对精益和敏捷等运营管理理论的集成创新和应用突破。本书作为"十倍增效增长"三部曲之一，还原了这段历程，建立了一套标准（共分九级）来评判经营管理的真实水平，帮助企业对号入座并牵引后续变革；可复制的"五通"方法论——悟通、打通、穿通、弹通、拉通，助力华为实现员工自动高效协同、顺利数字化、增效增长、持久竞争力，值得各种规模的各行企业借鉴。

拉通：华为十倍增效千倍增长的横向逻辑

出版发行：机械工业出版社（北京市西城区百万庄大街22号 邮政编码：100037）			
责任编辑：高珊珊		责任校对：马荣敏	
印　　刷：北京诚信伟业印刷有限公司		版　　次：2022年6月第1版第1次印刷	
开　　本：170mm×230mm　1/16		印　　张：17.75	
书　　号：ISBN 978-7-111-70608-3		定　　价：79.00元	
客服电话：（010）88361066　88379833　68326294		投稿热线：（010）88379007	
华章网站：www.hzbook.com		读者信箱：hzjg@hzbook.com	

版权所有·侵权必究
封底无防伪标均为盗版

推荐序一

拉通：高效协作、高效增长难以绕开的底层逻辑

增长和增效通常是企业经营管理的主要目标。只重视增长容易导致"虚胖"，只重视增效容易造成效益收缩，因此"两手都要抓，两手都要硬"。为了适应这一需要，本书提出了"增效增长"的思想，即增效地增长，在增长的同时增效；论证了增效增长具有可行性，即如果把增效用于研发、市场、销售等能够助力市场扩张的环节以及这些环节之间的协作，则能促进增长。能做到增效增长的企业，体质健康，具有持久的核心竞争力；不能做到增效增长的企业，将很容易被市场淘汰。

增效增长不容易实现，最基本的，它需要相关人员高效协作。在当今知识经济时代，知识工作者分散在各部门、全国甚至世界各地，不能经常见面沟通，要提高包括知识工作者和体力劳动者在内的所有人的跨部门协作效率，是个巨大的挑战。

所幸，中国出现了优秀的案例，华为就是典范。华为近 20 万名员工随着业务遍及 170 多个国家和地区，研发、市场、销售、供应、生产、交付、服务等部门相互协作，管理难度之高不言而喻。华为投入巨资广拜全球名师虚心学习，扎实打造先进的管理体系，实现跨部门高效协作和十倍增效八千余倍增长的发展历程，已成为中国企业发展史上珍贵的史料，其经验值得学习。只有在逻辑上可行才有可能在现实中实现，只有掌握了底层逻辑才能系统地借鉴经验，因此本书不但还原了这一发展历程，还从中揭示了鲜为人知的提高协作效率、实现高效增长的底层逻辑，并提炼出了可复制的实用方法论，作者把这种底层逻辑和方法论总结为"拉通"。

从运营管理的原理上看，要想实现高效协作、高效增长，难以绕开"拉""通"。

从"拉"看，拉能使部门内部的工作和跨部门的协作，都聚焦于为客户乃至最终用户创造他们真正需要的价值，避免了从源头上出现方向性的浪费和低效。面对如今日益个性化、多品种小批量的市场需求，本书分析了推具有使批量增大、信息流和物流不同步等先天缺陷，并论证了批量增大是周期乃至效率的隐形障碍；此外，本书借用"力的三要素"层层推导，论证了从推到拉，无论是对外部的客户体验与满意度，还是对内部的运营效率、质量、成本、交付周期、利润、士气，总共在 16 个方面都会带来显著的改进。面对个性化需求，要想高效，就很难绕开拉，要么全部采用拉式，要么推拉结合但以拉为主。

从"通"看，畅通程度越高，效率就越高。本书一方面提出了实现拉通的"五通"方法论。其中，特别重要的是指出了：具有小批量乃至逐一运行即"穿通"的能力，是在多品种小批量甚至单个定制的需求环境下提升效率的核心；即使要按批量作业，即"弹通"，也可以通过缩小批量来缩短周期，提高效率。此外，针对企业经营真实管理水平评价难的问题，本书从宏观、微观两个维度，并从"通"的角度评价了企业经营管理的真实水平，明确提出了九级水平中任意相邻两级之间的核心区别。其中，"推拉通"是最高水平，需要企业在能初步拉通的基础上，根据快速增长等要求推拉结合。从推到拉，再到推拉结合，是否定之否定、螺旋式上升，蕴含了辩证法思想。方法论中的"五通"和通的九级水平，都以"通"结尾的词语命名，既方便理解，又蕴含了中国文化。这样，本书为企业的经营管理建立了一整套比较客观、明确、简洁、易懂的评价标准，方便各类企业对号入座，看清并牵引后续每一阶段的改进。"通"的水平没有提升，就意味着协作效率难以真正提升。

此外，本书还从本质上分析了对"拉通"的常见误解，指出企业不是一上来就能实现"拉通"，而是应该按照"通—拉—通"螺旋式上升的过程去实现，通的是路，拉的是车，畅通的是建立了交通规则之后的路上的车。

工业工程（IE）基本上是与拉通、精益、敏捷等运营管理理论关系最密切的专业，作者是该专业国内最早的毕业生之一，且一直从事本专业的研究和企业实践。很高兴看到本专业的毕业生能在实践中潜心钻研并总结成书。本书逻辑严密，理论自成体系，创新性和实用性兼具，逻辑、方法论、案例互相对应、契合，有助于企业较快、较低成本地掌握华为等杰出企业跨部门自动高效协作经验背后的逻辑，从而实现自己的增效增长。

本书不但适合已走上发展正轨的企业的创始人、高管，以及对效率提升、部门协同感兴趣的管理者和员工阅读，而且适合作为高校教科书或教辅材料，供工业工程以及管理科学与工程、工商管理、物流管理、管理信息系统等经管专业的在校师生学习、参考。祝贺《拉通：华为十倍增效千倍增长的横向逻辑》出版，期待更多的企业、师生早日从"拉通"理论中受益！

郑力

清华大学副校长、教授

教育部长江学者特聘教授

教育部工业工程类教学指导委员会主任

2022 年 3 月

推荐序二

数智化和VUCA时代管理理论创新的重要探索

当今正值向数字经济转型时期,企业所处的环境具有越来越强的易变性(volatility)、不确定性(uncertainty)、复杂性(complexity)和模糊性(ambiguity)。工业时代确定性条件下的传统管理理论,有的已经不再适用,有的适用性日益减弱。

新的时代呼唤新的管理理论,中国学者责无旁贷。历史上,伴随前三次工业革命诞生的管理理论,都以某个著名公司或行业为背景,主要由国外专家学者提出,例如美国学者在总结日本丰田汽车生产管理模式的基础上提出精益生产管理方法。在新的历史时期,正在经历新一轮工业革命,作为目前全球第二大经济体的中国正向制造强国迈进,中国理应有学者在管理方面提出自己的见解,做出自己的贡献。在管理理论上,西方的"分"值得虚心借鉴,但以"合"为主要特征的中国文化也许是更能适应当前日益复杂、不确定环境的管理理论。此外，在改革开放40多年的进程中，中国已经成长出了像当年福特、丰田和当前苹果一样的全球杰出企业，华为就是其中的典型代表，是全球罕见的能在大型、中小型组织和个人消费者三大市场同时大获成功的企业。华为以中国文化为根基，广泛吸收全人类文明成果，把企业做大做强的经验内涵丰富、寓意深刻，值得被提炼成可推广的管理理论、可落地的方法论，值得全世界企业特别是中国企业借鉴。

很高兴我的学生相鹏以华为作为案例，做了大量的研究和探索，借用任正非先生在其2009年的一次讲话中提到的"拉通"二字，以华为十倍增效千倍增长的实践为主，结合其他多家全球顶级企业的经验，源于实践又高于实践，首次构建出了"拉通"系统化管理理论，并以拉通作为横向逻辑构建了"十倍增效增长"的三维经营管理体系。

本书不仅将拉通的作用范围由传统的生产环节扩展到制造业中的研发、市场、销售、供应、物流和客户服务等非生产环节，内部全流程乃至整个供应链，而且更进一步，由制造业扩展到服务业。这也是相鹏研究生毕业15年来一直在企业应用前沿认真研究和实践的重点。通过在2005年参与我负责的属于国内同类项目中较早的医院运营管理优化和信息化项目，他从之前积累了多年经验的生产管理优化领域，进入服务业的管理优化领域，并就该项目在国家核心期刊上发表了精益服务的论文。

在本书涉及的近百个探究点中，三项有创新性的工作让我印象尤其深刻。其一，提出了实现拉通的、可复制的"五通"方法论，既基于减小批量、缩短周期等运营的科学原理提出了穿通，又提出了基于柔性批量的弹通、用于增长的推拉通及其背后对于交付速度、成本和柔性的综合权衡，并用羊肉串、弹簧、车、公路、水路等作为比喻，有助于读者理解与落地应用；其二，基于"通"建立了一套标准，可以帮助企业评判其实际经营管理水平，指导企业后续的每一步改进；其三，通过集成创新，使精益、敏捷、TOC、质量管理等经典运营管理理论集成，实现了"中""和"例如，精益属于稳定业务的拉通，敏捷属于不稳定环境中不大范围的快速拉通，TOC属于不稳定环境中不具备拉通能力时想实现的"推拉通"。其余的探究成果，留待读者自己阅读时去发现、品味。

作为作者的老师，我也要指出，拉通作为新理论方法，肯定还有不少需要完善、值得完善的地方，需要并期待企业界和学术界的有识之士们一起来进一步丰富、推广。

拉通理论虽然是为数智化和VUCA时代而探索形成的，但由于是基于运营管理的客观规律，加上拉通方法论中的"弹通"和"推拉通"有较强的"柔性"，因此具有普遍性。无论是对数智化和VUCA时代，或是对工业化时代或信息化时代，还是对两者之间过渡的时代，都能够适用。拉通不仅适合于制造业，也适合服务业、农业；不仅适合新兴产业，也适合传统产业；不仅适合制造业中的生产环节，也适合研供销服等企业全流程；还适用于各种规模的企业，尤其是走上了发展正轨的企业。此外，不但适合单家企业内部的高效协同，而且适合整个供应链的高效协同。本书既有理念，也有方法论，更有案例，在以华为作为重点案例的同时，还阐述了在物流、餐饮等服务业中的实例。因此，拉通适合几乎任何组织的全流程跨部门自动高效协作、增效增长。

期待"拉通"在更多的企业中结出硕果；期待相鹏秉持对研究和推广工业工程、管理科学的热爱和责任感，潜心钻研，让"十倍增效增长"三部曲的其余两部早日面世；期待有更多的像相鹏一样的年轻一代学者，大胆尝试，勇于创新，钻研企业管理理论，助力中国企业提高管理水平，提升竞争能力；期待中国更多主流行业出现像华为这样的全球领军企业，早日实现制造强国的远大目标！

江志斌

教育部长江学者特聘教授

上海交通大学安泰经济与管理学院特聘教授

国际工业与系统工程师学会会士（Fellow）及副主席

2022 年 3 月

推荐序三

拉通：运营逻辑的一次哲学性升级

"推"与"拉"通常是生产运营领域的两种典型方式。"推"往往指库存式生产、计划驱动，"拉"往往指按需生产、订单牵引。推的模式在未来市场需求相对确定、客户需求标准化、大批量生产时代尚能有效运行，当未来的不确定性增大、客户需求多样化、小批量多品种时代到来后，"推"的模式的弊病就出现了。因此，从20世纪50年代开始，以丰田为代表的企业探索并实施了"拉"的模式，并进而形成了以满足客户需求、快速响应为导向，以单件流、去除浪费等为核心思想的精益生产体系，成为几十年来制造企业纷纷学习的生产运营体系。

但是，这里面存在两个问题，一是拉的范围主要集中在生产环节和部分供应环节，二是精益主要适合比较稳定的环境。本书在这两方面都有实质性的扩展和提升。

首先，对于拉的范围，它关系到使组织相互协同、合作而不是扯皮和内耗这一企业管理、增效增长的难点。以客户为存在的唯一理由的企业宗旨，就要求以客户为中心，先"拉通"贯穿市场、研发、销售、供应、生产、交付、服务等环节的创造价值的主流程，再从这一主流程"拉通"人力、财经等支撑流程，从而实现企业内部各环节之间的协同乃至整体人、财、事的协同，高效用好各种资源要素。本书不但满足了这一要求，而且使"拉"从单个企业扩展到广义供应链（企业与上游供应商、下游客户）和整个产业链的协同，还在行业上从制造业扩展到服务业。

为什么"拉"的逻辑有如此"法力"？因为它事实上反映了企业的本质，那就是为客户创造价值，持续提升自身经营效率，实现作者提出的"增效增长"。这就需要在"拉"的模式的基础上升级为"拉通"，也就是说，企业必须以客户为中心，聚焦客户需求（包括显性需求和隐性需求），以客户需求为牵引，拉动整个企业甚至产业链的协同运作，于是要求企业基于目标管理，在运营中去除浪费，提升效率，这就需要形成以精益思想、价值工程等为底层"算法"且全流程拉通的流程化组织，并通过信息化、数字化赋能，形成高效的企业管理体系。

其次，对于精益要求环境相对稳定这一局限，本书既揭示了"批量"及背后的推或拉是影响效率的隐形核心因素，因而重视单件运转及其背后的拉，又纳入了能满足快速增长需求的推拉结合，还融入了弹性批量。因此，"拉通"能比较高效地应对不稳定的环境。

最后，本书还详细研究了精益、敏捷、TOC、六西格玛和流程再造等经典运营管理理论的优劣势、它们之间以及它们和拉通之间的关系，最终使这些经典的理论能扬长避短并兼容、统一于拉通理论之中，实现了颇有意义的集成创新和运营逻辑的升级。

市面上总结华为经验的书籍众多，除去那些没有深入华为、道听途说的，大部分都是介绍华为是怎么做的，其中不乏优秀的作品。但是，很少有从华为经验中提炼出横向逻辑并建立系统化理论体系的，也很少有运营管理方面的。本书紧紧围绕经营、管理的主要目标和本质，即增长、增效，对于华为从走上发展正轨的1992年开始到2019年为止，恰好实现十倍增效八千余倍增长的历程，不但提炼出了背后的横向逻辑，即"拉通"，而且总结成"五通"方法论，阐明了实现"拉通"的"五通"方法论在华为的具体应用过程。这个提炼和总结是独到的，从横向上、运营体系上总结提炼了华为"长期有效增长"的经验。

此外，对当下火热的企业数字化转型，本书不但论证了数字化并没有改变通过业务为客户创造价值的本质，拉通是高效数字化和建设中台的前提，而且提出了冷静、务实的建议，如拉通业务流，即使不进行数字化也能创造价值；在没有拉通时就进行数字化，将使不好的做法"固化"为标准，可能使其他好的做法反而违规，严重影响质量和效率，在一定程度上是花钱买倒退。作者这些接地气的理念，完全契合华为的数字化理念和近30年的管理改进经验。

本书以"拉通"为主题，提出了一些原创性的思想和方法，比如实现拉通的"五通"方法论、反映经营管理真实水平的通的九级水平等，并从哲学思想上对拉通做了很好的阐释。本书作者硕士毕业于上海交通大学工业工程与管理系管理科学与工程专业，并在华为等优秀企业有数年的工作经验，之后的十几年专注为企业提供精益管理、拉通、数字化等方面的咨询服务，作者善于学习和思考，因此在这方面积累了不少创新性的思想和对多家行业标杆企业的成功辅导经验，今日系统整理之后成为一本具有思想性和实践性的著作，甚为可喜！因此我也乐于写此序言并推荐给广大的企业管理者和企业数字化工作者。

邢宪杰

华为前副总裁

2022 年 3 月

前 言

畅通才有生命力

高效协同、整体增效是企业梦寐以求的目标，但结果经常不尽如人意，核心原因之一是缺少在新时代行之有效的科学化的运营管理方法论，缺乏对经营管理真实水平的评判体系，对效率提升没理解透，竿子难插到底，协作低效，企业的所有者或管理者时常感到隔靴搔痒、不畅快、心堵甚至心"痛"。

中医学有"痛则不通，通则不痛"的理论，这个理论企业亦适用。企业经营管理的核心目标，从横向看，就是使客户需要的产品和服务及其订单、物品或知识等，能畅"通"无阻地朝客户方向不断增值、流动，从而使各环节内部和各环节之间都高效协同，并使组织不依赖个别人，进而使企业长期增效地增长。

畅通水平要用数据证明，数据是无效"改进"和忽悠的"照妖镜"。任何不能最终提升畅通水平的动作都是"假动作",做无用功。很多企业饱受不畅通之苦,部分甚至所有环节不畅通,轻则造成企业现金流不畅,重则导致企业"缺血"而亡。

畅通水平越高,企业在当下越赚钱,在将来越有持久的竞争力。本书就是为提高企业畅通水平而写的。

要想畅通,必须战胜很多"拦路虎",其中前一环节对后一环节"你不要,我也给"的"推",是不畅通的始作俑者。于是,第1章阐述了推的各种场景、产生原因、定义、受欢迎原因、先天缺陷,论证了推会导致批量增大,总结出了推导致各种问题的逻辑,进而引出拉的定义及其运作过程,阐述了推和拉在触发规则、作用效果和"功"上都迥然不同。最终,论证出从推到拉是革命性飞跃。

为了使"飞跃"更具体,第2章推导出了拉具有的16个优势及它们之间的逻辑关系。拉能帮助企业乃至整个产业链从根本上大幅减少在周期、质量、成本、安全等方面的浪费,提升客户满意度、利润和士气,助力企业长期健康发展。

为了让拉落地见效,第3章详细阐述了实现拉通的"五通"方法论。对每个"通",都按照是什么、为什么、怎么做来展开;在论证了批量是周期、效率、质量的"隐形杀手"的基础上,提出了"穿通"和"弹通",并重点阐述了弹通中的批量弹性设置和拉通的要点。

为了衡量拉通的效果,第4章设置了三个量化的衡量指标,将"通"的水平分为九级并明确了相邻两级之间的本质区别,从通的角度建立了一整套评判经营管理真实水平的标准,方便企业知道:目前自己处在什么水平,距离最高水平或标杆企业的水平差了哪几级,每跨越一级分别要做什么。另外,用案例论述了第九级水平"推拉通"的核心是权衡三个要素;运用车、路等比喻将系统图示化、形象化，方便读者理解与运用。

面对火热的数字化转型，第5章系统论证了拉通是高效数字化转型和建设中台的前提；在认可数字化效果的前提下提出，即使不数字化，也可以通过拉通取得良好效果，而且成本低；没有拉通就数字化将使组织比较低效，容易使企业得不偿失、进退两难。

为了回答拉通的落地过程和效果，第6章以接近全书三分之一的篇幅，详细还原、总结了华为从1992年在销售过亿、走上发展正轨开始，到2019年美国打压效果显现、正常发展轨道被扭曲为止，如何通过"五通"方法论实现了十倍增效八千余倍增长的真实历程。其中，列举了华为集成供应链变革、财经变革、销售"铁三角"变革等真实案例，首次系统分析了华为如何拉通从创意到进入市场（IPD）、从市场到线索（MTL）、从线索到回款（LTC）、从客户提出问题到解决（ITR）等创造价值的主流程，并提炼出华为的内拉通模型。华为客户包括企业、消费者、运营商、政府部门，业务模型非常复杂，全国大多数企业在业务模型上都可以从华为学到东西，比如拉通。

拉通作为一种新理论，必须在已有的经典运营管理理论的基础上做出有价值的创新，否则就没有提出的必要。第7章在总结各种理论的来龙去脉、本质以及它们之间传承关系的基础上，论证了拉通既涵盖了精益、流程再造、敏捷的精华，又能把TOC和质量管理的精华集成进来，还能抑制它们的缺点或不良作用的发挥，从而使这些经典运营管理理论统合到拉通这个集成创新的、开放的、适用范围广的新理论体系之中。

管理理论如果不能上升到哲学、文化的高度，就不够概括、本质、系统，难以长期存在并发挥重要作用。第8章论述了拉通不但蕴含了辩证法等重要的哲学思想，而且反映了华为开放、妥协、灰度的哲学，还高度契合以"仁义礼智信"以及建立在它们之上的、以"中""和"为核心的中国儒家哲学文化，契合中国现实，使理论更有生命力。

本书基于两方面的实践，一是华为实现十倍增效八千余倍增长的成功实践，作者以在华为工作并在多年后为华为提供咨询服务的方式深度参与其中；二是作者在丰田日本总部等全球500强企业工作或深度研修，为多家著名企业提供咨询辅导的实践。

基于实践和理论的反复结合，本书作为首部阐述既增长又增效即"增效增长"的著作，以"十倍增效增长"三部曲三维模型横向揭示了鲜为人知的、部门之间与员工之间全流程自动高效协作的隐形障碍、底层逻辑和方法"密码"，以及数字化员工、智能调度的底层逻辑，知识密度高，适合各类组织的创建者、管理者、数字化或信息化工作者阅读，值得喜欢深入钻研的读者反复研读。

当一个人有高飞的冲动时，他将再也不会满足于在地上爬。
——美国著名教育家、《假如给我三天光明》作者 海伦·凯勒

引　言

十倍增效千倍增长的珍贵史料和宝贵经验

一个公司的奋斗目标，以及财务方面的核心指标，通常不外乎两类：一类是增长，即收入或效益的提高；另一类是增效，即效率的提高。

实现增长本来就不容易，尤其是在经济环境不太好的情况下。如果不重视增效，一味追求增长，容易使企业虚胖、不健康。一旦经济形势变差或者行业出现危机，企业容易因为体质弱、缺少免疫力而倒下。

打蛇要打"七寸"，增效就是增长这条蛇的"七寸"，在增长的同时如果还能实现增效，企业就处于健康发展状态，自身有更好的发展前景，能给员工提供更好的舞台；员工能有更多的成长机会、更大的成长空间。增效需要企业管理内功扎实。

既增长又增效对于企业是挑战，更是正道和王道。

由于销售收入的持续获得是公司所有部门、全体人员通力合作的结果，

因此，人均效率可以近似地用人均销售收入来代表，这不但适用于华为，而且适用于已经走上发展正轨的任何企业，包括服务业（含互联网）、制造业、农业企业等。

本书用销售收入的增长来代表增长，用人均销售收入的增长来代表增效，即人均效率（以下简称"人效"）的提升。

众所周知，华为多年来成长迅速。但鲜为人知的是，华为在迅猛增长的同时，还实现了显著增效。华为的增长和增效历程如图0-1所示。

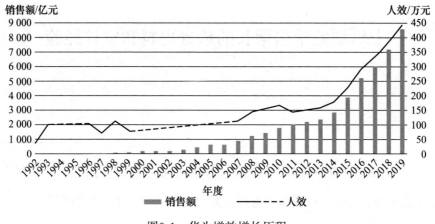

图0-1　华为增效增长历程

图0-1中，华为1992～2019年销售额数据齐全，大部分年份的人效数据也能查到，所缺的部分年份人效数据，经过简单拟合后如图中黑色虚线所示。华为在绝大多数年份都实现了既增效又增长，即"增效增长"。此处的增效是状语，修饰增长，都用"增"，方便读者朋友们理解、记忆。

1991年，华为推出第一款空分交换机HJD48，不但扩大了产品容量，而且降低了成本，颇受市场欢迎。在接下来的1992年，华为销售收入首次突破1亿元。销售过亿通常是一家企业发展上规模、管理上台阶的一个重要节点。当时的华为，就像一个刚刚经历过蹒跚学步阶段、基本学会了走路的孩子，成了一家初具规模的企业。从这个阶段开始总结华为经验，更有利于已经走上发展正轨的企业学习和借鉴。

至于研究的截止时间，一方面，2019年，华为销售收入达到8588亿元，相比首次过亿的1992年增长了八千余倍。基于经营管理基础，在2020年第二季度名列全球手机销售收入第一。另一方面，由于华为早已是通信设备制造业的全球冠军，即在两个，而不是只在一个主流领域称雄全球，经营管理实力得到重复验证。因此，研究华为取得骄人业绩背后的、既增效又增长的横向逻辑，截至2019年底已经足够。

从增效上看，1992年，华为拥有员工270名，人均销售收入37万元；到了2019年，拥有员工19.4万名，人均销售收入443万元，是1992年的11.97倍，增效超过10倍，接近11倍。就增效幅度而言，一倍已经不错，十倍的目标也并非高不可攀。只要下定决心、方法得当、长期坚持，这个目标也是跳一跳就能够得着的，在人工智能蓬勃发展的大背景下实现的可能性更大。毕竟，飞和爬的思路、方式都迥然不同，结果上的差距也是数量级的。即使没有怎么借助人工智能，华为也在销售收入过亿之后，就实现了十倍增效。

如果没有美国政府的打压，华为增效、增长的幅度应该更大，增长很可能超过万倍而不只是千倍。美国的打压由来已久，早在2008年，华为并购美国3COM公司的计划，就因为遭到美国政府的阻止而流产。之后的四年，华为与美国AT&T、Sprint等多家公司的多个设备销售合同、向摩托罗拉等公司发出的并购要约，以及和赛门铁克公司的合资计划，都折戟沉沙。这些正常商业合作无功而返的背后，都有美国政府干预的影子。

从2018年开始，美国政府对华为的打压骤然升级，进入更加残酷的

"点杀"模式，手段层出不穷，例如，警告民众不要购买华为手机；禁止零售商销售华为手机；禁止在美军基地销售华为手机；宣布计划切断对使用华为设备的无线运营商的资金支持；通过 5G 立法将华为列入黑名单；呼吁谷歌停止与华为合作；以涉嫌盗窃商业秘密和欺诈为由起诉华为，突袭华为实验室，学术切割，媒体抹黑；强调使用华为技术的国家对美国构成了危险，以限制情报分享敦促其他国家禁用华为 5G 产品乃至移除华为已售在用产品，甚至连总统和国务卿都亲自出马游说……能"享受"到美国以举国之力并联合盟友打压待遇的企业，华为还是全球第一家。

华为创始人和高管团队的前瞻性眼光和战略布局，以及全体员工的精诚协作，使华为在极端打压下罕见地活了下来。

但是，形势依然严峻，在销售端，美国作为人口大国和中高端消费大国，通信产品需求量及其利润空间都非常可观，一系列的打压，首先阻止了华为向美国销售产品，从而使华为损失了数量极其可观的潜在的销售收入和利润；其次，也使华为失去了很多向美国盟友销售的机会。

另外，在供应端，美国不但不让华为从它那里购买技术领先的零部件，令谷歌断供手机常用必备软件，而且禁止所有运用了任何美国技术的企业给华为供货，台积电、高通、联发科等公司在 2020 年 9 月 15 日正式"断供"华为，把华为逼入"无芯可用"、缺乏必备软件的困境。

既不让卖货，也不让买零部件和软件，两头都卡让华为生存艰难，销售严重受阻，海外手机销售断崖式下滑。若美国继续肆意封杀华为，华为的销售收入在 2020 年之后的几年内大概率会明显下滑。

如果没有这些极不正常的打压，美国市场对华为开放，让其平等参与竞争，华为年销售收入会比现在多 12%，突破万亿元毫无悬念。因此，也可以说华为的增长是万倍增长。

经常有人问笔者，如果华为哪一天由于国际政治等不可抗力而轰然倒下，该怎么评价华为的经验和作用。笔者的回答是，首先，这种可能性很小。其次，即使如此，华为也开辟了中国企业大规模科技创新，技术引领世界，获得全球主流市场认可，被身为全球巨头的同行敬畏，广拜全球名师，打造先进管理体系，探究西方科学管理与中国哲学和文化结合等先河，在经营管理上率先实现了"拉通"，为中国企业的发展做出了一系列非常有价值的探索，为在中国发展成为一家全球行业领导者、实现高科技突破并领先全球提供了成功范例。华为最大的贡献是给了中国企业以信心：原来中国企业也可以在竞争激烈的高科技领域做到全球第一！信心堪比黄金，拉通就是信心的基石。

华为实现十倍增效八千倍增长的珍贵经验已定格为历史，作者整理史料、提炼逻辑，在此总结经验供广大企业借鉴。时不我待，只争朝夕。

目 录

推荐序一 拉通：高效协作、高效增长难以绕开的底层逻辑
推荐序二 数智化和VUCA时代管理理论创新的重要探索
推荐序三 拉通：运营逻辑的一次哲学性升级
前　　言 畅通才有生命力
引　　言 十倍增效千倍增长的珍贵史料和宝贵经验

第 1 章　从推到拉，革命性的飞跃　　　1

什么是推　　　2

我们被推包围着　　　3

1. 在生产现场更能直观感受推　　　3

  2. 计划里的推   5

  3. 研发里的推   5

  4. 销售和渠道里的推   6

  5. 供应里的推   7

  6. 售后服务里的推   8

  7. 办公事务里的推   8

为什么那么多人喜欢推   9

  1. 简单省事   9

  2. 利益驱动   9

  3. 对管理水平和自制力的要求都低   9

推有先天缺陷   10

  1. 推式系统前后两个环节缺乏有效的信息传递   10

  2. 推会导致信息流和物流不同步   10

  3. 推式系统周期不变的假设不符合现实   10

  4. 推会导致批量增大   11

拉应运而生   13

  1. 时代呼唤拉   13

  2. 拉的定义   14

  3. 拉的产生历史   14

从推到拉，质的飞跃   20

  1. 推的先天缺陷，拉没有   20

  2. 推被喜欢的因素，拉也有   23

  3. 从推到拉，更省力省心、更高效精干   23

第 2 章　拉的 16 个优势　　30

质量　　32
　　批量减小，使质量提升　　32

等待　　36
　　批量减小，使等待时间变短　　36

周期及其波动　　37
　　1. 批量减小，使周期缩短且波动变小　　37
　　2. 等待时间变短，使周期缩短且波动变小　　37

技能种类　　38
　　批量减小，使技能种类增多　　38

延迟决策的余地　　38
　　周期越短或波动越小，延迟决策余地越大　　38

柔性　　39
　　1. 拉，使柔性增强　　39
　　2. 延迟决策余地变大，使柔性增强　　40
　　3. 技能种类增多，使柔性增强　　40
　　4. 周期缩短或波动变小，使柔性增强　　41

库存　　41
　　1. 质量好，使库存减少　　41
　　2. 周期缩短或波动变小，使库存减少　　42
　　3. 柔性增强，使库存减少　　42

人效　　43
　　1. 等待时间缩短，使人效提高　　43

  2. 柔性增强，使人效提高　　　　　　　　　43

占地　　　　　　　　　　　　　　　　　　44

  1. 库存减少，使占地变小　　　　　　　　　44

  2. 质量提升，使占地变小　　　　　　　　　44

安全　　　　　　　　　　　　　　　　　　44

  质量提升，更加安全　　　　　　　　　　　44

成本　　　　　　　　　　　　　　　　　　45

  1. 库存减少，使成本降低　　　　　　　　　45

  2. 质量提升，使成本降低　　　　　　　　　45

  3. 占地变小，使成本降低　　　　　　　　　46

  4. 人效提升，使成本降低　　　　　　　　　46

  5. 管理难度减小，使成本降低　　　　　　　46

  6. 安全水平提高，使成本降低　　　　　　　46

管理难度　　　　　　　　　　　　　　　　47

  1. 拉，使管理难度减小　　　　　　　　　　47

  2. 柔性增强，使管理难度减小　　　　　　　47

  3. 库存减少，使管理难度减小　　　　　　　47

版本迭代速度　　　　　　　　　　　　　　48

  1. 周期变短或波动减小，使版本迭代加快　　48

  2. 柔性增强，使版本迭代加快　　　　　　　48

客户体验与满意度　　　　　　　　　　　　48

  1. 质量提升，使客户体验与满意度提升　　　48

  2. 周期缩短或波动减小，使客户体验与满意度提升　48

  3. 版本迭代快，使客户体验与满意度提升　　49

4. 成本降低，使客户体验与满意度提升　　49

　　　5. 柔性提升，使客户体验与满意度提升　　50

　利润　　50

　　　1. 成本降低，使利润增多　　50

　　　2. 质量提升，使利润增多　　50

　士气　　51

　　　1. 质量提升，使士气提升　　51

　　　2. 技能种类增多，使士气提升　　51

　　　3. 管理难度减小，使士气提升　　51

　　　4. 安全水平提高，使士气提升　　52

　　　5. 成本降低，使士气提升　　52

第 3 章　实现拉通的"五通"方法论　　53

　悟通　　54

　　　1. 何为悟通　　54

　　　2. 为何悟通　　55

　　　3. 如何悟通　　56

　打通　　58

　　　1. 何为打通　　58

　　　2. 为何打通　　58

　　　3. 如何打通　　62

　穿通　　63

　　　1. 何为穿通　　63

　　　2. 为何穿通　　64

3. 如何穿通	66

弹通   71

1. 何为弹通	71
2. 为何弹通	72
3. 如何弹通	72

拉通   73

1. 何为拉通	73
2. 为何拉通	74
3. 如何拉通	74

第 4 章   通的水平反映经营管理的真实水平，你在九级的哪一级   78

通的水平分九级，你在哪一级   79

1. 走通（小弯路）	79
2. 悟通（思想路）	81
3. 打通（除障路）	81
4. 穿通（逐一通行路）	82
5. 贯通（全通路）	82
6. 段拉通（单段流程路畅通）	83
7. 内拉通（企业内部路畅通）	84
8. 链拉通（供应链上路畅通）	84
9. 推拉通（追求增长路畅通）	84

怎样衡量通的水平   94

1. 从宏观衡量通的水平	94

  2. 从微观衡量通的水平 96

通的九级水平之间的核心区别 96

  1. 每级水平的跃升 97

  2. 从主动与被动、自然和人为的视角，
理解通的阶段和水平 99

  3. 从主观与客观的视角，理解通的阶段和水平 99

  4. 从科学与艺术视角，理解通的阶段和水平 100

  5. 从循环视角，理解通的阶段和水平 100

  6. 从阻力视角，反向理解通的阶段和水平 101

  7. 用路和车的比喻，理解通的阶段和水平 102

通的水平反映真实的经营管理水平 104

第5章 拉通是高效数字化转型和建设中台的前提 107

数字化转型的外部要求决定了必须拉通 111

  1. 以客户为中心并面向用户，就是以价值拉动 111

  2. 迅速响应快速多变的市场需求需要拉 112

  3. 体验经济，需要拉通来支撑 113

  4. 从大规模生产到大规模定制，是从推到拉 114

  5. 从"中央集权"到"一线决策分权"，
也是从推到拉 114

数字化转型的内部目标决定了必须拉通 115

数字化转型的本质决定了必须拉通 115

  1. 数字化并没有改变通过业务创造价值的本质 115

  2. 拉通业务流能创造价值，没有数字化也能进行 118

3. 数据流也需要拉通　　119

数字化转型的前提决定了必须提前拉通　　121
　　1. 数字化有固化作用，先要通过拉通优化　　121
　　2. 即使是数字化产生的新流程，仍要拉通　　121

中国企业的历史欠账，要求补上拉通这一课　　122

建设中台也需要拉通　　122
　　1. 中台的核心是服务复用　　123
　　2. 调用服务本身就是按需拉动，需要拉通　　128

第6章　案例：华为怎样通过拉通实现十倍增效千倍增长　　131

走通（1987年和1992～1995年）　　132
　　1. 为活下去，成立之初迷茫摸索　　133
　　2. 为活下去，代理交换机　　133
　　3. 为活下去，及时交货和维修，买部件组装　　134
　　4. 为活下去，掌控产品，启动研发，不做先烈做先驱　　135
　　5. 为活下去，舍弃利润、借贷研发，产品从过时到领先　　136

悟通（1996～1998年）　　142
　　1. 为客户服务是华为存在的唯一理由　　143
　　2. 价值由客户决定，成就客户就是成就自己　　145
　　3. 满足客户需求的速度，不要慢也不要快　　151
　　4. 创造价值需要硬功夫、硬贡献，拉通使价值更大　　151

打通（1999～2003年） 155
    1. 改变从心开始，紧紧围绕为客户创造价值 155
    2. 系统规划，瓶颈优先 156
    3. 打破部门墙 159
    4. 连通孤岛和其他需要连通的环节 165
    5. 打散、优化、重组各环节的工作 166

穿通（2003～2004年） 172
    1. 华为费用报销流程穿通案例 173
    2. 华为合同管理流程穿通案例 176

弹通（2004～2007年） 178

拉通（2007年至今） 181
    1. 段拉通 182
    2. 内拉通 190
    3. 链拉通 200
    4. 推拉通 201
    5. 华为拉通总结：美中也有不足，
       人效仍有倍增潜力 201

第7章 拉通是对精益、敏捷、约束理论和流程再造的集成创新 202

拉通和精益对比 204
    1. 拉通借鉴、涵盖了精益的优势 204
    2. 无拉通，不精益 207
    3. 拉通克服了精益只适合于稳定环境的劣势 208

4. 精益属于稳定业务的拉通　　　　　　　　　　209

拉通和敏捷对比　　　　　　　　　　　　　　　209

　　1. 敏捷的产生和优势　　　　　　　　　　　　209

　　2. 无拉通，不敏捷　　　　　　　　　　　　　212

　　3. 拉通克服了敏捷在适用范围、管控、
　　　 质量、成本等方面的缺陷　　　　　　　　　216

　　4. 敏捷属于不稳定环境中小范围的快速拉通　　220

拉通和 TOC 对比　　　　　　　　　　　　　　220

　　1. 拉通可以兼容和发挥 TOC 的所有优势　　　220

　　2. 拉通克服了 TOC 在管理基础、成本、
　　　 适用范围等方面的缺陷　　　　　　　　　　224

　　3. TOC 属于在不稳定环境中不具备
　　　 拉通能力时想实现的"推拉通"　　　　　　224

拉通是对各种主流运营管理理论的集成创新　　225

第 8 章　拉通蕴含了哲学思想，更契合中国文化与现实　　226

拉通中蕴含了哲学思想　　　　　　　　　　　　227

　　1. 对立统一　　　　　　　　　　　　　　　　228

　　2. 质量互变　　　　　　　　　　　　　　　　231

　　3. 否定之否定，螺旋式上升　　　　　　　　　231

**拉通反映了华为哲学的核心：
开放、妥协、灰度**　　　　　　　　　　　　　　232

　　1. 开放：拉通是兼容并包的开放式系统　　　　233

2. 妥协：使影响拉通的各种要素和谐的过程　　233

  3. 灰度：使影响拉通的各种要素和谐的结果　　234

 "拉""通"更契合中国文化和现实　　234

  1. 仁：关爱他人，携手并进　　235

  2. 义：雪中送炭，拉人一把　　236

  3. 礼：尊重客户，遵守规则　　238

  4. 智：通明是非，知己知人　　238

  5. 信：坚定信念，诚实守信　　238

  6. 中：恰合其时，恰如其分　　239

  7. 和：协调分歧，和谐通泰　　239

致　谢　　243

参考文献　　247

第 1 章

从推到拉，革命性的飞跃

推的时候，是中央权威的强大发动机在推，一些无用的流程，不出功的岗位，是看不清的。

我们过去的组织和运作机制是"推"的机制，现在我们要将其逐步转换到"拉"的机制上去。

——华为总裁　任正非

要想理解"拉"（pull），需要从它的反义词、在管理领域比它历史更长的"推"（push）开始。从反面看问题，对比更强烈，认识也更全面；从历史看问题，正如《增广贤文》中的"观今宜鉴古，无古不成今"，更容易掌握事物的来龙去脉，理解更加深刻。

什么是推

在了解"推"的概念之前，先了解一下"物品"的含义，本书中所说的"物品"即经济活动中涉及实体流动的物质资料，包括物料、原材料、在制品和产成品等。不仅生产现场有，各个层级的办公室里也有；不但制造业、服务业有，互联网、金融等科技与服务相结合的行业也有；不但工作中有，生活中也有。

与有形的物品形成对比的是无形的知识。从企业类型看，互联网、软件、知识服务、硬件科技创新等行业的企业，传递、加工、拥有的主要是知识；从企业内部环节看，研发环节的主要任务就是知识加工，营销、销售、采购、质检、工艺、管理等工作也与知识加工密不可分。知识和物品一样，包含加工、传递、存储等状态。

"推"的概念来自物理学，在《新华字典》中的解释是"用力使物体顺着用力的方向移动"，"拉"对应的移动方向则是"跟着或朝着自己"，从字面上难以看出推和拉的本质差别，但当被借用到管理学以后，推和拉就有了质的不同。在经营和管理上对于推似乎还没有被广泛认可和传播的定义，笔者尝试给出一种定义供大家参考：推是依据提前制订的外部计划，而非根据自身内部环节状态的变化，来做出实物或知识投入决策以开展下一步工作的管理控制方式。也就是说，推只是通过外部计划规定每个环节需要完成任务的数量和截止时间，但没有使前后环节之间建立联动关系。通俗来说，推是即使后一个环节不需要，前一个环节在做好之后，也会把实物或加工的知识向后传递，即"你不要，我也给"。

我们被推包围着

在我们身边，推的情况比比皆是，可以说我们已经被推包围。

1. 在生产现场更能直观感受推

要想研究包含众多环节的过程的具体情况，过程中的各个环节最好相对清晰，环节与环节之间最好能够被切割开来。

制造业通常分为两种类型，一种是流程型制造业，另一种是离散型制造业。流程型制造业，如化工、制药行业，大部分是原料在管道或罐子里发生化学反应、传输，各个环节之间分得不太清楚，制造过程中的状态也很难用肉眼观察，数量也难点清。而离散型制造业，如电子制造业、机械加工业等，则截然不同，生产过程通常涵盖多种实物的多个阶段、多种状态，比如，原材料被加工成零件，零件被制造成部件，部件被装配为成品，并且在整个过程中实物看得见、摸得着，环节与环节之间的状态都比较细致、清楚，有多少件材料或零部件分别处在什么状态，如供应商送货途中、检验中、原材料库房里、生产线旁边等待加工、机器上加工、加工完成、在半成品仓库里储存、装配、在成品仓库里储存等，一目了然，数量也一清二楚。因此，制造业的管理通常比非制造业复杂、烦琐，竞争也足够充分，这也促进了许多先进的管理思想、理念和方法的形成与发展，如科学管理、事业部制、精益管理、六西格玛管理、约束理论、敏捷制造等，都发源于制造业。

近年来，在企业界有一种不太好的现象，即认为制造业比较低端，不如玩概念、造新词的新兴企业那样"高大上"。殊不知，若论质量和效率的管理水平，制造业企业明显强于互联网公司以及新媒体公司、知识服务公司、广告公司、营销策划公司、律师事务所、咨询公司等服务型机构。前段时间，有个朋友把一家知识服务公司的品控手册发给笔者，让笔者帮他看看他眼中的这种"新潮"管理方式水平到底怎么样，值不值得学习，笔者看完之后告诉他：手册不错，不过是制造业一百多年前就玩得很好的了。

"百闻不如一见"，由于物流比信息流、资金流更可视，更容易观察、理解，所以要想直观感受推，深入理解推，或想学习、理解、体会其他的管理思想和科学化管理理念，离散型制造业的生产现场是不错的场景，远比办公室、服务现场等非生产性场所有效。顺便说一句，拉被挖掘管理上的价值并最早大规模用于管理，也是从离散型制造业生产现场开始的。

我们来看一下离散型制造业生产现场里推的具体情况。每个环节都将按时交货作为头等大事来完成，依照生产计划，开足马力生产，以求尽快完成生产任务，获得更多的回报，而不管下一道工序当时是不是需要，有没有问题。

在同一批次的所有物品中，只要有一个物品没有完成某个环节的处理，则该批次的物品就不能传送到下一个环节。批量越大，其中的单个物品在环节之间停留的时间就越长。根据集中的计划，生产部门去仓库批量领取物料，确认数量后搬到车间里的缓冲区；再由缓冲区领取一个批量的物料并确认，搬到工位上加工；加工完成以后，点数并记录到工序流转单上，然后往下一个环节推送，前后两个环节都需要双方确认。整个过程比较复杂，不创造原始价值的确认或检验环节也多，现场物品通常堆积如山。另外，推式企业也认为特大的空间是必需的，只有这样它们才能应付需要返工的产品，容纳得下为保持连续均衡生产所需的大量缓冲库存。

2. 计划里的推

从推的定义中，我们已经了解到推式系统一般包括外部计划。它首先根据产品物料清单计算所需的各种规格零部件的数量和需求时间，制订每一种零部件的投入产出计划，再根据这个计划发出生产和订货指令。于是，包括车间、仓库等在内的所有环节都按照计划和指令，尽量在最晚交付期限之前完成对规定数量、规定型号的产品的加工、搬运、存储等操作，并把实际完成的情况反馈到计划中心，之后再把完成操作的零部件按照计划中心的计划送到下一个环节，而不管下游环节是不是需要这些中间产品。也就是说，对于各个环节之间的联系，例如中间怎么精准地协调、传递物品和知识等，都不进行管理。

举个企业里面常见的例子，企业接到订单，需要在当月 30 日下班前发货给客户。在制订生产计划时，通常是根据经验估算每个环节的周期，即从工作开始到工作结束的时间，再采用倒推的方式算出每个环节的截止时间。例如，发货准备一般需要预留 1 天，那么最迟 29 日下班前就要把货放到仓库里；一个订单中货物的装配和包装通常需要 2 天，因此最晚 27 日就要开始装配、包装货物；有的零部件的生产需要预留 6 天，那么最晚 21 日就要开始生产零部件，如果其他零部件生产只需要 3 天，也按最长的 6 天这个瓶颈时间来计算所有零部件生产环节所需要的周期；元器件的采购通常需要 15 天，那么 6 日下班前就要和供应商沟通好采购事宜。这样，通过计划来一个一个地指定每一个环节的型号、数量和最晚交付时间，这种计划就是推式计划。

3. 研发里的推

研发属于技术部门，在这里，对技术的关心有时胜过对客户的关心。在推式研发中，研发部门难以潜心研究客户需求并将其真正落实到产品中去，也没有和客户形成良性互动，对于市场销售部门或客户的意见，只是象征性、礼貌性地听听，然后一意孤行地埋头研发。虽然有的市场销售人员只是道听途说，但在他们所提的意见中，有些还是有借鉴价值的，毕竟他们经常和客户在一起。

产品开发好后，由研发部门强推给市场销售部门进行市场推广和销售，同时推给采购、生产等部门进行采购或生产。推式研发，常常造成产品或服务脱离市场需求，部分功能过剩，部分功能缺失，生产难、物料采购难或采购不经济、投资回报差等一系列问题。

4. 销售和渠道里的推

在拿到生产好的样品或产品，或者拿到产品或服务的介绍之后，市场人员会通过市场活动向目标市场进行强推，销售人员也会向目标客户极力推荐。对于产品需要生产的数量，是"预测"出来的，通常不准。笔者把这种功能定位、型号、规格、数量都与市场真实情况不一致的需求，称为"人造需求"。这样的产品或服务不是客户最需要的，数量也与客户的需求量有较大偏差，因此难以销售出去，只能打折贱卖，用"跳楼价"甩卖，甚至当垃圾处理，造成资源浪费和销售人员工作效率低下。

此外，不少购买行为是客户在感性战胜理性的冲动之下做出的，有人说花钱有快感，大约与这种感性释放带来的愉悦有关。由于一旦潜在购买者冷静下来就容易放弃冲动性购买，推式企业担心失去这部分客户，因而会在每个渠道商处制造产品的"海洋"，每种规格至少一件，想用"总有一款适合你"来抓住每一位客户，不让任何一位客户漏网。如果每种新老产品都备库存，库存量和库存成本可能会高得令人咋舌。

另外，还有企业或其销售人员为了让月度、季度、年度报告中的销售收入数据更漂亮，或者企图用自家产品占满渠道商的仓库而使竞争对手（华为后来称"友商"）失去新的销售机会，通常会出台"订货量越大折扣越大"的政策,以此来刺激渠道商多订货,有时甚至允许渠道商在最终没有销售完毕时,可以按照原价把一定比例的订货退回。另外,由于单次进货量大能降低单个产品的运输成本和订货沟通成本,这也在客观上对提前或过量订货起到了推波助澜的作用。然而,这些订货量并非来自真实的市场需求,也属于"人造需求",由订货量算出的销售数据,往往会误导对未来销量的预测。而库存的确定在一定程度上依靠预测,叠加了"人造需求"之后,库存预测的准确性会明显降低,因此很可能导致真正需要的货出现短缺,这样不但会造成销售损失,而且如果想要单独补货,还需要额外支付昂贵的运费。

根据单方面的预测进行提前、过量生产,从而导致的客户真正需要的产品的短缺,以及因此引发的特快专递或空运等情况都会产生成本,这些成本最终会转嫁到企业的客户身上,从而降低产品的市场竞争力。

5. 供应里的推

为了便于大家理解供应里的推,我们以餐馆需要的水产品为例。假设养殖户采用的是推式供应方式,养殖户把水产品打捞好之后,不管客户即各个餐馆对甲鱼需不需要、需要多少,都送 5 只到餐馆。这时问题就出现了,如果某餐馆想要的是鲈鱼而不是甲鱼,这时就会产生浪费。甲鱼数量毕竟有限,送货送到最后,真正需要甲鱼的餐馆反而没有得到,于是餐馆会产生缺货损失,食客点菜变少进而导致销售收入变少。

对于不想要却被送来甲鱼的餐馆,一来会占用资金,二来会占据水箱或冰箱本来就有限的空间,三来由于不想要的往往是自己店里不好卖的,加上保质期有限,店家往往只能打折促销,对于死亡的甲鱼只能白白扔掉。死亡的甲鱼若处理不及时,还会污染其他水产品的存活环境,造成更多的水产品死亡和更大的损失。于是,在推式供应的情况下,产生了系统级的大浪费。

供应链的上下游都是推的受害者。对于养殖户而言，既会使需要甲鱼却没甲鱼的餐馆销售收入变少，又会使不需要甲鱼却被送来甲鱼的餐馆成本增高，从而造成作为客户的餐馆在利益上受损，从而影响养殖户和客户的长期合作，也使养殖户自己的长期利益受损。

事实上，很多供应商的处境，还不如上面例子中的养殖户。推式供货通常需要批量生产的供应商自己持有库存，当他的客户面临的市场需求波动较大，导致对某些产品的需求锐减甚至消失殆尽时，供应商的成品库存或在制品库存就容易成为滞销品甚至废品，造成重大损失，有时还会使供应商的专门设备变成一堆废铁，真金白银的投入付诸东流。这种推式的供应方式，使企业及供应商都难以赚到像样的利润，甚至被迫关门大吉。

6. 售后服务里的推

售后服务需要的配件种类和数量，往往也是把预测作为重要的依据。对于售后服务商而言，一方面，被价格折扣、季节性促销等活动刺激而提前过量订货；另一方面，自己也想加大单次配件进货量，以降低单个配件的运输成本和订货沟通成本。配件的这些"人造需求"，和前面分析的产品的"人造需求"一样，都很容易导致打折贱卖、缺货、损耗，并产生库存资金占用、加急运输等成本，在跨国销售时这一成本尤其高昂。

7. 办公事务里的推

在人力资源、财务、行政等部门的办公事务中，推的情况更是俯拾皆是、数不胜数。各个环节图自己方便，对手头的待办任务，要么长期积压不处理，要么将多件同类任务集中在一起处理，然后一股脑儿往下一个环节推。于是，下一个环节有时非常忙有时非常闲。对系统而言，各个环节不需要优先完成的任务可能先完成了，而需要优先完成的任务却没有优先完成，任务积压严重，流转慢，浪费了不少宝贵的资源。

为什么那么多人喜欢推

存在就有合理性,很多人喜欢推是有原因的。

1. 简单省事

在推式系统中,一个环节中的人往往只需要重复做同一种事务而不用考虑切换,做完后也不用考虑下一个环节这个时候需不需要就直接往下推。整个过程都不需要动什么脑筋,简单省事。

2. 利益驱动

在推式系统中,自己或自己所在的部门由于长时间重复干同一件事,单位时间的产出较多,表面上的效率较高。而在企业管理水平不高时,不论是对一线作业人员个人或小团队的考核,还是对中高层管理者的考核,通常都与这种直接产出的效率挂钩,例如对生产一线或服务一线的员工采用计件制。这样,推式就有助于提高自己或本部门的利益。

3. 对管理水平和自制力的要求都低

由于推式计划只在计划中心和单个环节之间产生作用,而且对执行情况的回馈和监控都比较弱,前后环节之间也缺乏直接管控手段,因此在某一个时间点,对于单个环节来说,决定某件任务做还是不做,如果要做的话做多少所受到的约束少,既不需要什么管理水平,也不需要什么自制力,即使由管理水平一般、自制力弱、比较自由散漫的人做,通常问题也不大。

既然推有这么多好处,之前也一直都是实行推的方式,结果好像也不错,为什么又要拉呢?其中的原因,就在于推天生具有严重的缺陷。

推有先天缺陷

推与生俱来至少有如下三个严重缺陷。

1. 推式系统前后两个环节缺乏有效的信息传递

推式信息传递主要发生在计划中心与各个环节之间,而各个环节之间,特别是后一个环节与前一个环节之间,只有物品传递,缺乏有效的信息传递,如图1-1所示。

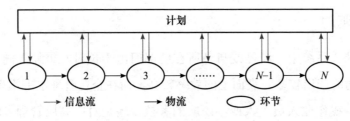

图1-1 推式系统的运作

2. 推会导致信息流和物流不同步

在推式系统中,物流是从第一个环节开始,流转到第二个环节,并依次流转下去。而信息流只是分别发生在计划中心和各个环节之间。

因此,推式系统中信息流与物流是分开的,不能同步。

3. 推式系统周期不变的假设不符合现实

推式系统对各环节制订计划时,是基于各环节的周期和需要加工的零部件的数量,从交货期限倒推,得到各环节的开工时间和结束时间。这里面隐含了一个假设:只要把需要完成的物品数量确定下来,各环节的周期就可以固定,即要完成一件任务所需的某个或某几个环节的时间,或要完成一个零部件所需的各环节的总时间,与那些环节或整个工厂的忙闲程度无关，有事干和没事干一个样，忙得过来和忙不过来一个样。

但是，这个假设并不成立，因为各个环节的能力是有限的，给它们安排任务时需要考虑负载和能力的平衡，安排与各环节能力相称的工作负载。

有多大的能力安排多重的任务。否则，如果能力小负载重，小个子挑重担，会导致任务完成不了，造成其他环节干等；如果能力大负载轻，又会造成能力浪费。在市场有需要的前提下，有多大的能力就安排多重的担子。除非能力无限大，否则企业各环节的能力与负载的状况，肯定会影响一件任务或一个零部件经过某个或某几个环节所需要的时间，也会影响其通过企业各环节的总时间。

推式模型基于并不成立的假设，因此有严重的天然缺陷。

推的三个先天缺陷，即前后两个环节缺乏有效的信息传递，信息流和物流不同步，周期不变的假设不符合现实，都是原理性的，是导致下面描述的推式缺陷的底层原因。

4. 推会导致批量增大

推对批量乃至整个系统的逐级影响如图1-2所示。其中，推会导致批量增大的逻辑如虚横线以下部分所示。

（1）推使预测增多

由于推式系统依据的不完全是已有的订单，但又必须有依据才能制订计划，因此订单需求数据，包括需求的时间、总量、结构，都需要依靠预测。众所周知，预测结果的准确度虽然可以通过改进算法等手段加以提高，但预测终究还只是预测，预测的结果一般不太准确。预测结果的准确程度与预测的颗粒度和预测时间范围有关，预测颗粒度越细，预测时间越远，预测的难度越大，预测结果就越不准确。由此可见，缩短周期可以提高预测的准确度，甚至可以不预测。

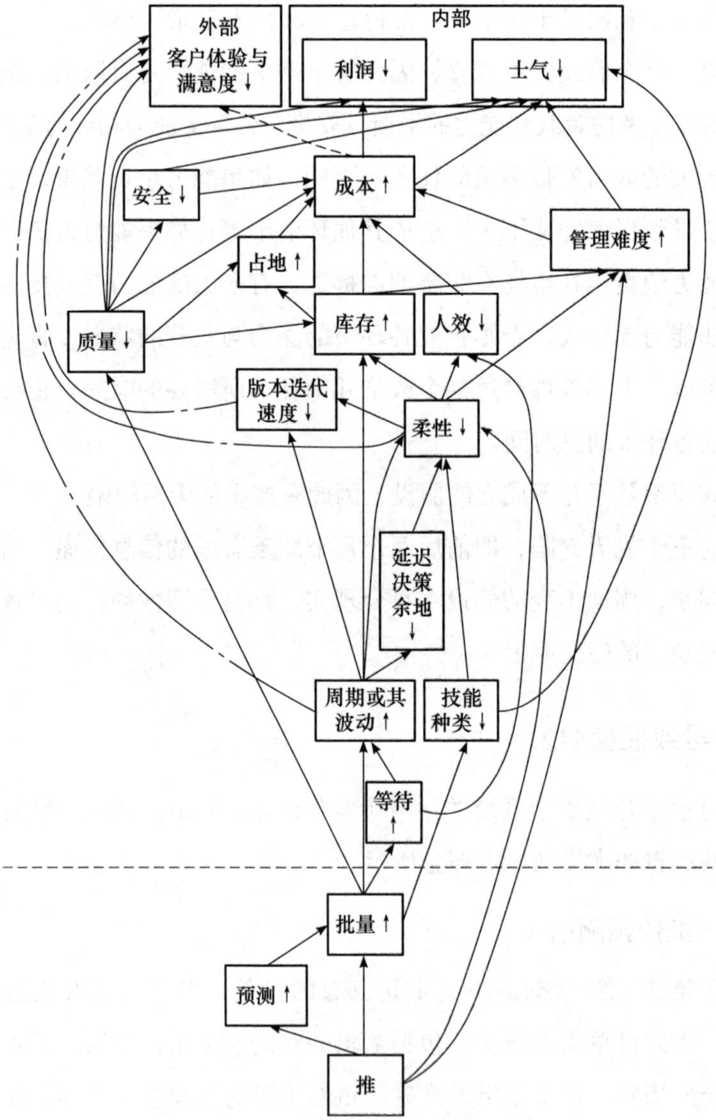

图1-2 推对批量乃至整个系统的影响

推的程度越高，对预测的依赖程度就越高。预测时需要在分析历史数据的基础上，结合预计会发生的重要事件等修正因素，对需要的产品或服务的种类、规格、数量和需求时间进行预测。

（2）预测增多使批量增大

我们可以逆向思考一下，如果预测的批量很小，那么批次就多，需要预测的次数就多，无论是预测的工作量还是以预测为基础的计划的工作量都很大，可能接近甚至超过未来实际要做的事情的工作量。于是，预测、计划的成本过高，性价比和必要性明显降低。另外，有时候计划赶不上变化，如果预测增多而批量小，由于预测和计划的工作量大、耗时长，实际的工作可能都来不及等预测和计划出来就实际完成了，预测和计划就没有用武之地了，甚至还会干扰、误导正常的工作。

因此，预测增多会导致批量增大。预测既不好开展，也不经济，能减少就尽量减少。

（3）推使批量增大

在推式系统中，上一个环节在做完后不用管下一个环节是否需要，只要把任务或其中的物品抑或知识往后面推送下去即可。对上一个环节而言，批量越大，任务之间需要切换的次数越少，越省心省力，于是加大批量是自然而然的。

另外，由于没有详细规定每个时间段内需要完成的数量，因此作业人员只要手头有零件或其他待处理的任务，就会不断地作业，这也会导致实际作业"批量"增大。

拉应运而生

1. 时代呼唤拉

随着科技、经济的发展，传统的产品与服务日益富余，同质化竞争越来越激烈，新时代对产品和服务的要求越来越高，已经从标准化发展到个性化，日益呈现出变化频繁、多品种、小批量的特点。一些家庭拥有的同类产品的数量也开始超过一个，人们不再只想买标准型号的产品和服务了，市场越来越细分化。

客户在选择产品时，最在意的是可靠性、个性化和品牌等因素，不一定要求产品的价格和大批量生产时的价格一样低，可以接受适当的溢价。因此，与批量或大规模紧密相关、不能精确满足客户需求、可选范围较小的推，逐渐难以适应新时代的发展趋势和市场要求了。时代呼唤着拉的出现。

2. 拉的定义

在《新华字典》中，"拉"的含义是"用力使跟着或朝着自己移动；牵扯；帮助"。在经营和管理上，拉是由单点触发，只根据自身内部环节状态的变化来做出实物或知识的投入决策，以开展下一步工作的管理控制方式，即在必要的时间，只给下一个环节提供必要数量的必要物品或知识。通俗来说，拉是前后环节之间的关系，即前一个环节对后一个环节不但实现了"月亮走我也走"，更实现了"你要求，我才给；你需要多少，我就给多少"，从而使前后环节之间建立了精密的联动。作为对比，推是"不管你需不需要，我都给"，即使后一个环节当时不需要，前一个环节在做好之后也会把物品或知识往后传递，并且数量上也不严格要求，比较随意。

3. 拉的产生历史

要理解拉的历史、逻辑和难度，最好能从一个客户"需要实际产品"触发一个拉动序列开始，再倒推至厂家各个环节，甚至包括客户端的代销商、批发商以及供应端的供应商，考察他们是怎样一步步地、协调地把客户满意的产品交给客户的。

拉的思想主要源于超市。一个中型或更大的超市，一般有五六万种甚至更多种的商品，在面积有限、每平方米租金不菲的空间内，要想管得井然有序、高质高效，面临的挑战不小。

若采用大批量的方式陈列，例如，仅仅某个品牌某个型号的洗洁精就占据三个货架，则顾客走很长的距离也挑不到几样商品，不但需要特别大的场地，而且在整个过程中，顾客和超市补货人员都要走很远，费时、费力，效率低。

若采用推的方式进货，对于超市，进货品种跟顾客的需求不完全匹配，甚至偏差很大，将会造成商家货品滞销、打折甩卖、亏本、损耗大、资金周转慢以及超市现场混乱等一系列问题；对于顾客，会造成找物品费时费力、购物体验不好等问题。

为了对比，我们可以先试想一下，如果购物采用推式系统将会是怎样一番景象。厂家根据自家的物料、产能和员工喜好等情况，而不是根据市场需求，拼命地大批量生产物品；接着，厂家就往渠道商的仓库里推，渠道商再把这些物品往超市里面的仓库里推；之后，工作人员把物品从超市的仓库往超市货架上或走道上推。这不但造成渠道商和超市的仓库库存量大，所需面积大，难管理，而且使超市购物区拥挤不堪、混乱不堪。

在面积有限的现场，一方面，顾客需要的、能卖得出去的物品，可能没有地方放，或者放的地方不方便顾客拿取，甚至厂家根本就没有生产，导致顾客找东西、取东西都很困难，顾客要么不买，要么到其他超市购买。顾客在本超市能找到的、购买的物品变少，货物就更难及时销售、周转，顾客的体验也会变差。另一方面，顾客通常不太需要的、销售量不大的品种，或者顾客需求量不小但当前不需要的品种，却占了不少地方。比如，某一款很小众的啤酒的陈列面积却超过了非常大众化的啤酒，在夏天陈列冬天的衣服等，显然都不合逻辑。

对于超市的供应商而言，既难得到满意的销售结果和资金流动收益，又需要向超市按照陈列位置和面积支付费用，位置越好、面积越大，费用越高。在淡季，若想多陈列几个货位，只要多交钱即可。但一旦碰上旺季，即使多交钱，也没有多余的位置。

对于消费者而言，除了在超市找东西、取东西比较困难之外，还会在超市摊位举办促销推广活动、品牌商品打折销售时，因为价格优惠就囤了很多目前还用不上的、部分甚至永远都不会用的物品，产生了提前过量消费。这样不但占用了消费者资金，而且时间一长物品还容易过期、变质。于是，超市、超市供应商、消费者之间，形成了"多输"的局面。

在拉式的超市购物系统中，情况迥然不同。以购买食品、饮料为例，笔者去大超市的频率一般是每两周一次，这个频率是经过研究后确定的。如果频率过高，去得太勤，没那么多时间；如果去得太少，牛奶等食品的新鲜程度又不够，此外，一下子买太多家里的冰箱也塞不下。冰箱里的库存量，就是全家每两周的消耗量，也是下次采购的量。

每次提醒笔者要去超市的，既不是任何人，也不是日程表或闹钟，而是家里空了的冰箱。打开冰箱看到想喝的牛奶和啤酒、想吃的鸡蛋和牛肉等都快没有了，通过这种简单的目视化方式，就可以使需求自动拉动笔者去超市。买得太多，家里冰箱空间有限、放不下，只能按需采购。由于冰箱只能储存两周的消费量，故而笔者在接下来的两周需要些什么就买什么。

另外，由于在冰箱中各种食品、饮料等位置是固定的，摆放空间的大小也是固定的，比如，冰箱右上格摆的是 8 听啤酒，第二层是 7 列每列 6 盒牛奶……因此，笔者闭着眼睛都能记得住要买什么，要买多少，采购清单了然于胸，不需要写在纸上或记在手机里。如果做得更到位些，头脑中清单的内容可以按照自己逛超市的常规路线排布，甚至更进一步，使冰箱里物品摆放和超市里对应物品摆放的位置次序保持一致，以便记忆。当然，如果担心遗漏又不想"烧脑"，也可以写下采购清单。

其实，冰箱的库存清单就是去超市的采购清单。看到冰箱空了，采购清单就产生了，去超市要做的就是去买食品、饮料等把冰箱填满。当到达超市以后，人们会根据头脑里、纸上或者手机里的清单，直接到超市里对应的位置去拿取。以啤酒为例，去啤酒货架上拿 8 听啤酒放入购物篮中。此时，啤酒货架上又多空出 8 个位置。超市现场巡回人员负责定时巡查每个货架上的物品，当货架上部分物品被拿走，货架空出相应数量的位置时，就及时补充，空了多少补多少。比如，巡回人员每 15 分钟巡查一次，在这 15 分钟之内，笔者拿走了 8 听，还有其他人拿走了 12 听，货架上空出了 20 听的位置，他就从超市仓库补上 20 听。超市 POS 机知道一天下来每种物品分别卖出了多少，于是在晚上下班时根据当天销售数据、第二天是不是特殊日子或是否有特殊的促销活动等信息，自动生成需要从二级仓库往超市仓库补货的清单。如果第二天和前一天一样，既没有特殊活动又不是节假日，就可以把前一天卖掉的物品数量自动作为第二天的需求来补货。

一个完整的拉动过程是这样的：我们（顾客）的需求拉动采购清单的形成，采购清单拉动我们去超市货架拿取物品，拿取物品拉动超市巡回人员补货，巡回人员补货拉动仓库货物减少，POS 机汇总生成补货清单拉动二级仓库，二级仓库拉动一级仓库，一级仓库拉动工厂仓库，工厂仓库拉动工厂成品制造，成品制造拉动零部件制造，零部件制造拉动供应商。这样层层按需拉动，补充货品或零部件，于是，从厂家、仓库、超市到顾客的各个环节组成的整个链条，需要的库存都比较低，都没有什么多余库存，也没有什么提前、过量的生产，需要的工厂场地、仓库和冰箱的存储空间都比较小，在空间等方面的成本上没有什么浪费。

拉在管理系统中的应用，既受到美国超市的启发，又受到东方文化中节俭等文化的影响。

1951 年，在了解到美国超市的做法之后，丰田即着手研究并于 1952 年正式开始借鉴，逐步在比超市复杂得多的汽车行业中，创造了系统化的拉式思想，并把它大规模落地到企业管理上。拉式系统是由丰田喜一郎提出方向和要求，由大野耐一提供思想并付诸实践的。

丰田喜一郎是丰田织机创始人丰田佐吉的儿子、丰田汽车创始人，在1929年到英国实地体验了汽车交通，并走访了英、美汽车企业，尤其是位于美国底特律的汽车生产巨头福特。他熟悉了欧美国家的汽车市场和生产状况，感受到汽车能给人们带来极大的方便，预感到这一新兴行业的发展前景将极为广阔，于是他坚定了自己发展汽车事业的决心。1933年，丰田喜一郎在丰田织机一间仓库的一角，从拆解、测绘、研究、分析自美国买来的雪佛兰汽车开始，踏上了汽车研制和生产的漫漫征程。1937年丰田汽车公司正式成立，1943年大野耐一从丰田织机转入丰田汽车。

20世纪40年代后期，丰田面临一系列问题，内外交困。

在内部，日本国内市场规模实在太小，需要的是种类不同、价格实惠、耗油量更小的汽车。从对厂家提出的要求而言，日本市场比欧美市场大批量、单一化需求的要求更高；公司缺乏资金和外汇，不能从西方大量引进最新的生产设备和技术；日本本国劳动力不愿像福特流水线上的工人那样随时可以被替换，要求的待遇越来越高；工会在为工人争取权利时越来越强势；日本缺乏西方国家拥有的吃苦耐劳的外籍工人。

在外部，欧美多家大型汽车制造商已经实力雄厚，相互竞争激烈，并急于在日本建设自己的生产基地，抢占日本市场，也顺带压制日本本土汽车企业的成长。当时，日本的劳动生产率只有美国的八分之一左右，在汽车制造业上的差距更大，只有美国的十分之一左右。但是丰田积极面对困境和挑战，时任董事长丰田喜一郎提出：丰田要"三年内赶超美国，否则日本的汽车工业将不复存在"，这个目标当时在很多人看来十分疯狂、难以置信。

20世纪40年代后期，大野耐一等丰田高管曾多次访问底特律，通过对福特汽车的考察、学习受到很大启发,同时他们发现当时如日中天的福特的生产方式也并非完美无缺,福特的推式系统的缺点是投资大,柔性差,一次交验合格率低,生产过程浪费严重等。大野耐一认为,整个推式系统充斥着 muda(在日语中指"浪费",包含劳动力、材料和时间等方面的浪费),最大的浪费便是"推"引起的提前过量生产,并认为丰田不适合采用这种方式,必须另辟蹊径,才能实现大幅增效。于是,丰田引入"拉"的方式,从相反的方向观察、拉动生产流程,即革命性地让后一个工序从前一个工序领取零部件,由最终装配线提出零部件需要的时间和数量;最终装配线只需从前一个工序,且仅在必需的时候领取所必需数量的必需零部件。此后,前一个工序开始生产被后一个工序取走的那部分零部件。这样,所有工人都在真正为汽车生产增值,现场的在制品更少,占用空间更小。空间小,既让工人更容易面对面地交流,也使工厂内没有过量库存的存放空间,倒逼大家改善。

东方人总体上比西方人更节俭,从而更容易实行对物品投放的控制,更便于拉式系统的形成和实施。

实际上,丰田通过对生产过程的科学管理,后来不但实现了十倍级增效的目标,而且还引发了生产管理领域中,继 20 世纪 20 年代科学管理运动以后的又一次彻底革命,创造出了后来风靡全球、被称为"精益生产"或"精益管理"的丰田生产方式,也使得丰田汽车仅用了 40 年时间就从汽车行业里一个籍籍无名、可以忽略不计的"小弟",变成销量、质量、效率、交货周期⊖都领先全球的世界级"大哥"。

时至今日,丰田既能以较短的周期,在紧凑的生产场地和销售大厅内,实现每年产销汽车接近 1000 万辆;对于汽车这样每辆使用零部件多达 3 万个的复杂产品,丰田仍能以较低的成本提供丰富且个性化的颜色、

⊖ 周期有时也称"提前期",二者有区别但区别不大,因此为简便起见,本书全部用"周期"代替。

款式和功能配置的组合，满足顾客的喜好。在丰田拥有强大核心竞争力的过程中，"拉"无疑立下了赫赫之功。

从推到拉，质的飞跃

在详细的逻辑分析之前，可以从直观上感受一下推与拉的区别。生活的经验常常告诉我们，拉的力量更有效。例如，对于绳子之类的、不是完全刚性的东西，推没有用，但拉有用，比如，打鱼的时候，拉网而不是推网。

从推到拉，是实质性的跨越，主要表现如下。

1. 推的先天缺陷，拉没有

在本章前面所述的"推的先天缺陷"中，分析了推式系统中的三个先天缺陷：推式系统前后两个环节缺乏有效的信息传递，信息流和物流不同步，关于周期不变的假设不符合现实。

（1）拉使前一个环节按照后一个环节的需求工作

拉的源头是市场需求，每个中间环节都按照当时的需求向前一个环节提出需求，发出工作指令，前一个环节则按这些指令工作。在整个过程中，后一个环节不断拉动前一个环节，这也解决了推式系统中前后两个环节缺乏有效的信息传递的问题。

（2）拉使信息流和物流同步，运转不同步

拉式系统的运作过程是：计划中心只制订最终产品或服务的计划，并且只把计划下达到整个过程中偏后面的一个环节。后一个环节向前一个环节提出需求，需要多少，前一个环节就提供多少。这样一环一环拉动，一直拉动到采购部门，甚至拉动到供应商乃至供应商的供应商。

这种方式的优势在于信息流与物流是同步的，如图 1-3 所示。

信息流和物流同步，能大大减少系统中的在制品库存和等待时间等浪费。具体的优势将在第 2 章中详细阐述。

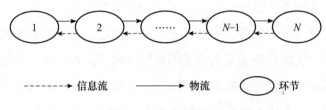

图1-3　拉式系统中信息流与物流同步

推式系统和拉式系统在信息流和物流方面的对比，如表 1-1 所示。

表1-1　推式和拉式系统在信息流和物流方面的比较

对比内容	推式	拉式
信息流	计划中心与各环节之间	后一个环节向前一个环节提出需求
物流	前面环节加工后，推到后面环节接收	后面环节向前面环节提出需求
信息流与物流的联系	分离	同步

在推式系统中，由于各种产品的生产速度不完全相同，会导致各个环节不同步，经常出现这样的现象：第一个已经完成的产品孤零零地躺在存储区，急切地等着与同在一个订单里的"小伙伴们"会合，可是"小伙伴们"还在装配环节排队，而且前面还有很多产品在等待装配。这种情况属于各个环节之间不同步，即整个过程不能同步。这会带来周期长、库存多、质量缺陷多、安全隐患大等一系列问题。

此外，在推式系统中，异常情况也会导致过程不同步。第一种常见的异常情况是零部件没有按计划到达。在推式计划中，计划中心既给上游的零部件生产环节制订生产计划，告诉上游各个环节需要在哪一天完成多少个什么规格的零部件，也给装配环节制订计划，要求在哪一天下班前完成多少个哪些产品的装配。一个产品通常包含多个零部件，如果今天14：00要进行装配，那么我们希望最好在14：00前所有零件能送到需要该零件的位置，这样既不会因为零件到晚了而引起生产线缺料停线，也不会因为到达太早而没有地方放置，增加现场混乱。但是，希望的状况毕竟只是一种理想状况，实际可能还有几个零部件没有到位、不齐套。即使只缺一个零部件，装配可能也无法按原计划进行，因此一部分已经到位的零部件只能被迫从生产线上停下来成为在制品库存，等待缺少的零部件到齐，于是各个环节之间不能同步。在企业需要的零部件中，可能有的外购，有的自己加工，这时要想同步比单纯自己加工更难。

第二种常见的异常情况是设备出现故障，它也会导致各个环节不能同步。比如，某公司本来规定零件A和零件B在当月5日做出来，6日着手装配。可是天有不测风云，本来加工零件B一切正常的关键设备突然发生故障，不得不停下来检修。虽然检修一共花了2天，但不能马上调整计划，原因是在推式系统中，计划的刷新必须按规定的频率进行。由于该公司规定计划每周才刷新一次，因此，必须等到下周才能调整计划。在零件B等待计划调整期间，零件A仍然在不停地生产，最终会先于零件B完工，再等待零件B完工，以便一起进入装配环节。此时，两种零件的生产显然不同步。

（3）拉不依赖周期

在拉式系统中，一个环节接下来要做什么，只需按照下一个环节的需求即可。这个需求已经结合了相关环节的能力和负载情况，是可以实际执行的需求。于是，不用像推式系统那样需要假设一个固定的周期，只要切实执行计划就可以了。因此，拉不需要依赖周期，因此更不用像推那样需要假设周期不变。

2. 推被喜欢的因素，拉也有

（1）简单省事

在拉式系统中，某一环节对于什么时候要做多少什么型号的产品或提供多少服务，只要等待下游告知后照做即可。这样做简单省事。

（2）自己或本部门的利益更多

在拉式系统中，所有的计划安排都是围绕系统的整体最优目标来优化的，浪费少，因此整个团队乃至整个公司的绩效都比较好，团队中个人的绩效自然也不错，自己或本部门的利益得到了保障。从平均意义上看，拉式系统中的个人或部门的利益比推式的要更多。

（3）不需要什么自制力

在拉式系统中，从客户需求开始一环拉一环，环环相扣，每一个环节都按照下游明确的指令，在规定的时间内完成规定数量的特定产品或服务即可，不需要特别的自制力。

3. 从推到拉，更省力省心、更高效精干

（1）力不同：利用率不同

早在2400多年前，我国古代著名的思想家墨子在他所著的《墨经》中就明确提出"力，刑（形）之所以奋也"。刑（形）指的是有形的人或者物体；奋是指由静而动或由快而慢。墨子这句话说的是，力是使物体运动的原因。他还以举重为例，认为人之所以能把重物由下向上举起，就是因为有力的作用。

推和拉都是一种力。学过初中物理的都知道，力的作用效果取决于三个要素：力的方向、作用点和大小。我们下面就分别从这三个要素来系统地理解"拉"。

1）力的方向：从向后到向前

俗话说"方向比努力更重要"，方向作为力的核心要素之一，重要性毋庸置疑。一旦方向错误，不仅努力白搭，还容易南辕北辙，力越大，用力时间越长，质量越好越会适得其反，使浪费越大，破坏越大，后果越严重。如果方向出错，停止也是退步。只有方向正确了，力的作用才能从源头上发挥好。如果方向大致正确，即使目前的效率还不算高，还存在一些浪费，也不至于到无药可救的地步。

推力的方向是从前一个环节到后一个环节，最后到达客户。拉力的方向则相反，是从客户的需求出发，从后一个环节到前一个环节。

当拉的时候，力集中于一个方向，即为客户创造价值的方向。这样使得大家凝心聚力，消除内耗，力往一处使，全力为客户创造价值。只有沿着这个方向，工作才能不断高效地增值。这种力出一孔的力量，犹如激光，聚焦之后几乎无坚不摧。

2）力的作用点：从多个到一个

力的第二个要素是作用点。在科学研究中为了方便，经常对研究对象进行抽象化、具体化或形象化。在研究时可以把作用在物体上的力，看作是集中在一个点上，这个点就是力的作用点。

力的作用点能对力的作用效果产生重要影响。例如，打乒乓球时，对于对面飞来的球，需要考虑怎么接，比如平推、侧削、扣杀等，在不同的接球方式下，力的作用点不同。另外，在球被打回去时，是直接飞回去还是旋转着回去，也与力的作用点息息相关。

由于推式计划是由计划中心下达指令到多个环节，因此作用点有多个。拉式计划是单点计划，所以拉的作用点只有一个，且由客户需求引起。团队所有工作主要都是一环拉一环，实现从发现客户需求开始到满足客户需求为止的对客户需求的闭环，为客户创造价值。整个过程中只有一个触发信号，没有"多头指令"，有且只有一个外部指令作用于通常离客户需求比较近的某个环节，各个环节之间依靠系统内部状态的变化而自动拉动。单点施力，可在相当大的程度上避免系统内耗，消除无效动作。

3）力的大小：从随兴到确定

在方向和作用点都确定之后，接下来影响力的作用效果的第三个要素是力的大小。

在推的过程中，力的大小有比较强的主观性、随意性。在计划阶段，计划人员可以加入自己的主观判断；在执行阶段，各个环节可以根据自己的利益或偏好自由发挥，推还是不推，如果推什么时候推，推多少或推到什么程度，都可以是一时兴起、随兴而为，这样就会导致各个环节之间力的大小不尽相同，造成内耗和低效。

在拉式系统中，情况大为不同。由于每个环节都是依据客户需求的具体情况，以使整个系统尽可能最优运转为主要目标，对任务或其中的物品抑或知识逐个环节进行加工、传递，前一个环节只生产被后一个环节取走的那一部分，笔者把这种情况总结为八个字"不多不少、不晚不早"。此时，拉力的大小是客观而严谨的，不以人的意志为转移。整个系统就像精密的自动化设备，各个部分的运转严丝合缝。

对于自动化程度，可以用开车作为比喻，推式系统需要经常操作方向盘，改变方向，而拉式系统一旦建成就相当于自动驾驶。在拉式系统中，需要多少生产多少，需要多少传递多少，力基本上没有内耗，每一分力都用在刀刃上了。

任正非曾经说过，华为领导人一个重要的素质是方向和节奏。这也可以从力的三要素来理解，对于一个特定的组织，力的方向决定前进的方向，力的作用点和大小就能基本决定速度的快慢，调整快慢就相当于调整了节奏。

（2）触发规则不同：从外到内，从非自动到自动

拉和推最核心的区别，不在于前后两个环节谁送谁取，而在于系统中任务或其中的物品抑或知识的移动规则。规则的核心是看要求任务或其中的物品抑或知识从某个环节移动的指令，是来自系统内部还是外部。如果指令来自外部，就是推，运转是非自动的；如果来自内部，来自下一个环节，是对下游处于"需要状态"的反应，则是拉，运转是自动的。

（3）作用效果不同：增效、增值、"增肌"

力的作用效果主要包括改变物体的运动状态以及使物体发生形变，其中，运动状态又包括运动方向和运动速度。力的三要素，都能影响力的作用效果。

1）改变运动方向：增值

在物理学上，力可以改变物体的运动方向，比如，对一个运动中的物体施加一个与原来运动方向不同、大小足够的力时，运动方向通常会发生变化。

在管理学上，从推改为拉，就能使人的力量转向创造价值、使环节增值的方向，在这个方向上，每个人的工作增值最快、最多。

2）改变运动速度：增效

拉力改变运动速度，包括让任务或其中的物品抑或知识由静到动、由慢到快，也包括由动到静、由快到慢。

物体由静到动。在静止时速度是零。从静到动，说明行动起来、加速了。比如，对于老是没人做的工作，可以施加力量让它们先动起来。

速度由慢到快。这说明执行快起来了。在需要快的时候，这是好事。

速度由快到慢。当慢则慢，是一种智慧。当某环节的速度或进度快于其他环节时,通常就需要通过减少人手和设备等手段,使该环节的速度慢下来。

物体由动到静。当停则停,既需要智慧,也需要勇气。在处理任务或加工产品的过程中发现缺陷时,若停下来肯定会造成损失,至少会损失人员工时和机器时间。因此,在推式系统中遇到这种情况时,经常不停下来,而是继续运行,问题留待以后再说。

但在拉式系统中,问题会被立即暴露出来,这时必须踩急刹车立刻停下来,分析原因并予以根治,以防止造成更多不合格的产品或服务以及更大的损失。

在上述四种变速情况中,从静到动和从慢到快能够创造价值是不言而喻的。但是,从快到慢、从动到静,也能创造价值,毕竟提前过量生产是极大的浪费,一旦出现问题立刻停下来,短期内不但能止损,从长期看,也能从根本上解决问题并能防止问题再次发生,从而创造了明显的价值。在拉式系统中,速度根据客户需求而定,当快则快,当慢则慢,当停则停,于是浪费大大减少,因此能实现增效。

3)形变:"增肌"

"增肌"使肌肉增多,使多余的脂肪减少,比喻组织更加精干。

形变是指物体受到外力作用时所发生的形状或体积的改变,比如伸长、缩短、弯曲等,并且力越大形变越大。

在企业管理中,我们可以将形变的概念延伸为使部门数量和层级,部门大小,部门之间、个人之间的任务或其中的物品抑或知识的传递方式,人与人之间的沟通方式等发生变化。拉可以使每个人的工作创造更大的价值,能使一个组织更加精干、强健,完成相同工作需要的人数变得更少。

需要注意的是,形变要适度。弹簧中比较常见的是有预应力的拉伸弹簧。若弹簧受到的拉力小于或等于克服预应力所需的拉力,则弹簧不会变形；当弹簧受到的拉力大于克服预应力所需的拉力时，弹簧就会变形。

形变分为弹性形变和塑性形变。弹性形变，是指在外力的作用下物体发生形变，当外力撤销后物体能恢复原状。例如，当我们用手压弹簧的时候，弹簧会缩短；当拉弹簧的时候，弹簧会变长；当我们的手松开弹簧时，弹簧恢复到原始状态。这样的形变就是弹性形变。而塑性形变是在外力撤销后不能自动恢复的永久形变。

每根弹簧的受力范围，可以被我们控制，即最小承受多少力开始发生弹性形变，最大承受多少力不至于发生不可恢复的塑性形变。此外，每根弹簧的受力大小，也可以精准控制。要想使弹簧运动，当弹簧没有拉伸时，需要施力；当弹簧受力临近可以承受的极限时，需要停止施加更大的力。

在笔者看来，系统运营可以借鉴弹性形变和塑性形变的原理，比如，力量要适度。力量太小，会导致效果不充分，对系统造成浪费；力量太大、用力过猛，则容易产生难以挽回的损失。缺乏有效控制的推式系统，产生塑性形变的可能性要比控制严谨的拉式系统大得多。

力既可以使物体发生形变，又可以使物体的运动状态发生变化。方向、速度和形变三种单个效果，可以叠加形成多种效果组合。例如，有时速度、方向同时变化，比如接羽毛球的时候，速度先降到零，方向变为反向，然后速度再迅速变快；也有时候速度、方向、形状三者同时变化，如把橡皮泥投掷到墙面后反弹，此时，方向、速度和形状三者都发生了变化，形状的变化是立体的。力在经营管理上的作用也时常是综合性的，既能增效，又能使各环节工作增值，还能使组织"增肌"、更加精干。

（4）功不同：从无用功到有用功

初中物理告诉我们，一个作用在物体上的力，使物体沿着力的方向移动了一段距离，这个力与距离的乘积就是力对物体做的功。比如，我们举重时，把哑铃举高一段距离，就做了功。如果在力的方向上不动，比如用力拉但没有拉动，那就没有做功，属于劳而无功。拉动可以消除无用功，使有用功增多，无用功减少甚至完全消除。

功分为有用功和无用功。在物理学中，做功的效率（机械效率）等于有用功在总功中所占的比例，因此尽量不做无用功，多做有用功。用力需要消耗能量，花费成本，因此没事不要随便用力，除非需要做有用功。

力的三要素都影响做功效率。力的方向与创造价值的方向越一致，或者力越大，或者力的作用点越少、越统一，做功效率越大，就能使任务或其中的物品抑或知识，高效地在需要的方向上，即使经过足够多的必要环节，即移动足够长的必要"距离"，也能发挥出力的最大潜在价值。

本章先阐述了推的概念，在企业中推广泛存在的情况，推受人欢迎的原因，推的先天缺陷及其产生原因；再分析了拉的定义、产生历史；之后，从力的三要素、触发规则、作用效果、做功效率等底层逻辑，分析了为什么拉能从根本上解决推存在的问题，从推到拉是革命性的飞跃。

关于推式缺陷的产生逻辑，以上只分析了最基础的部分。至于批量如何造成等待，如何影响质量、等待时间和柔性；周期如何影响新产品版本迭代速度、库存、柔性；柔性如何影响库存、人效、管理难度；库存如何影响占地面积、成本、管理难度；质量、安全、占地面积、成本、管理难度如何影响利润和士气，如图 1-2 中的虚线以上部分所示，都蕴含于"拉在绩效上远比推强"的逻辑、拉比推具有各种优势和具体原因之中，这些内容将在第 2 章"拉的 16 个优势"中详细阐述。

第 2 章

拉的 16 个优势

重要的不是我们知道什么,而是我们如何知道。

——古希腊哲学家　毕达哥拉斯

本章将重点阐述拉是怎样一步步地既能对外提升客户体验与满意度，又能对内提升利润与士气，还能促进其他13个方面的提升的，这也是拉与推相比具有的优势。拉具有16个优势的具体逻辑如图2-1所示。

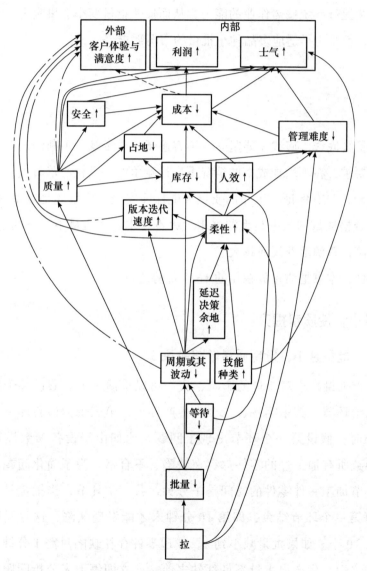

图2-1 拉的16个优势的产生逻辑

第 1 章已经阐述了推会使批量增大，如图 1-2 的虚线以下部分所示。由于拉使批量减小的逻辑与其类似，因此在这里只是简单说明。

客户需求日益呈现多品种小批量的特点，拉主要是根据已有的实际订单，持续提升系统按需作业的能力，从而促使批量变小。事实上，拉之所以产生，就是为了适应多品种小批量的市场需求。

质量

质量是底线，底线需要坚守、不容逾越。质量既是不断满足客户日益提高的要求，在不增加成本的情况下赢得竞争的一个核心落脚点，又是安全的基础，只有保证了工作的质量才能保障安全。质量还是效率的前提，离开了合格质量的效率是无源之水、无本之木。在质量不合格的情况下，效率越高，资源浪费反而越大。

因此，本书把质量放在拉的 16 个优势之首。

批量减小，使质量提升

（1）批量越小，发现质量缺陷越快

对于批量减小对质量的影响，我们可以推演一下。假设某个生产过程有三个环节，其中第一、二个为生产环节，第三个为检验环节。当批量减小时，假设第一个环节出现了问题，比如由于设备参数设置不正确，导致所有加工过的零件都存在缺陷、不合格。为了简化问题，假设每个环节加工一件零件的时间是 1 分钟，共三个环节，当批量是 10 时，需要等第一个环节结束，即第 10 分钟末才能发现缺陷，这时候造成的次品有 10 个。如果批量减小到 1，发现零件存在缺陷只需 1 分钟，在发现问题之后，生产出大量不良部件之前，就立即停下来分析问题产生的

根本原因，并采取措施解决问题，造成的次品只有1个。无论是发现缺陷需要的时间，还是发现缺陷时已经造成的次品数量，在批量为10时都是批量为1时的10倍。

假设问题不是出在第一个环节而是出现在第二个环节，如果批量是10，只有等到第20分钟结束，该批零件两个环节全部做完时，才能发现质量问题，此时造成的次品数是20个。当批量降为1，第1个产品完成两个环节的加工时，即第2分钟结束时，缺陷就会被发现。发现缺陷需要的时间、发现时已经造成的次品数量，在批量为10时仍然都是批量为1时的10倍。当问题出现在第三个或之后任何一个环节时，情况都类似。

上面讨论的是加工环节出现质量问题、加工完毕立即检验的情况。下面看看检验需要等到所有生产环节全部结束之后才能进行的情况。当批量为10时，需要在30分钟末才能发现缺陷，而当批量为1时，第3分钟末就能发现质量问题。两种批量下发现缺陷的速度以及发现时已经导致的次品数量，与上述在每个环节结束之后就进行检验的情况一致，仍是10倍的关系。

批量越小，质量缺陷发现越快，越能及时"止损"，越能促进质量提升。

（2）批量减小，发现、解决质量缺陷更容易

在大批量的系统中，由于零部件或知识富余较多，问题不容易被发现，人们容易把质量问题当作偶然事件来处理，"头痛医头，脚痛医脚"，解决单个问题并企盼该问题不会再次发生。但这实际上只是一种一厢情愿，结果往往事与愿违。

另外，从表面上看，生产停下来对成本和交付的影响严重，所以即使发现了缺陷，也不会停下来，而是继续生产。这样，后续的工作会和之前的问题混合成更加错综复杂的问题，产生新的差错；后面的差错，又会和前面的差错混合叠加、相互影响，导致差错成倍甚至呈指数级增加。例如，最底下的零件装错了，返工时需要全部拆掉后重装，工作量极大。此外，拆卸、重装装错的零件，还容易损坏其他关键部件，挤坏其他零件，于是，缺陷数量就可能指数级增加。生产仍在不断进行，大量有类似质量问题的产品源源不断地完工。即使得知有质量缺陷，也来不及了，可观的损失已经成了既定的事实。

当批量减小时，现场更加简洁有序，透明化程度更高，缺陷出现后不容易被淹没在零部件库存或知识之中，反而容易自己暴露出来或被及时发现，引起本环节和下游环节甚至上游环节的注意。

质量缺陷的发现越容易，加工、转运有缺陷零部件的可能性越低，于是，更容易实现更高的质量。

（3）批量减小，使质量上的紧迫感增强

若批量减小，设备的操作者就没有大量的零件可供挑选，甚至只有一个零件，没有选择余地。此时一旦出现缺陷，容易造成整条生产线或者整个项目工作停滞。如果这种事情频繁发生，结果将是毁灭性的。

一旦生产线或项目工作停止，会迅速引起本环节和下游环节同事的高度关注，无形中给了相关部门、环节的人员以一定的紧迫感。这种质量的压力能及时有效传递，使得大家注意力更加集中，更加认真地对待自己工作中的每一项重要内容，努力确保本环节的工作质量。

批量越小，管理层和员工的质量压力越大，主动发现、报告问题的动力也越大，类似问题反复出现、质量水平每况愈下的可能性越小。

当批量减小时，上一环节生产好的零部件，会很快被下一环节用于生产，下一环节会有很强的意识去注意零部件中是否存在质量缺陷。有时，下一个环节的员工也会自己去上一个环节领取、搬运零部件。如果发现质

量缺陷，一是可以拒收、阻止零部件传递，二是可以及时暴露问题，三是可以及时向上一环节预警潜在问题。这样会促进所有环节树立"一次就做对"的质量意识。

有一个经典的比喻，水代表在制品库存，石头代表问题。当水位较高时，石头被掩盖起来；当水位降低时，石头就会暴露出来。与之类似，当批量减小、库存数量减少时，缺陷之类的问题就会无法藏身而暴露出来。

如果以"绳子"串起相关环节作为比喻，由于批量小，使得各个环节待处理的任务或其中的物品抑或知识极少，甚至只有一个单位。只要任何一个环节出现质量问题造成中断，则没有什么可以调整的余地，会迅速导致下游环节无事可做、作业停止，因此像本来就没有什么弹性的"绳子"绷得更紧甚至绷断一样，企业中相应的环节"压力"增大甚至会造成系统崩溃。这样，也便于一下子就能看出哪根"绳子"，"绳子"的哪一部分是脆弱的，质量不好的环节就能立即被初步识别出来；如果加大拉力，容易让绳子在脆弱的部分断掉，使整个流程中断，不但下一个环节即内部客户将无事可干，处于"饥饿"状态，而且会严重影响其他相关人员的工作，此外，问题的根源也容易初步暴露出来。缩小批量，不仅能使质量问题凸显，还有利于发现问题的根源。

除了发生缺陷后质量上的、被动的紧迫感以外，还有一种紧迫感和压力，它源于自我施压、持续改善、主动提升质量，力争从源头上防患于未然。

事实上，批量不断减小所产生的压力，也引起了质量改进理论和方法的"井喷式"创新。

由于批量减小既可以使质量缺陷更容易、更快地被发现、阻断，也可以使质量上的紧迫感和压力增大，因此，批量减小可以促进质量提升。批量越小，越能促进质量水平提高；反之，批量越大，压力越小，质量水平通常越低。

等待

批量减小，使等待时间变短

批量必定会造成等待，而且等待还不止一种。

第一种等待，姑且称为"整批等待"。由于作业是分批进行的，不是所有的批次都正好全部处于加工或处理的状态，因此，其他的批次就需要等待。比如，某个环节在作业时，旁边还有几个批量为100的零件在等待加工，这就属于整批等待。同理，在检验等环节，也存在整批等待的情况。例如，在需要同时检验多个批次时，放在旁边还没有被检验的批次，就处在整批等待之中。

第二种等待，笔者把它称为"批内等待"。在推式系统中，供应部门通常把一个订单所需的物料成批"推"送到车间现场，由于任务要一件一件处理，零部件要一件一件加工，在一批内部，有的处于加工或处理状态，其他的就处于等待状态。比如在同一批次的100个零件中，刚开始加工的时候，是第一个零件在被加工，其余99个零件在等待；在加工第二个零件的时候，这100个零件分为三种状态：第一个零件已经被加工完成，处于等待下一个阶段的状态，第二个处于正在被加工的状态，剩下的98个零件处于等待加工状态。这种在整批处于加工或处理状态，在批次内部有的任务或零部件处于等待状态的情况，就是批内等待。显然，批内等待不但存在于加工或处理环节，也在检验等环节中广泛存在。同一个批次的物品在检验时也有先有后，检验完毕的物品，既要等待没有开始检验的物品，又要等待正在检验、还没有完成检验的物品，之后才能进行下一个阶段的作业。

批量可以理解为是"绑"在一起的，大家要走一起走，要停一起停。显而易见，随着批量增大，加工或处理一批所需要的时间变长，无论是整批等待时间还是批内等待时间都会变长。

周期及其波动

1. 批量减小，使周期缩短且波动变小

沿用本章开头"批量越小，发现质量缺陷越快"的例子，假设每个环节加工一件需要 1 分钟，共三个环节，当批量是 10 时，整批完成全部环节所需时间分别为 10、20、30 分钟；即使下一个阶段只需要一件产品，也至少需要等待 30 分钟，和整批 10 件完工时间一样长，批量大的坏处也可窥一斑。

如果批量降为 1，第 1 个产品在第 3 分钟末即可完成所有环节的加工，成为完工产品；第 2 个产品在第 4 分钟末即可完成所有环节的加工，依次类推，最后一个产品即第 10 个产品在 12 分钟末即可完成所有三个环节的加工。所有产品完工的周期，在批量为 10 时是批量为 1 时的 2.5 倍，由此可知，批量大小对周期长短的影响明显。

和"夜长梦多"类似，周期越长，中间出现不可控因素的机会越多，常常会导致周期一会儿长一会儿短，周期波动增大。

批量减小，既可以使周期变短，也可以使周期的波动变小。

2. 等待时间变短，使周期缩短且波动变小

周期主要由两个部分组成，一个是加工、处理、搬运或传递所需要的时间，另一个是等待时间。等待时间变短，周期也随之变短。周期越短，在周期内发生波动的可能性和波动幅度就越小。

一种周期的波动幅度，可能影响其他周期的长短。例如，生产周期的波动越小，可以给客户承诺的交付周期越短，原因是波动越小越可靠、越好预测。如果周期波动小，我们就能比较精准地预测一项任务流经各个环节分别需要多少时间，给客户报出的交付日期也比较准确。比如，如果平均时间为 10 天，最大波动时间为 5 天，周期为 10±5 天，那么我们报出的周期不得不为 15 天。如果波动时间降为 1 天，就可以只报 11 天了。

周期及其波动能反映管理水平。周期越长，管理水平越低；周期长且波动大，管理水平更低。

生产中的等待时间变短，可以使自身的制造周期乃至整个交付周期变短，并且使周期的波动变小。

技能种类

批量减小，使技能种类增多

在第1章中已经分析过，那么多人喜欢推主要还是因为推操作起来省事。批量越大，员工持续处理同一种任务的时间越长，一天到晚只需要重复处理极少数的几种甚至一种任务，分工也很细，各项工作都由专门的人员负责，在处理的过程中不用动什么脑筋。

待处理任务的种类越少，需要人掌握的技能种类就越少，员工们在客观上没有压力、主观上没有动力去掌握更多的技能，甚至有些已经掌握的技能，因为长期不用也日渐荒废。因此，员工能随时熟练运用的技能种类越来越少、越来越单一。更严重的是，一旦员工适应了大批量作业而很少进行切换操作的节奏，形成了惯性，走入了舒适区，更能巩固技能走向单一的趋势。

反之，当批量减小时，员工必须加大工作切换的频率，因此需要掌握更多的技能，这既是牵引力，也是动力，促使员工掌握更多的技能。

延迟决策的余地

周期越短或波动越小，延迟决策余地越大

如果周期足够短或波动足够小，决策的时间点可以更靠近交付的时间

点，决策可以比一般情况下晚些开始，因此，决策之前可以腾出的弹性时间更长，于是就可以"延迟决策"了。

柔性

柔性可以理解为能快速、低成本地适应新环境，满足新要求。柔性可以是全方位的，例如，从提供一种产品或服务转换为提供另一种或更多种类的产品或服务，变更设计、需求数量、任务优先级，增加或减少人员、设备的能力，缩短周期等。

1. 拉，使柔性增强

由于拉的作用点只有一个，即只对一个环节下达计划，当需要做出变更时，只要把变更后的计划下达给这一个环节即可。另外，由于在拉式系统中，前后环节之间建立了密切联系，唯一接受计划的环节会自动把新的计划信息高效地传递到上一个环节，再自动一环一环向上游传递。这样，在变更计划时，只需要简单地向一个环节下达指令，即可规范零部件的传递和数量，而不需要像推式系统那样同时对所有环节变更并下达计划，因而使得柔性明显增强。

此外，在拉式系统中，由于每个环节只有在被拉动时才生产，因此，在系统过度拥堵时，可以自动阻止新零部件的投入；在比较拥堵时，可以使零部件的实际投入时间尽可能推迟，使作为零部件投入依据的客户订单更加稳定，这将会使作业方法、优先顺序、时间安排等调整起来更加容易，于是增强了系统的柔性。

举一个拉式系统增加柔性的例子。由于目的地机场流量过大等因素，导致暂时不具备降落条件，飞机经常受到空中管制。我们作为乘客，只能坐在出发地的候机室等待起飞的通知。此时，如果飞机采取推式，不管目的地情况，准备好了就立即起飞，那么到达目的地后也无法降落，只能在附近上空盘旋，等待降落时机。飞机在空中盘旋越久，耗油越多，发生事故的可能性也越大。

当目的地机场预测好了在某时间段具备降落条件时，再拉动飞机从出发地机场起飞。虽然因空中管制让旅客在候机楼等候多少让人有些不悦，但采用拉式之后，既可以少耗油，又降低了事故发生的可能性，还提高了旅客身体的舒适度，毕竟在候机楼里人的活动空间更大，活动更自由，能处理的事情更多。其实，两种情况下，最终降落到目的地的时刻并没有明显不同，不同的是一部分时间是坐在盘旋的飞机上等待，还是在候机楼等待。当然，采取拉式时，在目的地机场预测出可以降落的时间之后，飞机也可以稍早一些起飞，因此起飞时间不止一种选择。而如果采取推式，起飞时间只有立即起飞一种选择，柔性差，并且这种选择导致的经济性和安全性都比较差。从这个例子可以看出，拉可以使柔性增强。

由于拉的作用点只有一个，前后环节联系紧密，在拥堵时自动采取措施控制投入等优势，使得系统容易调整，柔性强于推式系统。实际上，在拉式系统中，要实现柔性调整产品组合，通常只要提前几个小时通知即可。

2. 延迟决策余地变大，使柔性增强

客户需求或作业过程等发生的变化，有可能发生在决策之前这段因为延迟决策而腾出来的时间里，于是我们能够通过从容不迫地延迟决策，来尽量减少各种变更对决策的影响。因此，延迟决策能明显提升系统的柔性。另外，在允许的范围内延迟决策越久，越能降低决策风险。

3. 技能种类增多，使柔性增强

当员工的技能增多时，每个人能从事的工作种类就会增多，变更计

划、安排人员时受到的限制就会越少，安排某项工作时就会越自由，不会因为该工作只有极个别人能做而受到掣肘。因此，员工技能越多，系统柔性越强。

4. 周期缩短或波动变小，使柔性增强

当需要变更计划，例如插单、改变优先顺序时，随着周期的缩短，调整计划涉及的时间段变短，客户需求的确定性增加，变动的可能性减小，牵涉的订单或者任务变少，不可控因素减少，可靠性升高。因此，计划调整起来更容易、柔性更强。如果周期波动变小，则周期更加稳定、可靠，计划调整的容易程度和柔性都提高了。由此可见，周期缩短或波动变小，可以使柔性增强。

库存

库存包括原材料库存、在制品库存、成品库存等。影响库存的因素很多，主要包括质量、周期、柔性等。

1. 质量好，使库存减少

对于成品，如果质量不合格，不能对外销售或销售后被客户退回，就变成成品库存。

对于在制品，如果发现质量上存在缺陷，就需要停下来等待处理，成为在制品库存。由于处理需要时间，在系统中的时间需要延长，也增加了一些时段的库存。

对于原材料，如果在入库后发现质量问题，成为呆滞料，不能及时用掉，也会成为库存。

反之，如果质量好，成品、在制品、原材料的库存都会减少。

2. 周期缩短或波动变小，使库存减少

首先，不妨运用极限思维，从数学的角度思考一下。笔者在辅导企业高层时经常用孙悟空这个极端的案例作为比喻，如果像他一样需要任何东西都只要吹一下就能立刻得到，那么就不会产生库存了。也就是说，从想得到到真正得到需要的时间为 0 时，就不需要任何库存。利特尔定律告诉我们，库存和获得产品或服务的周期成正比，周期为 0，库存就为 0 了。也就是说，库存之所以存在，正是因为从需要到拿到之间需要一定的周期。此外，还有心理因素，生产周期越长，人们越担心没法按时按量交货，从而提前或过量生产，这也会导致库存增多。

如果周期经常波动，人们在准备物料或货物以防止缺料或者缺货时，需要按较长的周期准备，例如周期为 5 ± 4，需要按 9 天准备，而 5 ± 1 天，只要按 6 天准备。库存的核心作用之一，就是防止缺货或缺料。波动越大，需要准备的库存越多，以保障及时供应，避免缺货事故和缺料损失。周期缩短或波动变小，需要的库存就会减少。

3. 柔性增强，使库存减少

计划、设计、工艺等的变更，一般都会干扰作业的进行，使库存增加。例如，如果要进行工艺变更，那些正在加工或者等待加工的相关物料或半成品，通常要先进入停止状态，直到变更完成为止。于是，这些物料和半成品在系统中停留的时间变长了，库存也就增多了。

若柔性比较差，即使强制调整，也会磕磕绊绊，使系统更加混乱，导致其他订单的周期变长，库存量也随着周期的变长而增多。

若柔性比较强，临时变更设计、需求数量、任务优先级或转换产品或服务等，都会变得更容易。人们可以随时调整，使工作开展更顺畅，使周期缩短，从而使库存减少。

通过分析质量、周期及波动性、柔性三个因素对库存的影响，笔者不敢苟同库存是"万恶之源"的说法，说是"万恶之果"更合适。库存水位高常常是其他各种问题的结果。一般的方法是先直奔主题，降低库存水位，用这种简单甚至有些粗暴的方法容易出事，因为没有发现问题出在哪里，问题就无从解决。正如船行驶在水面上容易因为撞上暗藏的礁石而失事，最好先借助专业探测设备确定礁石的位置；接着要么避开礁石，要么在迫不得已并且能力允许的情况下破坏礁石，然后再让船平安通过。这样可以减少水面上船只的"库存"，加快通行效率，降低事故风险。

需要说明的是，即使库存很多，也不一定能满足客户需求。这是因为，不但客户需求的数量会变，需求的结构也可能变，原有的库存既不能完全满足需求，又会占用场地等资源，影响其他产品的生产，从而导致企业订单丢失、客户流失。因此，不能粗暴地为降库存而降库存，而要用科学、系统的方法缩短周期，降低周期波动性，提升质量和柔性，从而使库存不断降低。这样才是从根本上解决库存问题的可行之道。

人效

1. 等待时间缩短，使人效提高

等待时间越短，则无效时间越短，有效时间越长，有效时间在总时间中的比例就越高。因此，等待时间缩短能使人效提高。

2. 柔性增强，使人效提高

柔性增强，一方面能使设备、场地等根据需要调整起来更容易，从而使得它们可以有效利用的时间变多，对提升人员时间利用率的限制变少；

另一方面，使人员调整起来更加容易，在安排人力时不受人员柔性的制约，不但能使同一个人在不同时间段内的工作比较均衡，"时时有事干"，还能使同一时段不同人之间的工作分配也比较均衡，实现"人人有事干"。于是，人的空闲时间变少，自身的利用率得到提升，即柔性增强能促进人效提高。

占地

1. 库存减少，使占地变小

库存需要空间来长时间存储或暂时存放，也需要占用通道等场地进行搬运，因此库存减少能使占地变小。

2. 质量提升，使占地变小

质量问题减少，不但使有质量问题的产品减少，而且能使产品在系统中停留的时间变短，因此质量提升可以使占地变小。

安全

质量提升，更加安全

安全是红线，不容随意触碰。

质量提升，可以使安全水平提高。安全事故通常发生在作业过程之中，而且许多安全问题的根源就是质量问题。

对一些订单，为了赶进度、省成本，员工们违规生产、违章操作，即使发现了问题，也是抱着"以后再整改"的心态，疏漏了对材料、设备、过程的管控，对工作质量的管理不到位，结果每一个环节的安全问题都可能成为"不定时炸弹",这是各类安全事故产生的主要原因。

工作质量问题不解决,安全问题就不可能得到根本解决。只有相关工作每个步骤的质量都能得到保证,许多安全隐患才不会产生,安全事故才不容易发生。质量提升可以使安全水平提高。

成本

1. 库存减少,使成本降低

由于库存占用资金,如果是自有资金,则存入银行会有存款利息收益;如果库存资金来自银行贷款,那么还要支付比存款利息高出不少的贷款利息。因此,库存的显性成本至少不低于存款利息。

除了显性成本,库存还存在隐性成本。库存需要场地存放,产生租金成本;库存也需要运输工具进行搬运,产生工具的购置、能源消耗、维护保养等成本;库存还需要相应的人力成本;另外,如果库存时间长,容易造成呆滞品,要么继续投入存储和维护成本,要么投入促销成本,通过发送信息、印刷宣传材料、在媒体做广告等来降价刺激销售,甚至有些只能当废品处理,造成货值重大损失等。因此,库存减少,可以使显性成本和隐性成本双双降低。

2. 质量提升,使成本降低

质量缺陷会带来成本,对于不严重的缺陷,检测、调试、返工需要成本;对于严重的缺陷,报废等处理也需要成本。若没有及时发现并解决质量问题,成本将非常高昂。一个产品中只要一个零部件有缺陷,后面要想修复它可能需要大动干戈,花费可观的时间成本和费用。但是,如果质量高,就不会产生这些成本了。因此,质量提升可以促进成本降低。

3. 占地变小，使成本降低

场地可以分为租赁场地、自有场地两种类型。对于租赁场地，需要向场地的管理方交纳租金；对于自有场地，由于租赁给别人也可以收到租金，因此也需要参照租金的市场行情计算成本。另外，场地变小可以缩短内部搬运距离，于是可以节省搬运量和搬运成本。因此，占地变小可以促进成本降低。

4. 人效提升，使成本降低

人均效率不高，说明人的投入产出比不高，或是数量相同的人花同样的时间产出较少，或是同样的产出需要更多的人花更多的时间去做。由于雇用员工需要付出薪酬福利等方面的成本，故而人效提升能使人力成本降低。

5. 管理难度减小，使成本降低

从人力角度看，管理越简单，一方面，需要的管理者和普通员工就越少，人工成本越低；另一方面，对人的要求也逐步降低，需要高薪聘请的人变少，也会降低人力成本。

从运营角度看，管理难度降低，会降低系统运行起来磕磕绊绊、不顺畅的程度，减少其间的内耗、浪费，因此也会促进成本降低。

6. 安全水平提高，使成本降低

安全水平越高，发生事故的可能性越小，因为事故而产生的相关成本越少，成本自然降低。

管理难度

1. 拉，使管理难度减小

从推到拉，信息流由计划中心向各个环节的、纵向的推式，变成前后环节之间的、横向的拉式。拉使上下游环节之间建立了明确、密切的联系，只需要对一个环节下达计划，其他环节只要按照各自的下一个环节提出的需求执行即可；需要完成的数量，也都是由各自的下一个环节自动给出的。因此，拉降低了管理难度，使平凡的人也能管理看上去不简单的事。

2. 柔性增强，使管理难度减小

柔性能够改变管理难度，柔性越强，管理难度越小。面对客户插单、改变需求数量、变更设计、调整任务优先级等需求，如果柔性强，应对起来则比较从容，对各环节的影响较小，使管理难度减小。

例如，根据客户的紧急要求，必须在已经安排的计划当中插入一个重要并且紧急、需要优先处理的订单，由于柔性增强，插单更为容易、简便，对相关环节正常运转的干扰变小。因此柔性增强，可以降低管理难度。

3. 库存减少，使管理难度减小

无论是给库存物品制作标识，还是把它们摆好，或是要及时找到它们进行加工，再或者是点数、检验，以及让问题及时暴露出来，库存少的时候都比库存多的时候要容易。因此，库存减少，降低了管理难度。

版本迭代速度

1. 周期变短或波动减小，使版本迭代加快

周期变短，特别是研发周期和制造周期变短，会使新产品的研发和交付都进一步加快。如果在此基础上还能实现周期波动减小，即周期变得更加可靠，那么需要的周期就更短。于是，就促进了新版本的产品或服务更快面世。因此，周期缩短或其波动减小，都能使版本迭代更快。

2. 柔性增强，使版本迭代加快

在产品开发、生产等过程中，难免发生为了应对需求的变化而调整优先顺序、临时插单，进行设计或作业过程等方面的变更。柔性越强，调整起来越灵活、高效，从而使得新产品或服务的推出即版本迭代加快。

客户体验与满意度

1. 质量提升，使客户体验与满意度提升

质量可以理解为产品或服务满足需求的程度。质量越好，越能满足客户需求，越能使客户体验更好，越能提升客户满意度。

如果质量不合格，客户满意、客户忠诚、复购和转介绍都将沦为空谈。

质量和客户体验、客户满意度之间存在正相关关系。质量提升，可以促进客户体验与满意度的提升。

2. 周期缩短或波动减小，使客户体验与满意度提升

"又好又快"是工作的常见要求，客户体验亦然。其中的"好"，主要

是指质量；"快"主要是指响应快、交付快，也就是周期短。

客户希望供应商能按时交付，及时得到产品或者服务，若这点得不到满足，将严重影响客户体验。此外，如果供应商的供货周期缩短，客户资金的占用就会减少，客户的体验将更好。若供应商的各种周期波动减小，则周期更为可靠、可信，不容易临时出差错，也会让客户体验更好。客户体验越好，客户满意度越高。因此，缩短周期或其波动减小，能使客户体验与满意度都得到提升。

3. 版本迭代快，使客户体验与满意度提升

随着时代的发展，客户对产品或服务的功能等方面会不断提出新要求，这就要求供应商版本迭代要快。

版本迭代快，不断推陈出新，不仅在产品或服务的种类方面，而且在其功能方面，都能给客户提供更大的选择空间，从而为客户创造新的更大的价值，因此可以提升客户的体验与满意度。

4. 成本降低，使客户体验与满意度提升

实惠、性价比高，是客户的常规诉求，价格是影响客户体验的一个重要因素。

不能为了降价而降价，否则就是恶性竞争、不可持续。降价必须基于真正有竞争力的成本，在降价之后，应该仍然有一定的利润空间，以便支持进一步的研发、再生产等投入，形成一个良性的循环。否则，降价就是一方面自己赤身肉搏，另一方面逼着供应商也必须降价，最终不但损害了供应商的利益，而且损害了客户乃至最终用户的利益，造成多输的局面。

降低成本，特别是在管理功夫扎实、真正有成本优势时降低成本，非常有利于客户体验与满意度的提升。

5.柔性提升，使客户体验与满意度提升

虽然人们都希望客户的需求确定，不要变来变去，但设身处地想一想，客户自己以及客户的客户所面临的市场情况也是多变的，客户为了更好地满足他的客户多变的需求，下给供应商的订单有时也会出现一些变化，例如需要增加新的种类，减少某些产品的订货数量，调整优先顺序，临时插入订单，更改产品设计等，这些都会对供应商的相关环节造成影响，需要供应商具备较强的柔性。如果供应商柔性比较差，要么没法接受，要么虽然能够接受，但做起来既容易出错又效率不高。

如果供应商柔性强，能够提供更多种类的产品或服务供客户选择，或者能接受并落实客户的改动需求，且仍然能够保持较高的质量和效率，这样就能使客户在不多花费用的情况下，较快得到更改后的、符合需求的产品或服务，从而使客户的体验和满意度明显提升。

利润

1.成本降低，使利润增多

此处的利润既可以是毛利润，也可以是净利润。以毛利润为例，由于毛利润等于售价减去成本，在售价不变的情况下，成本降低可以使毛利润增多，对于净利润亦然。

2.质量提升，使利润增多

如果产品或服务能够长期保持高质量，就有利于提升产品或服务的品牌形象，从而获得品牌溢价，直接使利润增多。

士气

1. 质量提升，使士气提升

质量是企业的生命线，也是员工自尊的核心落脚点。如果某个环节的质量上不去，首先，这个环节的人会自责；另外，其他人，无论是外部客户、还是下游的内部客户、上级领导，抑或是其他的周边同事，都难免会心生埋怨。久而久之，会导致团队的氛围压抑、信心不足、情绪低落、士气低迷。反之，随着质量的提升，士气也逐步提升。

2. 技能种类增多，使士气提升

技能种类增多，对员工个人而言，不但在客观上使自己的能力得到培养和提升，而且在主观上，员工感到自己被信任，自己的技能被重视，自己的职业生涯还在上升阶段而不是到了尽头，掌控工作仍然比较自如，坚信挑战激发了自己的斗志，自己能够承担更多更大的责任。此外，通过把掌握的多种技能运用到工作中创造价值，员工自己也更加认同自己，工作也越来越主动，越来越精神抖擞、斗志昂扬。

从团队来看，技能丰富的员工互帮互助，氛围会更加和谐，感情会更加融洽。

所有这些由技能丰富带来的好处，都能促使士气提升。

3. 管理难度减小，使士气提升

管理是一件很有挑战性的事情。要想做好管理，知不易，行更难。可行的道路之一是降低管理难度，而拉就能使管理难度下降。

管理难度下降之后，首先会影响到管理者，使管理者发现问题、分析问题产生的根本原因、解决问题都更加容易；和员工之间摩擦更少，沟通更顺畅，使得管理者感到愤怒的情形变少，他们的心情会更加舒畅。

另外，管理变容易之后，也会影响到普通员工。员工和管理者之间、员工和员工之间，矛盾更少，信息传递和交流更顺畅，员工挨批评、心情沮丧的时间变少，心情将更加愉悦。

沟通顺畅、处理问题容易、相处愉悦、心情舒畅都能提振士气。因此，管理难度减小，会使管理者和普通员工乃至整个企业的士气都得到提升。

4. 安全水平提高，使士气提升

安全水平越高，事故就越少，组织成员的身心更加愉悦，士气自然得到提升。

5. 成本降低，使士气提升

在售价固定时，成本低则利润高，公司的财务报表更加漂亮，部门和个人拿到的奖金更多。此外，公司发展得越来越好，社会影响力越来越大，作为员工，一方面在社会上越来越受尊重，另一方面在公司发展的机会更多，上升的空间更大，影响力和声誉也进一步提升。于是，不但离世俗观念里的名利近了一步，而且离社会认可和自我实现都更近了一步。这些成本降低带来的好处都有助于士气的提升。

本章详细阐述了由拉带来的16个优势，这些都是比较大的优势。其实，还有其他一些优势，例如，可以让新员工或新调换岗位的员工快速上岗，使搬运距离变短，减少设备和工具投资，激励团队合作等。

第 3 章

实现拉通的"五通"方法论

天地交,而万物通也。

——《易经·泰卦》

通表示动作之后的状态，可以分为多个阶段。实现拉通的方法论可以总结为"五通"，如图 3-1 所示。

图3-1　实现拉通的"五通"方法论

悟通

作为一种营利性组织，一般的企业都喜欢追求利润最大化，这无可厚非。但是，对于志向远大、希望长期发展的企业而言，首要目标并不是利润最大化，而是思考商业的本质，好好"悟通"。

1. 何为悟通

悟通可以使企业、部门或个人通过思考和感悟，对于自己存在的价值以及如何创造、交付、分配这些价值的思想和认识，尽量符合企业长期健康发展的客观规律。比如，在和客户、供应商的合作意识中，要尽量既利己又利人，切忌损人不利己。悟通的结果，主要体现在以核心价值观为主的企业文化上。

从思考的方向上看，悟通属于逆向思考，从外向内（outside in）看，即从客户角度、从创造价值过程的反方向,重新审视自己企业内部各个部门、岗位、人员和各项具体工作及其之间的关系。

2. 为何悟通

悟通主要是在思想和认识上。在《现代汉语词典》中,"思想"是指客观存在反映在人的意识中经过思维活动而产生的结果。它是对事物宏观、理性、深刻的认识。俗话说:"思想决定行为,行为决定习惯,习惯决定性格,性格决定命运。"思想之所以能决定命运,原因之一是它让一个组织或个人拥有巨大的力量。正如歌德所言:"思想是导游者,没有导游者,一切都会停止。目标会丧失,力量也会化为乌有。"

只有思想认识到位,既有高度能高瞻远瞩,又有深度能透过表象洞悉本质,才叫悟通了,行动才会融入兴趣、真心实意、脚踏实地、发挥专长,最终取得的结果才有可能比较理想。

如果企业悟通了,就容易在企业内部形成共同的思想并达成共识,从而拥有强大的力量,能发挥多种重要作用。这种思想和共识,既有导向作用,引导企业的方向;又有凝聚作用,把全体员工凝聚在一起形成合力促进发展;也有约束作用,规定怎样才是正确的,哪些是错误的,使员工恪守规则;还有促进、激励、辐射的作用,促进员工统一思想,提升工作水平,激励员工为企业愿景和使命而奋斗,并把悟通后的关于个人、客户及公司共赢的集体共识辐射到每一个团队、每一位员工。

悟通的道理看似不难,但要做到却不容易。一方面,节制贪欲很难;另一方面,在悟通了长期增效增长的正道是练好管理内功、扎实提升管理水平之后,还需要付出努力、下功夫才能实现。尽管不容易,但悟通仍然是实现拉通、提升企业硬核竞争力的必由之路。而节制贪欲,需要克服思想、行动上使利润最大化的惯性;下功夫,需要克服行动上的惰性。这些都有些"逆人性",都需要付出努力才能做到。

3. 如何悟通

就企业而言，要想做到悟通，至少需要拥有并坚持以下四点认识。

（1）只有为客户创造价值，帮助客户成功，自己才能生存和发展

企业需要支付员工工资、税款、租金等，企业要想存活下去就需要利润，利润只能来自客户，来自为客户提供的、为他们创造价值的产品或服务。为客户创造价值是一个企业生存的基础，客户对企业提供的产品和服务感到满意而付钱，企业才能得以继续生存。

为客户创造价值，主要是要帮助客户取得商业成功。只有客户成功了，才有钱购买企业的产品或服务，企业才有可能成功。如果一味贪图客户的利润，客户自己都不能生存，皮之不存，毛将焉附？因此要节制对利润的贪欲，善待客户。

企业与客户之间并非零和博弈，而是可以通过单方面努力或一起努力，实现共赢。比如，企业通过研发、制造、供应等领域的管理改进，一次把事情做好，降低客户所购产品或服务的全生命周期成本。企业也可以和客户、供应商联合起来改进，"大家好才是真的好"，实现共创共赢。

（2）价值由客户确定，客户愿意付钱购买的才有直接价值

由于人们乐于待在舒适区、囿于见识、受制于惯性等原因，总是喜欢干自己干过的事；容易秉持从自身视角和利益出发的立场和观点，因此常常难以准确地确定"价值"，自己认为的价值与客户认为的价值往往大相径庭。

只有最终用户才能决定价值，即确定有没有价值，有多少价值。价值需要以具有一定价格，能在一定时间内满足客户需求的特定产品或服务作为载体。客户愿意付钱购买的产品或服务，说明它有价值，愿意付的钱越多，付钱越快，说明它越有价值。

客户不愿为某项工作付钱，说明该工作对客户而言直接创造的价值不够,甚至毫无价值。比如,要把货交付给客户,虽然货物在自己企业内部仓库之间搬来搬去搬了6次,但客户不认可这些劳动的价值,他们只愿为从企业仓库到他们仓库的那一次搬运买单。

由于供应链上每家企业只提供一部分产品或服务,故而企业通常只能从内部视角看到自己的一亩三分地的收益,只见树木不见森林,没有看到客户眼中的完整的产品或服务。供应链上的企业都需要以最终用户的需求为准,在分析、商讨后定义最终用户价值,以便统一思想和认识。

(3) 创造价值慢不好,快也可能不好

慢会导致交付不及时,效率低、成本高,因此慢一般都不好,这一点比较好理解。

重要的是,快也不一定好。因为快会使作业提前,会导致质量问题难以及时发现,所需要的设备和人员增多,库存和拥堵加剧,成本提高,从而使得客户体验和满意度降低,士气低落,利润降低。因此,快也可能不好,这一点不太符合一般常识,需要高度重视。

因此,根据市场需求,创造价值,不快不慢是最好的。

(4) 创造价值需要硬贡献、硬功夫,拉通使价值更大

客户对产品或服务的要求,无外乎质量、成本、交付周期、响应速度、柔性、服务态度等几个方面。其中,服务态度与供应商内部的士气密切相关。换言之,客户价值的评判主要在于准确、及时、优质、低成本、高柔性的交付,这些方面做得越好,价值越高。但这些都是硬贡献,来不得半点虚假,因此需要硬功夫。缺乏硬功夫,不能做到低成本就一味拼价格,如同赤膊上阵,双方非常容易陷入"杀敌一千自损八百"的恶性竞争。

所幸,这些硬贡献、硬功夫,都可以通过拉通来实现,拉通可以为客户创造更大的价值。

打通

1. 何为打通

打通具有两层含义，第一层含义是打破阻隔，实现连通、互通。孤岛之所以成为孤岛，正是因为它和其他部分之间存在阻隔，这种阻隔需要打破；第二层含义是打散、优化、重组，使原本割裂的有价值的活动之间重新建立关联，实现更高水平的连通。每一次具体的打通，都发生在两个环节之间。

2. 为何打通

在企业创立之初，大家拥有共同的愿景，积极进取，专注于识别并满足客户需求。在此过程中，各自的角色和汇报的对象经常变动，因此协作在自然而然地进行，响应也快，对环境的适应性也强。

企业通常希望做大，因为好处很多，例如，占领更大的市场份额，获得行业地位和话语权，获得规模经济效益，降低单位产品或服务的成本，为员工提供更多的发展机会和更大的舞台等。随着业务的发展、企业规模的扩大，企业需要的员工不断增多，为了确保关键的细节得到落实，不但需要个体责任更加明确，而且需要拥有专业知识和技术的管理者、专家和员工组成专业的部门，如专门的销售部门、研发部门、生产部门、供应部门等，即按照职能建立多个部门。一个部门又分成多个下一层级的小部门，小部门再一层层分下去成为更小的部门，等级结构越来越复杂，部门与部门之间，特别是大的职能部门之间，就很容易产生部门墙。随着企业的发展，部门墙会越来越多、越来越厚。部门墙是无形的、虚拟的，但必须打破。在管理水平一般的企业，部门与职能息息相关甚至相同，因此部门墙也可以和职能墙等同。

企业和其他企业之间，特别是和客户、供应商之间，也存在墙。由于企业可以被抽象成一个更大的部门，这种跨企业的墙可以理解为广义的部门墙。

部门墙的产生和存在也有一定的自然性，主要有三个方面的原因。

首先，部门领导者担心自己的权利和影响力受到拉通的影响而变弱。这种担心不无道理。不过，影响力更源于自己的能力、绩效和个人魅力等方面。影响力也可以形成良性循环，即影响力越大，就越有可能升迁，从而获得更大的职权及其赋予的更大的影响力。

其次，人难免有一种天然的倾向，去保护本部门的利益，或主动或被动地、或有意或无意地忽视其他部门的利益。

最后，部门确实有作用，并且作用不容小觑。

第一，部门具有专业性。如果缺乏了这种专业性，很难高效协作。纵观管理历史乃至整个人类历史，无论是管理的发展，还是国家等组织的发展，都是在分与合中切换的，"分久必合，合久必分"的意思也大抵如此。曾经一个厉害的人可以干很多事，之后，人们发现一个人在一个团队中如果只干一件事，效率会大幅提升，例如，亚当·斯密在《国富论》中阐述的：分工使制针这种简单劳动的效率提升了数十倍。面对复杂的产品或服务，在其研发、生产和交付的过程中，需要由不同技能的人运用不同的设备或工具来完成，专业化的分工是有增效作用的。

第二，部门是赋能机构，能够有针对性地、重点地帮助员工、部门乃至整个企业实现专业知识沉淀、专业技能训练、专业人才培养、专业水平提升。

第三，由于在同一部门内部知识和经验相对类似、固定，员工的岗位、任务和要求都有一定的相似性，工作的挑战性与需要人们不断积极学习以开展跨部门协作时相比要小。因此，以部门为单位统一管理，不但比较简单，而且有效。

但是，有效不等于高效。部门墙的一个自然但严重的后果是批量增大，大批量非常符合部门和个人的利益。从这个意义上讲，部门墙也是"批量墙"，严重阻碍了其中的物品或知识的传递，物品或知识只能成批处理、成批传递、成批等待。部门墙使"以客户为中心"的宗旨被抛到脑后，甚至丢到九霄云外了，阻碍了跨部门协作，严重影响了工作的质量、效率、交付的及时性、柔性和士气等。

随着客户需求日益变为多品种、小批量、短交期，对质量、交付的及时性和成本等的要求都显著提高，传统的按部门分工的方式受到了严峻的挑战。

要部门，但不要部门墙。部门墙需要打破、连通。另外，随着业务的发展和信息化或数字化建设的推进，也容易出现一些业务孤岛和信息孤岛，还有一部分信息或数据与其他的信息或数据没有充分连接而未能发挥最大价值。这些都需要打通，主要以连通为主。

打通孤岛和打通部门墙的原理类似，但后者比前者工作量更大、难度更高，因此下面主要讨论打通部门墙。

部门墙会带来一系列不良后果。

（1）质量差，周期长，成本高

部门墙也是沟通墙，一堵堵墙横亘在部门之间，如果不打通，不但会导致部门之间沟通困难，而且会导致很多信息停留在单个部门内部，信息不通畅，即使传递起来也低效，容易失真。

信息流不通畅，会导致物流不通畅，这是因为往往是信息流在驱动物流。要完成客户订单，必须依靠多个部门通力协作。不能在合适的时间及时、准确地接收到合适数量的合适信息、物品，工作就不好开展，更遑论各个部门之间能通力合作完成任务了。

因此，部门墙导致信息流和物流不畅，甚至有一部分工作被长时间阻隔在高高耸立的部门墙之外而难以开展，使得完成订单的过程和周期冗长。有时因为交货不及时，还要向客户赔款。

另外，沟通环节多，再加上信息获取不及时，会使工作质量受到影响，质量难以得到保证。第 2 章已经阐述过，周期变长会增加库存进而增加成本，质量也会影响成本，因此，部门墙会对质量、周期和成本造成不良影响。

（2）以自我为中心，客户不满意

在有部门墙的情况下，人们通常以自我为中心，原因一般有客观和主观两个方面。

客观上，人们的视野和见识受限。在横向视野上，人们一般只顾自己那一摊子事情，或只盯着自己部门的事，整天跟自己部门内部以及旁边的少数几个部门打交道，容易从比较窄的部门视角出发，难以从系统全局的更高站位、从全流程的广度、从整个企业利益的视角考虑问题。在纵向视野上，在组织层级多、部门分工细、部门墙林立的金字塔组织中，高层管理者远离业务一线，和一线员工、客户之间形成了鸿沟，处于金字塔顶端的人往往不了解客户的真实需求。这样，做出的决策不接地气，难以取得良好的实际效果。

主观上，从自身利益出发。部门墙也是利益墙，各个部门和个人，特别是各级部门的负责人，都有各自不同的利益诉求和考量，考虑问题的出发点往往截然不同。比如，开发只注重开发进度，不重视成本和采购难度；销售只重视卖出去，不关注开发和交付难度；质量部门不重视成本，经常出现质量过剩。

但是，客户满意度不是来自公司内部，而是来自公司外部。以自我为中心的做法，一方面会使客户不满意，造成后续订单的持续性和利润率都不容乐观，这样对当下和未来都不利；另一方面，以自我为中心的优化属于局部优化，局部最优不等于整体最优，有时甚至适得其反，还不如不优化。

因此，虽然部门的存在是有用的，但要想从以自我为中心转向以客户为中心，就要把部门墙拆除、打通。

3. 如何打通

（1）改变从"心"开始，紧紧围绕为客户创造价值

在部门墙比较严重时，大家在心理上不愿主动打破部门墙，在行动上习惯于处理本部门内部的事务，而不是主动跨部门合作。这时需要从"心"，即从意识开始改变。

从悟通开始，虽然还没有正式施加力的作用，但已经融入了力的方向意识，即面向客户，为客户创造价值，满足客户需求。此时，部门墙问题属于内部问题，很多内部的沟通、协调都不为客户创造价值，是不必要的内耗，客户也不愿意为这些由部门墙导致的问题买单。

打破部门墙需要从意识开始，紧紧围绕为客户创造价值。

（2）制定规划，瓶颈优先

打破部门墙，需要着眼全局，整体规划，先解决与核心业务相关、当前出现了质量或效率问题、客户感知明显、改进和不改进的收益大不相同的瓶颈环节和关键流程。

（3）打破部门墙

改变具体的行为，先从改变思想和意识着手。需要打破的不仅是部门墙、职能墙，更是思想、意识墙。

要打破部门墙，必须摒弃井底之蛙坐井观天等陋习，脱离思想的禁锢、眼界的束缚。

（4）连通孤岛

对于业务孤岛和信息孤岛，都要与其所在环节的上下游连接，还要使连接不充分的"半孤岛"充分连接，使得业务连通，信息尽其用。

（5）打散、优化、重组各环节的工作

在部门墙被推倒、打破之后，要打散、优化、重组相关环节，既需要在空间上科学布局，又需要在时间上均衡排布，以便尽量消除不能创造价值的环节，并初步优化环节与环节之间的协作，从而为高质、高效、高柔性等打好基础。

总之，各种流（比如物流、信息流、任务流、人流）都要打通。通常，一不通则百不通。打通要一段一段地进行，要一堵墙一堵墙地打通，要一个孤岛一个孤岛地连通。

在打通阶段，主要是打通瓶颈环节和关键流程，并且适当延伸到和这些环节有密切关系的上下游环节，初步建立面向客户的通路，为打造流程型组织做准备。

需要说明的是，从打通开始，到接下来会详细叙述的穿通、弹通、拉通的每个阶段，都需要做到以下三点：第一，公司每个环节的点改善一直都在进行，这四通更多的是在线改善、面改善等更系统的层面进行；第二，每个人、每个部门在工作中保证质量并对自己的工作质量负责；第三，每个阶段最好都能有IT支持，以便把通的阶段性成果沉淀到IT系统中，尽量实现自动运转。

穿通

1. 何为穿通

穿通，主要是指任务或其中的物品、知识等尽可能以一件（a lot

size of one）的形式逐一流经系统，一件在一个环节处理好之后就流到下一个环节，致力于实现适时、适量、同步化作业等目标的最小批量作业方式。

此处的"一件"也可称为"单个""一个""单件"。但是，"一个"和"一件"含义单一，由于"单"容易让人想起"双"，使人理解成单数、奇数，因此"单件""单个"也都不太理想。

笔者认为，"逐一"似乎比"一件""一个""单件""单个"更加合适。它既能表示数量上的"1"，也不会像"单"那样被认为是奇数，更重要的是，它的含义"按先后次序一个接一个地进行"中，既表达了企业管理中极其重要的"通""流动"的意思，也表达了管理中重要的排序概念。因此，笔者斟酌再三，最终选用"逐一"。

为了便于理解，本书中的逐一是指一件任务、一个物品或一个单位知识的流动方式。

一个一个地通过，如同烧烤师傅用铁签子穿肉串，铁签子穿入一个一个的肉块，使肉块连起来并在铁签子上固定位置，此过程称为"穿通"。管理上的"铁签子"也可以是曲线形的。在管理上，不同的布局形状可以适合不同的市场需求特点或产品特点，合适的曲线形状可以提高效率、缩短周期。

为了明确区分并且力求简单，本书把与"逐一"含义相反的形式简称为"批量"，与逐一运转相对的是批量运转。

虽然广义上的"逐一"也可理解为"一个单位"，但"一个单位"可以不只是单个。通过持续改善可以使"一个单位"所指的内容不断变少，成本随之不断降低。

2. 为何穿通

第 2 章已经详细分析了批量减小可以使质量缺陷更容易被发现和阻

断,使质量上问题处理和改进的紧迫性提升,因此可以提升质量;也能使等待时间缩短,使周期缩短或波动变小;还能使技能更丰富。穿通采取的是批量最小的方法,因此也具有以上优势。另外,通过推演不难发现,就以短取胜的周期而言,不论是把第一个成品,即"首件"做出来所需要的时间,还是把所有成品都做出来所需要的时间,逐一作业方式都完胜批量作业方式。

基于逐一的穿通还有以下优势:产品转换快速,能使企业灵活、迅速地适应复杂多变的市场需求;提高设备的利用率和效率;降低在制品库存;每件都经过检验,更能保证质量;便于采取目视化管理,直观看出瓶颈工位,使布局、设备等问题及时暴露以便解决;节省工位与工位之间的空间,使得现场更加紧凑;搬运量大幅减少,能节省人力和空间,有助于FIFO(first in first out,先进先出)规则的执行和零件的追溯;新员工可以快速上岗等。总之,优势众多,不一而足。

对于缩短周期,从逻辑上看,穿通至少可以起到两个方面的促进作用。一方面,小批量作业可以缩短周期,这在第2章中已详细论证,由于1是批量的最小极限,因此穿通可以缩短周期;另一方面,环节之间的等待减少,也可以缩短周期,而穿通可以减少乃至消除环节之间的等待。穿通对缩短周期的作用原理如图3-2所示。

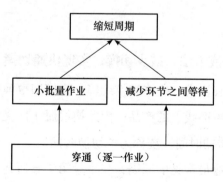

图3-2 穿通对缩短周期的作用原理

从作业类型上看，无论是对于转运或传递，还是对于加工，穿通都能促进快速流动。研究表明，若作业需要 N 个环节，从批量作业改为逐一作业，加工一批产品所需时间将缩短到只有之前周期的 N 分之一左右。

另外，搬运批量或传递批量也对周期有重要影响。当有 N 个环节时，哪怕不改变加工批量，只改变搬运批量，把批量作业改成逐一作业后，周期也可以缩短到 N 分之一，环节越多，逐一作业方式的作用和优势越明显。这些花费不多却收效明显的方法，企业不妨多加领会、运用。

穿通能够帮助企业快速响应市场需求，原因在于穿通可以帮助人们关注流经整个流程的任务或其中的物品抑或知识，而不是仅仅关注某种作业用到的设备。下游环节可能需要多种不同的零件，如果系统每个环节都能够做到一次处理一件，就可以使系统的反应速度保持在最高的水平。

在管理基础足够好的情况下，逐一表示的批量1，就是使总成本最低的最佳批量。

需要说明的是，逐一是一种理想状态。穿通的主要目的，并非百分之百要求在每次日常作业中的每一时刻都只使一个单位的任务或其中的物品抑或知识流动，而是要以最少的资源等待或资源占用，来使任务或其中的物品抑或知识朝着为客户创造价值的方向行进。

3. 如何穿通

（1）改进布局或方法，减少切换，实现快速切换

常见的切换，有换模、换产和换线等。换模即更换模具，换产即更换产品，换线即更换生产线上的产品，因此换线属于广义的换产。换模、换产（包含换线）所需的时间，统称为"切换时间"。

造成大批量作业最常见的原因，一个是第1章所述的推式系统，另一

个是切换需要的时间长。如果切换作业需要很长时间，那么只有少切换才合算，也就是进行大批量作业才合算。

如果某环节切换时间比加工时间还长，大部分时间没有用在加工零件上，容易造成零件大面积缺货。而小批量会导致切换频繁，在管理水平不高时会严重削弱作业能力。由于切换作业，特别是其中的准备工作，需要耗费较多时间，因此，尽量减少乃至消除准备时间，实现快速切换，是实施逐一运转的先决条件。

以常见的冲压环节换模为例，很多产品的外壳或底座等结构件，往往需要先由钢板冲压成多个金属零部件，有的还需要焊接。在冲压时，自动化的冲床先将一大卷薄钢板冲成板坯，再将板坯放入大型冲床的上下冲模中，高达数百甚至数千磅⊖的压力使冲模压到一起，板坯就从平面变成立体形状。经过一系列的冲压，部件就成型了。庞大且昂贵的冲压生产线每几秒钟即可运行一次，若开足马力批量作业，每天 24 小时三班倒，每年生产的零部件可多达上百万个，显著高于市场需求，造成大量库存，而有些急需的或批量小的零部件却容易缺货。这些现象背后的原因之一是没有进行足够多的切换。

人们之所以不愿进行换模等切换作业，原因在于存在一些现实的难处，换模可能导致质量问题和效率问题。例如，换模时需要把每个重达数吨的冲模对准冲床，稍微有些偏差都会导致零部件产生皱痕，严重的会使钢板嵌入到冲模里，从而需要进行非常耗时、代价高昂的冲模修复。为了避免零部件皱痕或冲模修复的损失，有些企业干脆请专家指导换模。这种方式的好处是换模质量会有所提升，劣势是非常耗时，从上一副冲模冲完最后一个零部件，到更换后的一副新冲模冲完第一个合格的零部件，通常需要大半天甚至好几天。

⊖ 1 磅 = 0.453 千克。

也有的企业在市场需求旺盛时，干脆让一组冲床专门冲压某一种特定的零部件，这样就可以常年不用换模了。但是这种方式是有代价的，一方面是以市场需要大量同款产品作为前提，否则设备经常闲置；另一方面，开展同样的作业，需要的专用设备的数量比通用设备要多得多，购置专用设备本身就需要大笔资金，而且占用较大场地。

如何用几条通用的冲床生产线，来按时、按质、低成本地生产所有需要的零部件，是一个巨大的挑战，最根本的是要做到快速换模。要实施快速换模，至少要做到以下三点。

首先，需要扫除思想和认识上的"不可能"障碍。对于切换时间的缩短，人们经常认为目前的切换时间是"正常的""已经很不错了""已经比同行做得好了""很难再缩短了"。就像站在岸上永远学不会游泳一样，如果就此作罢，不动脑研究，不动手实践，确实永远"不可能"缩短切换时间，于是错失了很多宝贵的改善机会。可行之道是：召集各个相关部门，秉持"改善永无止境"的态度，讨论来龙去脉，研究优化方法，确定改进对策并立即试行，若不合适再调整。

其次，通过开发简单换模技术、优化换模过程来实现快速切换，其效果常常是惊人的。这方面做得好的企业，还可以通过购入一些价格非常实惠的二手设备来节省大笔资金。哪怕是便宜的二手设备，优秀的企业照样能用它们实现快速换模。

快速换模的潜力大，效果通常比较明显，例如，丰田曾将大型冲床的换模时间令人难以置信地从1天缩短到3分钟，并且日常操作非常简单、方便，不需要换模方面的专家，普通工人即可完成。这样也可以明显提升工人的效率，因为在快速换模推行之前，专家参与换模时工人只能等待。做得好的企业，一般都能实现在10分钟之内完成切换，也称"单分钟"切换。当缺少大型冲压设备时，可以选用微小型冲压设备，使冲压环节也得到穿通。

当然，这里需要拥有一种"算大账"的格局和思维。虽然切换需要花费时间，从而表面上增加了平摊到加工一件产品或者处理一件事务上所需要的成本。但是，由于快速切换而使周期缩短、库存数量降低、库存占用时间缩短、资金周转加快，这些带来的收益，通常比它们的成本要高得多。

最后，还需要调整布局。举一个简单的例子，在改进前，冲压环节使大批量作业需要在远离其他环节的一个大型冲压工厂集中进行。改进措施是，针对每一个工厂，都在冲压的后一个环节即焊接的旁边，布置中小型冲压设备。通过调整设备布局，可以具备按照市场需求进行小批量冲压乃至逐一冲压的条件。广义的布局改进，还可以包含零部件周转工具，通过缩小周转工具的尺寸，也可以使存货区域需要的面积和存货资金占用明显减少。节约出来的场地，可以放更多种类的零部件，或者使作业区域增加；腾出来的资金，可以用在其他急需资金的地方。

调整各环节的布局，使各环节尽可能符合逻辑，距离紧凑，在一段时间内固定不变，这相当于使肉串上的肉尽可能紧凑，并在一段时间内相对固定。能够逐一运转并串在一起的环节，通常可以组成一个单元，进行单元化作业。

上面讨论的是快速切换，需要说明的是，最好的切换是不用切换。因此，要尽可能从源头上减少切换。这不但适合体力劳动，对脑力劳动、知识工作更是如此。比如，写一本书、一篇论文，或者用计算机编程，如果做到一半时，突然需要停下来花一段时间去干其他事情。在回来之后，若想把之前的工作捡起来，既需要重新温习一下之前的进展，也需要思考一下接下来要做的和已经做的有什么联系，还需要把当初的总体思路、考虑到的所有的要点都回忆起来，这些都要花一定的时间。即使花了时间，往往也不容易百分之百恢复到当初的水平和状态。与上面做法类似的是，同时写几篇论文，即"批量作业"，眉毛胡子一把抓，看似齐头并进，其实彼此耽误，还不如采用"逐一"方式一篇一篇地写。

布局优化、减少切换,在不得不切换时快速切换,都是专门的学问,也是企业之间拉开水平差距的主要因素之一。它既需要用到大量的管理科学,特别是工业工程专业(美国的专业命名"工业与系统工程"似乎更准确)的知识,也需要用到运筹学、模糊数学、随机过程、统计学及大数据分析等数学知识,还需要用到物理学、心理学、社会学、制图、计算机仿真等知识或技术。这些学问,既有挑战性,又可能给公司带来巨大的收益,是值得投入资源认真研究的。

(2)穿通尽可能多的环节

通过快速切换,可以让更多的环节逐一连接起来,从而使得能逐一通过的环节越来越多,也就提升了更多环节的运转效率。

若用生活中的实例作为类比,用逐一的方式穿通多个环节,就像烧烤店用一根铁签子(表示批量为1)穿羊肉串。环节就像肉块,多个肉块能被同一根铁签子穿起来,意味着这些环节内部都能用逐一的方式运转,即实现了穿通。

如果一根铁签子上只穿了三个肉块,但通过努力,发现后面两个肉块也能逐一穿上来,于是五个肉块就逐一穿成一串了,成了一个大肉串。这意味着,穿通更多环节能形成大环节,如图3-3所示。

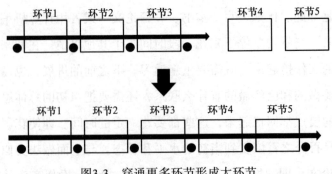

图3-3 穿通更多环节形成大环节

一个肉串除了如图 3-3 那样继续穿起其他肉块、实现更大范围的穿通以外，还可能和相邻的一个或多个肉串实现穿通，成为只需要一根铁签子即可穿通的更大的肉串，这意味着，已经穿通的大环节之间可以进一步穿通形成更大的环节，如图 3-4 所示。

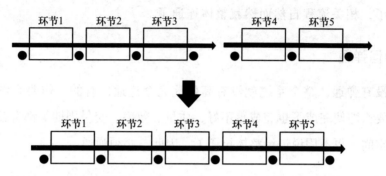

图3-4 已经穿通的大环节之间可以进一步穿通，形成更大的环节

已经穿通在一起的所有环节，可以视为一个大环节。在这个大环节内部，可以逐一运转。

弹通

1. 何为弹通

所谓弹通，是指对于不能通过单件运转的方式穿通的环节，用批量的形式像"弹簧"一样进行"弹"性连通，从而实现所有环节、全流程连通。当通过弹通实现的贯通前面有范围限定语时，指的是在该范围内实现全部连通；当前面没有范围限定语时，一般是指在一家企业内部实现全部连通。创造价值的流程，是环节之间弹通的主要"路线"和依据。

贯通是穿通加上弹通的结果，是系统在完成弹通之后的状态。贯通指的是贯穿并且连通，即全部连通。例如，在武汉长江大桥建成之后，京广铁路就全线贯通了。在企业管理领域，贯通可以理解为应该连通的相关环节之间实现了比较高效的全部连通。此处以及后文中与弹通、贯通相关的比较高效的连通，都是指环节之间、流程之间的连通，能使任务或其中的物品抑或知识运行起来比较高效。应该连通的环节都连通了，相关流程自然而然就整体连通了。

2. 为何弹通

没有弹通，整个系统就没有高效地完全连通，有的工作要么没法完成，要么即使完成了也完成得不好，质量、效率、交付周期等都有较大的改进空间，更不用说进行整体拉通了，因此，必须弹通。

3. 如何弹通

（1）对于不能穿通的环节，建立连接规则

从方法上看，弹通是在穿通的基础上，对于不能逐一穿通的环节，通过制定一定的规则，运用一定的方法连接起来。

如果用打比喻来降低理解难度，可以用肉串做比喻，弹通就是指在目前的技术条件下，单个铁签子尽可能穿最多数量的肉块，不能再穿入新的肉块之后，肉串与肉串之间、肉串与弹簧之间、弹簧与弹簧之间需要进行的连通。

在管理水平不高、尚未实现穿通时，有些工作较难随时进行，中间环节发生中断在所难免。例如，在一家企业，特别是大型企业，涉及大额合同、投资等一系列重要工作的纸质文件时，经常需要董事长亲自审批。但董事长经常出差，不是总待在办公室，在很多时候也不方便接电话，不能随交随批，有的甚至过了半年也没审批。换言之，审批流程没有穿通，不能逐一连续流转，这时比较简便可行的方法是建立"若……则……"的规则。例如，大家商议好，每双周一下午15：00～17：00集中审批，董事长在这段时间内原则上不安排其他事情，这样，大家也不用催促、打扰董

事长了，双方都按规则执行，审批流程也按规则自动运转。

从弹通前的不知道什么时候审批，有的过了半年也没审批，到弹通后的每两周一次的审批，周期更短，效率更高。另外，在规定的时间段内专门进行审批，审批的质量更高，决策的风险更小。更为先进的解决方案，可以参照第6章的"华为费用报销流程穿通案例"。

（2）"肉串"加"弹簧"，逐一连通与批量连通

在对不能穿通的环节建立了连接规则之后，就可以逐一连通并使系统高效运行，从而一步步迈向全面贯通。

在上一节的冲压案例中，如果已经有了大型冲压设备，其生产能力已经超过市场需求，那就不能一直不停地生产，这也属于不能穿通的情况。此时，需要确定规则，规定满足什么样的条件就开始或暂时停止生产，从而使得冲压环节和其他环节实现弹通。

为了弹通而逐一连通的每个环节就像一根弹簧。要想使弹簧在需要动的时候尽可能动起来，并且不发生不可恢复的塑性形变，就需要先建立规则：在需要时能使弹簧受到一定的拉力而拉伸、动起来，在快要发生塑性形变时自动停止施加拉力。这样，弹簧就可以把一个个肉串或其他弹簧连接起来实现弹通，从而使整个系统贯通。

由于每根弹簧的受力范围和受力大小都受到控制，因此，弹通中的批量连通的环节，可以被精准而灵活地控制，从而大大提升了系统的柔性、开放性、可拓展性。

拉通

1. 何为拉通

拉通是在弹通的基础上，对一个特定的环节，施加特定大小的、源于客户需求的拉力，拉力在各个环节之间逐环传递，各个环节只在必要的时候按质按量地完成必要的任务。

2. 为何拉通

第 2 章已详细阐述过"拉"的 16 个优势，在此不再赘述。拉通能同时实现质量好、效率高、成本低、交付周期短、响应快、柔性强、企业自己盈利、客户满意等目标，因此，必须拉通。

3. 如何拉通

（1）只对一个环节下达详细计划，其余无须干预

对于一个环节而言，要控制它的作业，只需要明确该环节在什么时间（when）开展多少（how many）什么作业（what）即可。

拉式系统的计划，除了一个比较宏观的基础计划之外，日常的运作主要依靠比较微观的作业计划，它规定了任务的种类、需要的时间和数量等。这个详细的作业计划只下发到某一个环节，这个环节通常位于最终环节附近。然后，由这个环节去拉动它的上一个环节，再由上一个环节去拉动它的上一个环节，即上上个环节，如此持续下去。

这样的拉动益处多多，不仅能使系统自动运转、无须干预，避免了内耗，也对客户需求响应迅速。在收到需求之后，很快就能开始作业。当需求有变化时，只需就计划的变更部分重新向唯一接收计划的环节下达计划，即可轻松改变整个作业过程。

（2）只有被下一环节拉动时才按量作业

在拉式系统中，每个环节都为下一个环节提供补充，并向上一个环节发出需求信号；作业者既需要零件或知识，又需要需求信号，只在必要的时候开展必要数量的必要作业。

拉能使作业过程基本保持同步，当作业过程出现诸如设备发生故障、过程中出现质量问题等异常情况时，就会有一部分零部件的作业不能够继续进行下去，必须停下来，拉此时能使设备停机，相关作业自动停止。

一个产品，往往需要由多个零部件组装完成，比如需要甲、乙、丙三个零部件。当零部件甲的生产被迫停止时，由于采用的是拉式计划，一个产品哪怕只缺一个零件，装配都无法进行，即不齐套则自动停止。装配不能进行，就不会拉动乙和丙的生产，乙和丙没有接到生产指示就不会生产，生产指示也不会传到乙和丙的上游去，上游也就不会生产了。在拉式系统中，各个环节的作业或停止基本上都是自动同步的，不需要人为干预，控制比较简单便捷，也可以防止提前过量作业，减少浪费。

拉使上下游环节之间建立了紧密的联系。拉式系统的运作原理，在一定程度上也可以简单地总结为："不要就不做，要做就快做"或"不要就不拉，不拉就不动，一拉就快动"抑或"当快则快，当慢则慢，当停则停"。没有指示，坚决不干；接到指示，立即开干。当快则快，容易理解，但不容易做到，因为管理功夫不扎实时，想快也快不起来；当慢则慢，甚至还有当停则停，不需要动的时候就坚决不动。该做乌龟的时候就不能做兔子，有时快了不但没用而且有破坏作用，还会人为加重已有的拥堵和混乱。

正如前述的加大切换频率可能降低人员和设备利用率，需要算大账一样，当停则停也可能使机器或人员的利用率降低，需要同时在周期、库存、资金周转等方面算大账。

（3）混合均衡平稳

首先，要使总任务量在相对较长的时间段内，相对于人员和设备保持平稳。这是因为人员、设备、场地等资源经常波动是不现实的，从想要资源到拿到资源需要较长的时间，且受到相关法律、合同的限制。比如，人员从开始招聘到正式到岗需要时间，一旦签订劳动合同后即使能力不足也不能随便解雇；购买设备需要时间，在海外采购更是如此；场地租赁需要寻找场地资源、谈判，如果自己建设场地，从搜寻土地拍卖信息、参加拍卖到基建、设施建设、装修，周期更长，还有很多环节并不在掌控之中。无论是租赁还是自建，一旦和相关组织签订租赁合同或土地开发合同，都需要严格遵守条款、信守承诺。

如果任务量或产品组合随时间出现很大的变化，那么各个工位就很难及时进行补充作业。回到前面谈过的超市的例子，如果所有顾客都把购物时间选择在周三晚上，或者所有的顾客都要在同一时段购买某一品牌的啤酒，就非常容易发生缺货现象。

但实际情况是，从到达时间上看，客户是陆续而不是集中到来的，到达的时间虽然有波动，但在相当一部分时候还是比较稳定的；从所购物品看，物品种类分布广泛，远不止几种或一种物品。因此通过每次进行多品种小批量的补充，可以基本避免缺货。

对任务量平稳的要求是相对的，因为对于管理水平比较高、初步实现了拉通的企业，不但可以灵活调用已有的人力、设备等资源，而且可以迅速从外部补充合格的人力资源，并借用、整合外部的设备资源。

平稳是相对于资源的动态平稳，由于批量要尽可能小，因此需要将同类任务拆分并与其他任务混合。这些拆分和混合，同"穿通"一样，也是以工业工程为重点的管理科学、多门数学学科、物理学、心理学、社会学、计算机仿真等学科的用武之地，对于等待时间、周期、人效、成本，高水平和低水平差距明显，因此，这也是各家企业大显神通、拉开差距、赢得竞争优势的机会。

当然，这也需要具备快速切换的硬功夫，这个要求和穿通的要求类似。

（4）从内到外，逐层拉通

按照拉通的范围和程度，可将拉通分为四个层次。第一层是段拉通，即在一段流程的各个环节之间实现拉通；第二层是内拉通，即在公司内部各大流程的各个环节之间实现拉通；第三层是链拉通，即和主要的供应商、客户一起实现拉通；第四层是推拉通，即在最好具备链拉通能力，至少具备段拉通能力的基础上，根据企业战略和实际的内外部情况，自如运用推拉结合的方式。推拉通的内容将在第4章中详述。

拉通是一套由开放、包容、可延展的思想、理念、方法和工具组成的体系，拉通的内容广泛。拉通适用范围的延展性也很强，它不但适合于大型企业，同样也适合于中小企业乃至微型企业，企业越小，拉通系统实施起来越快。

第 4 章

通的水平反映经营管理的真实水平，你在九级的哪一级

通则不痛，痛则不通。

——《黄帝内经》

一般而言，通的主体是任务或其中的物品抑或知识，也可以是信息或数据。通的渠道是流程。

通的程度一共有九个等级，分别代表通的不同水平。

通的水平分九级，你在哪一级

1. 走通（小弯路）

走通是通的第一级水平，即最低的入门水平。所谓走通，是指企业在以生存为主要目标，以获取销售收入为抓手的时期，能勉强完成向客户交付的任务，但管理主要靠自己摸索，即使聘请外部咨询力量，通常项目不大，涉及面不广，因此管理水平、效率和质量普遍都不高。走通通常发生在创业初期，如果遇上行业的高速增长期，企业可能会野蛮增长。对于在管理上没有实质性改进的企业，在没有全面进行下一阶段即"打通"之前，哪怕企业历史再长，也还是处于走通的阶段和水平。

走通阶段企业经营管理水平的主要特点如下。

（1）深知活下去是第一要务，重视客户关系、销售和增长

创业维艰，此言不虚。根据2019年媒体公布的数据，中国企业每年倒下的有两百多万家，活过一年半的中国企业只有3%左右。[一]市场的竞争不可谓不激烈，生存的挑战不可谓不严峻。在严酷的竞争中，活下去是重中之重。中小企业特别是处于创业阶段的企业，求生欲通常都很强，深知活下去是硬道理，一般都把主要精力放在市场开拓、找客户、找订单上。

如果是科技创新型企业，自己有较强的研发力量或有过硬的技术，那么产品竞争力也是销售竞争力的基础。

[一] 资料来源：https://baijiahao.baidu.com/s?id=1631881525901464416&wfr=spider&for=pc。

即使研发能力强，产品或服务有竞争力，产品竞争力的变现也要依靠销售。企业想尽一切办法去获得销售收入，增长是粗放的甚至野蛮的。企业销售的产品或服务，可以是自己研发、制造或提供的，也可以是从外面买来的，但核心是要卖出去，并且是有利润地卖出去，最好还能及时回笼资金，以便为获得生存和初步发展造血。因此，销售变现的能力是走通阶段的核心竞争力。

（2）管理粗放，能交付但质量和效率都不高

在走通阶段，企业没有把精力放在管理上，这时候基本上没有专业的管理，管理原始、粗放。

企业自身规模越大，对企业整合、协调能力要求越高，需要企业在质量、价格、交付周期等方面有竞争力，即要求企业管理有硬功夫、真水平。水平处于走通阶段的企业，交付能力通常偏弱，管理水平一般较低，自身的规模和单个订单的金额通常都不太大，客户的层次一般也不太高。客户层次越高，单个订单金额通常越大，即使企业偶尔能够交付比较大的订单，通常也是勉勉强强、磕磕绊绊，比较吃力，效率比较低，一次检验通过率不高，周期也相对较长，整体的浪费比较大。

不管规模有多小，管理有多原始和低效，管理过程中怎样错误迭出，企业最终基本上还是能完成交付的，任务或其中的物品抑或知识等也能在系统中基本走通，因此，企业基本上都能够达到走通这个水平。但是，达到容易超越难，很多企业经过多年发展，即使有些规模，也一直停在走通这个最低的水平上。

（3）部门墙已初步形成，客观上需要管理改进

正如第3章"为何打通"一节中所述，随着企业业务的发展，需要交付的订单越来越多，而且单个订单的金额、任务量及其交付难度也不断变大，导致部门不但越来越多，各部门的人员也越来越多。在企业只

有几个人或十几个人时，领导者一个人就能对所有情况了如指掌，一切尽在掌控之中，但是当增加到几十上百人乃至更多的人时，领导者很容易连公司的员工都认不全，力不从心。由于管理幅度的存在，一个人能管理的人有限，于是逐渐形成了一些小部门，在小部门的基础上再形成一些中型部门。由于自身利益、视角高度、视野宽度等的影响，会出现部门墙，并且随着企业的发展，部门墙有变多、变厚的趋势。部门墙会产生一系列不良影响，因此需要破除，这在客观上要求企业改进管理，提升管理水平。

由于从悟通到弹通的概念、原因、方法，在第 3 章中都有详细描述，因此下面主要从各级通对应的经营管理水平这一角度简单阐述。

2. 悟通（思想路）

悟通是通的第二级水平。企业要想达到悟通的水平，需要全体员工特别是各级管理者发自内心地相信：为客户创造价值是企业发展的根本；自己的成功是建立在帮助客户成功这一基础之上的，帮助客户成功是基础和前提，完全可能和客户做到共创、共赢；从客户愿意购买而付钱的金额、速度，可以衡量工作的直接价值；工作速度适合需求才好，快、慢都不好；拉通既有巨大价值，又需要理论指导，需要下功夫不断学习、实践、总结。下了硬功夫，才可能有硬贡献、大贡献。

悟通有两层意思。第一层意思是每个人，特别是主要的管理者，要从思想上深刻领悟、想通想透，有些大彻大悟的感觉；第二层意思是指公司从上到下，大家达成共识，并且把这种共识融入骨髓，落实到日常的工作中，上下同心，并努力把它逐步变成企业的价值观乃至信仰。

3. 打通（除障路）

打通是通的第三级水平。要想实现打通，首先需要升级思想意识，做好整体规划，接下来是实施到位。在思想意识上，认清部门墙会造成内耗，影响效率和交付；在规划上，要统筹全局，制订计划，优先打通重点环节、重点流程；在实施方法上，既要打破部门墙，又要改进布局，并优化、重组各环节的工作，还要使孤岛以及需要加强连通的环节同与其有业务逻辑关系的上下游环节实现连通。只有做到了这些，才算达到了打通的水平。

4. 穿通（逐一通行路）

穿通是通的第四级水平。到达这级水平，即能实现逐一运转，一个核心的标志是各环节的工作能快速切换，且连在一起。能逐一运转的环节越多越好，即"一个铁签子上尽量多穿几块肉"。

由于穿通的重要作用一般被人忽视，这里再以招聘销售精英开拓市场为例。公司在销售形势大好，需要快速拓展销售区域时，通常需要招聘销售人员。已经招聘到位的员工，需要等开设一个办事处所需的5名员工全部招聘到位后才一起出发，即以5个为批量，5名员工被批量"绑"在一起了，要么都不去，要么5人一起去。要招聘到合适的销售人员，需要较长的时间。如果能逐一出发，招到第一个人后，就派他出发去做准备工作，之后招到一个就出发一个。每名员工都能很快开拓市场，而不用花较长时间等其他人招聘到位。商场如战场，市场情况复杂多变，需要快速反应，分秒必争。因此，小批量运转优势明显。

与上面例子原理类似的是，重要的事情要一件一件地做，即对于重要的事情，要在做完一件之后，再开始做另一件。

5. 贯通（全通路）

在"五通"方法论中，已经阐明了穿通的后一阶段是弹通。在弹通结束之后，就全线"贯通"了。因此，贯通是穿通和弹通完成之后的结果、状态、水平，在时间上是"点"的概念。而弹通是过程，在时间上是"段"的概念。

贯通是通的第五级水平。达到该水平的主要标志是：对于不能逐一穿通的环节，能通过已经制定的"若……则……"规则高效地连接起来，即用"弹簧"实现各"羊肉串"之间的连通，从而实现整个系统所有环节的"贯通"，用公式表达为：穿通（能穿通的环节）+ 弹通（不能穿通的环节）= 贯通（所有环节）。

实现贯通之后，通的更高一级水平是拉通。

按照拉通的范围和程度，可将拉通分为四个层次，即段拉通、内拉通、链拉通以及推拉通，其中前三个拉通是经典的拉通（由于拉通的前一级水平为五级，而段拉通、内拉通、链拉通、推拉通都属于拉通的范畴，因此本来应该把这四级水平的级别分别命名为 6.1、6.2、6.3、6.4。但考虑到听说读写的习惯，且它们之间的区别比较明显，因此把这四级水平分别命名为六、七、八、九级）。

6. 段拉通（单段流程路畅通）

达到拉通水平的标准是：在指导具体作业时，只需对一个环节下达按照单位时间内产品总数量平稳、不同产品混合均衡平稳的详细作业计划，由该环节去拉动其前一个环节，一环环地向前一个环节拉动，每个环节被下一个环节拉动时才开展所需数量的作业，整个拉动的过程自动进行、高质高效、无须干涉。

通的第六级水平是"段拉通"。段拉通是指在一段流程的各个环节之间实现拉通，这些流程一般都是核心的或存在瓶颈的流程，如研发流程、供应链管理流程等。到达段拉通的水平之后，相当于实现了单段流程的畅通。

7. 内拉通（企业内部路畅通）

内拉通是拉通的第二个阶段，通的第七级水平。

达到内拉通水平的核心标志，是公司内部各大流程之间实现了拉通。

8. 链拉通（供应链上路畅通）

链拉通是拉通的第三个阶段，通的第八级水平，也是通在纯科学角度的最高水平。

达到链拉通水平的标准是和核心供应链上主要的供应商、客户一起实现协作流程拉通。

段拉通、内拉通、链拉通的方法类似，只不过作用范围依次不断扩大，后者的实现以前者的实现为前提。例如，内拉通以段拉通为前提，链拉通以内拉通为前提。

9. 推拉通（追求增长路畅通）

（1）什么是推拉通

推拉通是拉通的第四个阶段，通的第九级水平，也是通在"科学+艺术"上的最高水平。作为对比，链拉通是通在科学角度的最高水平，也是大部分企业应该想尽一切办法努力追求的水平。

推拉通的前提是企业至少具备段拉通能力，最好具备链拉通能力。在此基础上，企业能根据企业战略和内外部实际情况，自如运用以拉为主、推拉结合的方式，以便更好地实现经营管理的目标，特别是增长的目标。

（2）为什么要推拉结合，实现推拉通

第1章系统分析了推的一系列先天缺陷，为什么这里又要推，实现推拉结合呢？

从优势上看，推的优势在于前期做了准备工作，能够缩短交付周期，有时甚至已经把任务提前处理完毕，例如，随时备有现货，能够马上交货，能帮助企业紧紧抓住市场机会，在需要主动发动市场进攻时能迅速启动，从而抢占市场份额，把企业体量迅速做大，实现快速增长，因此也能增强抵抗风险的能力。

从实际情况看，有时候，一件任务的开始时间和结束时间都已确定，并且比作业需要的总时间还要长，中间一定是要暂停的，没有必要一直拉，而必须有推，这时就需要推拉结合了。

推拉结合，也是动起来和停下来的结合，即什么时候动，多少动，动多久，什么时候停，多少停，停多久，这些都需要根据客户的需求决定。在客户没有需求时，就需要停下来。

笔者在为德邦物流提供咨询服务时，就迅速发现并在方案中充分挖掘了推拉结合的重要价值。

根据常规流程，中转场的车先从门市部或者重点客户处收货，把货拉回中转场。在卸货之后，按目的地进行分拣。此后，有的货直接装车，有的需要在中转场目的地的暂存区暂存，等车装货。接着，货经过中型货车运输，送到目的地配送点，卸下货车，装上电瓶车，再由快递员在收货客户上班后送货上门。快递公司主要是利用晚上时间作业，这样利于客户在方便收货的白天能尽快收到货。

假如快递公司在晚上收完货后，车辆于21：00就能到达中转场，卸货和分拣需要1小时，把货装进中型货车需要1小时，中型货车从中转场到目的地配送点运输需要2小时，货从中型货车卸下到送货员电瓶车装好需要1小时，货被电瓶车送到第一个客户手中需要0.5小时；第二天早上8：30之后客户才能收货。

有了这些基础数据，就可以倒推各个阶段的时间范围。由于客户上午8：30上班以后才能收货，送货需要0.5小时，那么电瓶车8：00之前出发即可；把货卸下并装上电瓶车需要1小时，则中型货车7：00前到达配送点即可；中型货车从中转场运到发货点需要2小时，则5：00前从中转场发车即可。中型货车装车需要1小时，则中型货车4：00之前装好车即可。只要不是多家客户需要着急收货，那么送货员只要在8：30能把最早一批货送到客户处，使自己的送货能力得到充分利用，就没有必要使货物早装上中型货车、早运到配送点、早装上电瓶车或者早送到客户处。除了场地和作业条件有保障的中转场之外，通常没有地方有足够的条件能临时较长时间地堆放货物。货物长时间放在外面，会增大遗失的风险，遇上雨雪天气还会造成更大损失。此外，如果中型货车早到了目的地配送点，可能需要配送点员工早些上班，从而不但占用了他们更长的工作时间，而且可能增加照明电费。

就中转场而言，收货车在前一天晚上21：00就到了中转场，22：00即可完成卸货和分拣，最晚4：00才必须发车。这就意味着，货在中转场最多可以停留6个小时。而推拉结合点可以在一定的范围内左右移动、自由选择，如图4-1所示。

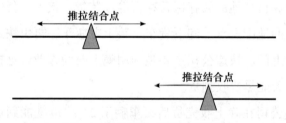

图4-1　推拉结合点可灵活设置

于是，这个实际案例中，推拉结合点的位置可以在这6小时中自由设置，如图4-2所示。

如果着眼于全流程，不考虑经济性，推拉结合点的设置范围更大，如图4-3所示。

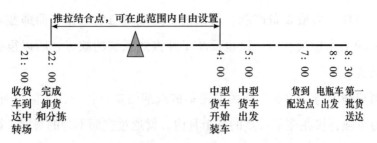

图4-2　在中转场推拉结合点的设置范围

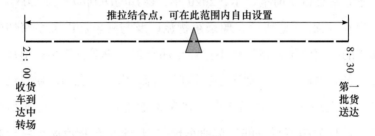

图4-3　不考虑经济性时的推拉结合点设置范围

不过，如果把推拉结合点设置到4：00之后，正如前面刚刚分析的结果，将会增加货物损坏、人力或照明等方面的成本。

于是，一方面，必须推拉结合，这是因为对于一批货而言，如果一味把它们往后推，由于它们既要等运它们到下一个目的地的车到达后才能装车，又要等同车的其他货到齐、装好后才能一起出发，所以这批货必须等待，无法一直往下推，只能拉到暂存区暂存。只有收货车来了，才会拉动这批货的装车工作。另一方面，这给了推拉结合点较大的弹性调整范围，在时间上有了更大的腾挪余地，相关货物可以和其他货物、车辆一起整体优化，例如，在有人空闲时就安排他们去做一下真正的拉动，使货物向外场作业中的下一个环节流动。目前一般的做法是在货到后立即卸货，卸完后立即运往暂存区或马上装车。其实这样做不一定合适，有些货物不急着卸货也不急着装车。一旦这部分工作先做了，就会占用、消耗人力或设备产能，所做的不是最紧急的工作，而那些需要尽快完成的工作却没有做。这也反映了纯推式系统的缺点，所以很有必要推拉结合。

德邦物流与"拉通"相关的变革试点部门知行合一，不但学习力强，行动力也强，仅在变革试点的三个月内，就通过锲而不舍的努力，硬是把每吨成本降低6%，相当于让净利润率提升了6%左右，这在利润较薄的物流行业非常难得。财报显示，2020年，德邦的净利润率为2.05%，而京东物流尚在亏损。[一]德邦没有像京东物流以及与阿里巴巴关系密切的快递公司那样的电商流量入口，也不像顺丰那样进入快递行业早，形成了口碑而自带流量。因而德邦特别注重在管理上苦练内功，也因此使自己不但连续超越友商发展成为"零担之王"并在A股上市，而且为行业培养了大量人才，被称为物流行业的"黄埔军校"。后来京东物流愿出巨资收购德邦，也在一定程度上反映了京东对德邦人才队伍的认可，德邦使人才大批量成长起来的背后离不开扎实的管理内功。

（3）推拉通的前提是具备拉通能力

当然，推拉通中的推是有前提的，即至少要具备段拉通的能力，最好具备链拉通的能力。如果不具备段拉通的能力，一上来就是推拉结合，那么此时的经营管理是粗放的，管理水平是低下的，公司是不健康的，发展凭的是碰运气。即使成功了，也在很大程度上是运气好。很多企业倒下的原因，就在于经营管理靠运气，却认为自己本事大而盲目做出决策。靠碰运气，不能真正提高经营管理水平，企业即使暂时发展壮大了，也是虚胖。碰运气在本质上类似于赌博，从概率上分析，连续赌赢的概率会随着赌博次数的增多而逐渐变小，这是因为每次赌对的概率不会超

[一] 德邦数据源于上海证券交易所：http://www.sse.com.cn/disclosure/listedinfo/announcement/c/new/2021-04-27/603056_20210427_4.pdf。

过100%，因此每多赌一次就相当于在之前的赌赢的概率上多乘一个小于1大于0的数，数值会逐次变小，最后甚至趋近于0，正应了一句老话"久赌必输"。

（4）怎样才能推拉结合，实现推拉通

即使推拉结合，往往也是以拉为主。拉才是企业经营管理的主旋律。

从长期看，推对于企业的提质增效是不健康、不可持续的，只能阶段性地短期使用。拉是管理水平提升的体现，也是管理改进的一个重要方向，拉比推要求更高，作用更大。有内功的拉，才是健康、可持续、有竞争力的。

推拉结合，核心在于设置推拉结合点。如果推拉结合点选择得当，就可以使推拉结合的系统综合利用推和拉的优势，即既能利用拉的优点，获得如第2章所述的至少16个优势，又能利用推的快速满足客户需求、抓住市场机会快速成长的优势。

1）影响推拉结合点位置的因素

速度。如果客户对于企业加快交付速度，既有需求，又能敏锐感知到区别，那么企业很有必要将推拉结合点移近客户，这样可以提升速度，进而提升客户满意度。反之，如果客户对于企业好不容易加快的速度缺乏感知，或者根本不在意，则没有必要提高速度。

定制程度。如果成品种类极少，例如，用塑料颗粒制造标准五孔插座的厂家，可以将推拉结合点放在成品处。相反，产品配置五花八门、定制程度高的产品，如笔记本电脑，保有成品库存的成本高昂，柔性弱，就不应该过多保持成品库存，如果实在需要储备库存，也应该尽量保有零部件库存。

存储的难易程度。对于不易存储的产品，如果将推拉结合点放在中间环节，则更加不容易储存，质量也更难保证，因此它们的推拉结合点尽量不要放在中间环节。以冰激凌蛋糕为例,原材料和成品都比做到一半时好保存。

2)设计推拉结合点,重点是权衡

影响推拉结合点位置的核心因素是客户服务水平、成本、柔性之间的权衡。越靠近客户,越能快速交付,提升客户服务水平,赢得市场先机,提高对客户需求的反应能力,但代价是提高了成品库存和成本,降低了柔性,越做成成品越难更改,上面提到的冰激凌蛋糕便是如此,一旦做成半成品或成品,就无法还原成原材料了。在保有库存时,就客户服务水平或对客户需求的反应能力而言,成品库存强于半成品库存,半成品库存又强于原材料库存。

客户服务水平,即交付需求满足率,主要与交付周期(或称交付速度)有关;成本和库存有关,库存越高成本越高。因此,企业要做的主要是速度、成本、柔性三者之间的权衡。这里的速度既可以理解为狭义的交付速度,也可以延伸为广义的企业成长速度。改变推拉结合点,就是权衡速度、成本与柔性。如图4-4所示,随着推拉结合点向客户方向移动,交货更快,但成本更高、柔性更弱。

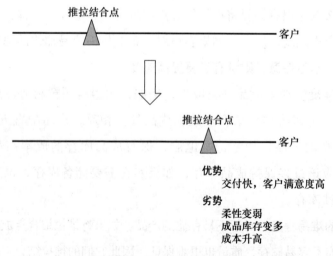

图4-4 改变推拉结合点,可以权衡速度、成本与柔性

关于权衡的实际应用，下面分别列举生活中生产制造、销售渠道、办公室三个不同场景的案例。

第一个案例是做山东杂粮煎饼。它看上去是服务业，其实是制造业，并且是现场制造。之所以举这个例子，是因为它遍布全国，源于生活，因此更容易理解。

杂粮煎饼原材料主要是面粉、水、鸡蛋、辣酱、甜面酱以及油条、葱花、香菜、火腿肠等配菜。做煎饼时，需要先将面粉和水搅成糊状，接着把面糊舀到加热的锅台上，根据客户是否要鸡蛋决定是否要把鸡蛋和面糊一起刮、煎；很快，煎饼煎制完成；接着，根据客户口味抹上甜面酱、辣酱，若客户需要，也可以不加酱料；之后，根据客户需要选择性地放入配菜；最后，将放入配菜的饼卷好作为成品交给客户。

在做煎饼的例子中，推拉结合点的位置有多个选择，可以设置在面粉、煎饼、抹好酱的半成品、成品等处。

如果把推拉结合点设在成品处，即最靠近客户，优势是客户可以快速得到煎饼，可以使销售增长，甚至使事业发展加快。劣势之一是柔性变差，因为众口难调，已经放入的不好更改的酱料和配菜不一定是客户喜欢的。这也引申出第二个劣势，即库存和成本升高，不能及时卖出去就会成为库存，库存不但占用资金，而且会因为现做食品保质期短、容易变质而增加成本。第三个劣势是若提前做好，煎饼容易变软、不脆，对口感影响很大。这些劣势也是推式系统常见的不足之处。

如果把推拉结合点放在面粉处，劣势在于对客户的响应慢，可能导致客户流失，很多客户早上着急上班，一看到有三个或更多的人在排队，直接放弃购买。但是，这样做的优势也很明显，比如，柔性强，客人想要什么酱料和配菜都可以，甚至在一个客人都没有的极端情况下，面粉都不会浪费；再加上没有半成品库存，更没有成品库存，因此成本也低。

如果把推拉结合点放在面粉和成品之间，柔性、交付速度、库存、成本等就处于中间状态。

若一味地节约成本，追求柔性，会使客户等待时间变长，销售情况变差，一天的销售额屈指可数，难有大的销售突破。长此以往，一个人或一对夫妻一辈子只能经营一个摊位，事业发展会遇到天花板。此时，可以将推拉结合点朝客户方向移动，比如，对于甜面酱加上油条这种最常见的组合，可以做些库存，以满足早晨上班高峰期时客户多、时间紧的市场需求。

由此可见，推拉结合点的设置，是权衡速度、成本、柔性等指标的结果。

第二个案例是关于渠道的，包括经销商和配送中心。通过重置渠道中的推拉结合点，可以改变速度、库存及成本。由于经销商陈列和存储的空间有限，不是所有型号的产品都能展示、备有库存，因此客户往往不能得到最中意的产品，运输费用也高。

笔者在咨询中经常建议化繁为简、直抓要害，此时可以采取的核心方法之一就是改变畅销产品的推拉结合点即库存的位置，从经销商处改到中心仓或区域配送中心，即用集中的中心存货取代经销商存货，这样做至少有四点优势。首先，经销商的销售人员可以推荐的产品范围大幅扩大，再也不必像经销商自己备有库存时那样拘泥于只推荐当下已有库存的产品，而是推荐客户真正需要的产品。这样，可以使销售人员同客户的关系从强行推销变得更加融洽。其次，客户得到最中意型号的比例会大幅提升，一般能提升到原来的两倍以上，客户因为备选产品种类少而掉头就走的情况大大减少。再次，多家经销商共享、共担通用产品的库存，这样不但能使总库存成本明显降低，而且能使区域配送中心为大部分经销商提供24小时之内的送货上门服务，运输费用也会节约不少。最后，一手、原始的而不是经过销售人员推销、扭曲过的需求，既能反映市场的真实需求，为企业产品开发提供更加可靠的信息，又能使生产环节在得到真实需求信息后，让生产资源的准备和安排更加合理，生产比较平顺，资源有效利用率显著提升。

在设置推拉结合点时，总有一个位置比较适合，这个位置是权衡的结果，需要兼顾多个指标，并且在不同的发展阶段侧重点可能有所不同，在同一个阶段同一个系统中，不同产品的推拉结合点也可以不同。根据产品的不同特点，应该有针对性地设置不同的推拉结合点。这样，系统在速度、库存、成本等方面更能统筹兼顾，更能符合企业需求，综合表现会更好。

第三个案例场景是在办公室里。以纸面材料为例，从白纸到打印，再到装订，最后在封面上署名，随着这样一步一步靠近最终用户，交付速度在加快，柔性在减弱，库存、成本在逐步增加。

其实，推拉结合点不但可以理解为建立库存的位置，也可以在一定程度上理解为停滞的位置。所有停滞的点，都有可能是推拉结合、实现推拉通的机会。

在推拉结合点处停滞合适的时间后，一接到拉动信号就可以一环扣一环地拉动了。此时，至少在具备段拉通能力的基础上，就可以努力实现推拉通了。

（5）推拉通阶段企业经营管理水平的主要特点

1）从管理到经营，从只重视增效到既重视增长又重视增效

推的好处在于能够快速响应客户需求，抓住市场机会，提高客户满意度。特别是当产品的附加值比较高，且企业处于市场扩张期，或者行业目前需要跑马圈地时，推拉通具有明显的价值。

从经典的拉通，即段拉通、内拉通、链拉通，发展到推拉通，是从管理到经营，从内求到内外兼求，从追求增效到同时追求增长和增效。

当然，如果管理内功很硬，周期越来越短，那对推的依赖就会越来越小，只需要极少量的推就能依靠拉通来实现快速交付，同时实现较低的库存和综合成本。

2）从科学上升到"科学＋艺术"，融入了企业家的直觉和胆魄

企业的经营管理是科学，也是艺术。艺术成分在经营中的占比高于在管理中的占比，科学性在管理中的占比高于在经营中的占比。

当一个企业有远大的梦想，渴望抓住行业发展机遇大力发展的时候，就需要借助企业家在长期商业实战中积累出来的直觉和锻炼出来的过人胆魄，以进攻为导向，以扩大市场份额为目标，抢占市场先机进行突破。这就需要在至少具备段拉通能力的基础上实行推拉通。

管理水平最优秀的企业，都做到了科学的拉通。但只有胸怀远大理想，既能仰望星空又能脚踏实地的企业才能达到科学和艺术完美融合的推拉通水平。

怎样衡量通的水平

彼得·德鲁克说过："没有度量，就无法管理。"任务或其中的物品抑或知识在系统内的时间可分为两种，一种是停滞时间，即处于停滞状态所耗费的时间，这段时间一般不创造价值；另一种是活动时间，是指处于非停滞状态的时间，通常是创造价值的时间。

通的水平的衡量，可以分为宏观和微观两个层次。

1. 从宏观衡量通的水平

从宏观上看，可以引入"拉通指数"或"通率"来衡量通的水平。

（1）拉通指数

如图 2-1 拉的 16 个优势的产生逻辑所示，它可以从外部客户视角、内部视角来综合确定。对于外部，主要是客户体验与满意度，体验好，满意度高，最终的主要目的是感到愉悦的程度，因此可以概括为"外部客户愉悦感"；对于内部，可以总结出"内部综合价值"；此外，周期发生在内部，但同时对外部也有重要影响，作为一个负向指标，周期可以作为分母。于是，拉通指数（pull smoothly index, PSI）的表达式如下：

$$PSI = \frac{外部客户愉悦感 \times 内部综合价值}{周期}$$

式中，内部综合价值主要表现为利润和士气，但由于利润主要是质量、成本、周期三类核心运营指标综合作用的结果，而成本除了和周期、质量有关以外，主要和人效、柔性有关。因此用质量、人效、柔性三者代替利润。士气与人的状态密切相关，予以单列。

于是拉通指数表达式变为：

$$PSI = \frac{外部客户愉悦感 \times [(质量 \times 人效 \times 柔性) \times 士气]}{周期}$$

对于质量、人效、柔性、士气，可以根据行业、企业的实际情况，结合数理统计算法等设定具体的指标。

（2）通率

通率可以从过程的视角，用穿通率和拉动率来表示。

$$通率 = 穿通率 \times 拉动率$$

式中，穿通率是指穿通的环节数占所有环节总数的比率，拉动率是指拉动覆盖的环节数占所有环节总数的比率。

2. 从微观衡量通的水平

拉通的程度及其背后的实际经营管理水平，也可以引入"畅通度"来进行微观的衡量。

所谓畅通度，指的是一个有代表性的任务或其中的物品抑或知识在系统中能畅通地加工、传递的时间与总时间之比。这个比值越高，说明越畅通，系统表现越好。

$$畅通度 = \frac{畅通时间}{畅通时间 + 停滞时间}$$

因此，畅通度也反映了创造价值、使产品或知识等增值的时间占整个周期的比例，因此笔者经常称之为"增值比"。

如果要算得更精确，可以对各个订单的任务或其中的物品抑或知识的畅通度进行加权平均，得出的综合性"畅通度"作为通的水平的衡量指标。如果有代表性的订单的任务或其中的物品抑或知识选择起来不方便，则可以在分别计算出各项畅通度之后，再按数量加权平均，即可算出综合性的"畅通度"。

所有的宏观、微观衡量所用到的指标，都与行业及其产品或服务的特点紧密关联，因此更加适合企业跟自己的同行比，跟自己的过去比，使企业对于自己的经营管理水平在行业中的位置、企业的进步状况等，都心中有数。

通的九级水平之间的核心区别

通的九级水平，是以实现拉通的"五通"方法论为基础和主体的，因此，五通之间的核心区别可以和通的九级水平之间的核心区别放在一起阐述。

1. 每级水平的跃升

在通的九级水平中，只有取得了显著的提升，才能从下一级升到上一级，如图 4-5 所示。

在走通阶段，企业一般处于创业期，相当于开荒拓土，路虽然基本连通，但只是泥泞而弯曲的羊肠小道。

随着公司业务的发展，部门及其人员越来越多，部门墙越来越多、越来越厚，协作的阻力越来越大，首当其冲的是破除思想上的"墙"对协同为客户创造价值的阻碍，即悟通。悟通开拓出了思想上的连通之路。

在悟通，即从思想上扫清障碍之后，就需要打通，即打掉部门墙并连接、重组业务，同时要使业务孤岛、信息孤岛以及其他需要连通的环节得到连通。打通后，形成内部业务或信息数据的连通之路。

在打通之后，如果大多数环节都只能批量运转，那么将如第 2 章所述，会对质量、周期、效率、成本、柔性等产生实质性、破坏性的影响，因此，需要尽可能逐一运转，即"穿通"，并且使穿通的环节尽可能多。穿通之后，多段流程内部能实现逐一运转。

所有环节都能逐一运转、穿通的愿望，无疑是美好的。但是，"现实很骨感"，对于穿通，有的企业还没有掌握快速切换的方法，有的暂时还不具备其他客观条件，因此有的环节在当下还不能穿通，只能批量运转。即使是批量运转，也可以建立规则使批量尽可能变小，尽量避免提前过量作业，实现"弹通"，从而实现比较高效的有序运营。这样，不能逐一穿通的环节也能比较高效地批量连通。至此，已经穿通的环节和不能穿通但能通过弹通实现批量连通的环节连接起来，即可实现全流程贯通。

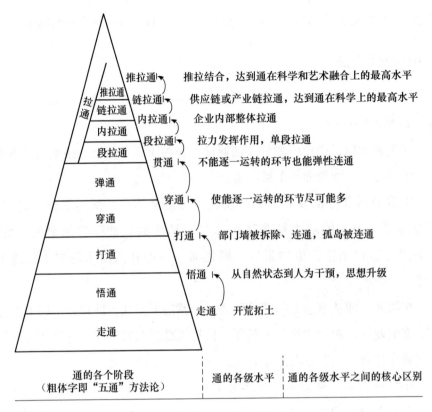

图4-5 通的水平逐级提升

贯通之后，全程比较高效连通的路已经修好，拉力发挥作用的条件已经基本具备，即可以试行拉通了。拉通的第一个阶段是段拉通，即在一段最好是端到端的流程内实现拉通。之后，拓宽拉通范围，分别实现内拉通、链拉通。

在基本具备了拉通能力特别是链拉通能力之后，可以向"推拉通"进军，在科学运营的基础上，充分发挥高管团队特别是企业家对企业发展的远见卓识，通过抓住一切机会做大事业的雄心壮志，长期历练形成的商业直觉，为了事业无私奉献的大无畏精神，来努力实现推拉结合、快速增长，达到通在"科学＋艺术"上的最高水平。

2. 从主动与被动、自然和人为的视角，理解通的阶段和水平

从主动和被动、自然和人为的角度看，走通阶段属于被动的自然发展阶段。从悟通一直到拉通，都属于主动的人为改进阶段，人们主动提升经营管理并一步步落实到对应阶段的通上，如图4-6所示。

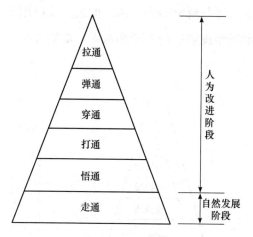

图4-6 通的自然状态和人为状态

3. 从主观与客观的视角，理解通的阶段和水平

悟通是主观的；从打通、穿通、弹通到拉通，都是客观的，需要遵循"五通"方法论背后的客观规律。通的主观阶段和客观阶段如图4-7所示。

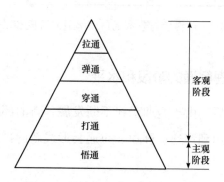

图4-7 通的主观阶段和客观阶段

4. 从科学与艺术视角，理解通的阶段和水平

从人们着手参与改进的悟通开始，到打通、穿通、弹通，一直到拉通中的段拉通、内拉通、链拉通，采用的思想、方法和工具，都是科学的。

但是，在推拉通阶段，却在科学之中，加入了艺术的成分，使梦想、雄心、直觉、意志力等与科学融为一体，促进企业既增长又增效。

从科学与艺术视角理解通的阶段和水平，如图4-8所示。

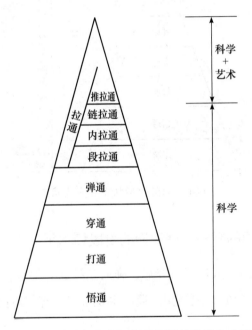

图4-8　从科学与艺术视角理解通的阶段和水平

5. 从循环视角，理解通的阶段和水平

在实现拉通之后，由于企业仍在不断发展，新的部门墙和孤岛又在不断出现，因此从打通到穿通、弹通、拉通会形成新的循环，从而形成螺旋式上升（见图4-9）。

第4章 通的水平反映经营管理的真实水平，你在九级的哪一级 101

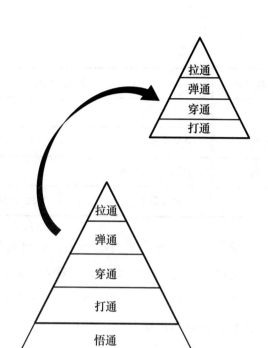

图4-9 从打通到拉通的循环

不过，这种通还是以第一次建立的拉通体系为主，新循环中的变化幅度一般不大，并且，解决新循环中问题的方法论依然是"五通"。

6. 从阻力视角，反向理解通的阶段和水平

从成语"畅通无阻"可以得知通的反面是"阻"。从阻力的角度看，在"五通"的各个阶段分别解决了对应的阻力，才能达到对应的通的阶段和水平，如表4-1所示。

表4-1 通的各个阶段解决的阻力

序号	通的各阶段	解决的阻力
1	悟通	思想上的阻力，以自我为中心

(续)

序号	通的各阶段	解决的阻力
2	打通	部门墙
3	穿通	批量捆绑
4	弹通	路不能高效连通
5	拉通	力的方向杂乱，力的作用点多，力的大小和需求不符

例如，在悟通阶段，主要解决来自思想上、以自我为中心的阻力；在打通阶段，主要解决来自部门墙的阻力；在穿通阶段，主要解决来自批量捆绑的阻力；在弹通阶段，主要解决路不能高效连通的阻力；在拉通阶段，主要解决来自力的方向杂乱、力的作用点多、力的大小和需求不符的阻力。

7. 用路和车的比喻，理解通的阶段和水平

拉通不是一个简单的动词，到底是什么拉，拉通了什么，怎样算是通了，什么通了，通到什么程度，都经常被混淆。因此，对于拉、通、拉通，其对象、受动者、宾语，主体、施动者、主语，处于不同阶段的特点，都要清晰界定，否则容易被误解、误用，影响实际效果。

一谈到通，人首先容易联想到"交通"，为了便于理解，下面就用交通中的路和车打比方。此处的车，比喻的是任务或其中的物品抑或知识。和汽车不同的是，此处的车本身不带动力，完全依靠外力，通过规则实现运转。

不妨思考一下，是什么阻碍了车的通行？原因通常有两种，一是路不通，二是车挡车。因此，若想车在路上能快速通行，需要具备两个条件，一是在路不通时把路修通；二是尽量减少车挡住车的情况。于是，需要建立机制和规则，把多辆车组织好，管好，使所有车辆总体上通行

较为顺畅、高效。

"通"既包含修路,也包含管车。在实现拉通的"五通"方法论中,悟通、打通、穿通、弹通都是在修路。悟通是思想之路;打通是去除障碍之路;穿通是初步建立了交通规则,能逐一通行之路;弹通是进一步建立了交通规则,全线连通高效通行之路。

以广州到海口的火车来打比方。首先,普通火车车厢没有动力,就像拉通中的任务或其中的物品抑或知识一样。由于需要经过琼州海峡,但既没有跨海大桥又没有海底隧道,火车只能通过轮渡才能过海,轮渡就是"路",于是"路"修通了。但问题又来了,火车比轮船要长,整列火车放不下,因此在将要过海时,需要先拆解,把所有车厢分成多截,之后再一截截地拉上船,运到海南之后再重新组合成一部火车。车厢经过拆解、组合的过程,并遵守了交通规则,相当于"车"走的是通过"弹通"实现了全线贯通的路。

在建立好了交通规则,整体上比较高效的路修好之后,就是如何管理车辆的问题了。只有拉通是在管车,运筹帷幄,使所有车辆能总体上快速、安全、低成本地通过整个系统。

于是,用路和车来打比方,"五通"方法论可以被切分成修路和管车,如图4-10所示。

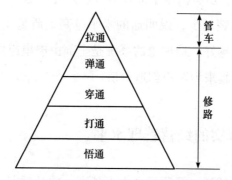

图4-10 "五通"方法论被切分成修路和管车

把拉通的"五通"方法论切分成修路和管车两个泾渭分明的阶段，便于企业明晰每个阶段的任务、本质以及各个责任部门的责任。例如，路是基础，为任务或其中的物品抑或知识等服务；信息化或数字化上的修路，主要由IT部门负责；管车的方法，主要依靠从事管理优化的部门协同业务部门提出。

对于五通，既可以从阶段上用修路和管车区分，也可以从图形上用肉串和弹簧描绘结果。拉通后的系统，就像肉串和弹簧的组合，如图4-11所示。

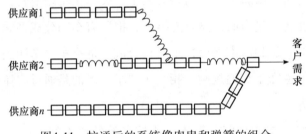

图4-11　拉通后的系统像肉串和弹簧的组合

随着科学技术的发展、管理水平的提升，有一部分弹簧或者肉串本身就可以去掉；在不能去掉的弹簧和肉串里，越来越多的弹簧会被肉串替代。不管肉串有多长，包含的环节有多少个，同一肉串上的所有环节都可以视为一个大环节，所有肉串中的环节都可以逐一运转。

肉串越多，弹簧越少，说明通的水平越高，质量、交付周期、成本、柔性等方面的表现越好。最理想的系统是全部由肉串组成，此时企业内部可以迅速、协同动起来为客户创造价值。

通的水平反映真实的经营管理水平

通的水平等级越高，经营管理水平越高，效益越好，利在当下，功在长远。首先，在当下，产品创新的速度更快、质量更高，企业运营能力更强，交付更快，能够获得满意的利润；其次，在未来，企业自己的质量、效率、资金周转、资产利用等内功，一步步地变得更加扎实并不断提升，使客户更加满意并愿意长期合作，企业可以获得长期的高效增长。同时，还能形成更好的品牌价值，从而形成正向循环，使企业更有综合竞争力、核心竞争力，最终使得企业长治久安，取得长远发展。

一家企业生存和发展的根本，是为客户创造价值。创不创造价值，创造的价值有多大，交付价值有多快、多好，客户获得价值的成本有多高，都要靠通来实现，都可以对应到通的九级水平之中，即走通、悟通、打通、穿通、贯通以及段拉通、内拉通、链拉通、推拉通四个等级的拉通。

增长、增效，最终要落实到做事上。离开了做事的方法和高效执行，增长和增效都是雾里看花、水中望月。做事才是高效的本质抓手。

通的水平，真实反映了企业的经营管理水平。例如，走通并没有真正全部连通，打通虽然实现了连通，但只是低质低效的连通；穿通以及通过弹通实现的贯通，主要和批量有关，批量减小直至逐一运转是精华、奥妙、硬功夫所在；贯通和打通都实现了所有环节全部连通，但贯通批量小，浪费少，更加高效。

通的水平低，意味着给客户的价值不多或交付价值的效率不高，质量不好，不及时，也意味着客户要支付更多的成本，忍受更多的不便和委屈，更不满意。此时，不管企业的管理体系有多么系统，理论有多么丰富，人力资源管理理念有多么先进，激励措施有多么到位，员工精神状态有多么斗志昂扬，制度和规范有多么细致，流程有多么复杂，都是花拳绣腿，中看不中用。任何不利于提升通的水平的理论、方法、软件、算法，都是对资源的浪费，更是对时机的浪费。

通的九级水平是企业经营管理的试金石，是对方案不能落地的"忽悠"的"照妖镜",也是一级一级细致刻画真实经营管理水平的标尺,在这个标尺下,企业处于什么水平,取得哪些进步,取得多大进步,下一步往哪提升都一清二楚。因此,"五通"方法论和通的九级水平背后的"拉通指数""通率""畅通度",都可以作为企业经营管理实现增长增效的根,也可以作为增长增效横向逻辑的"硬核指标"。

第 5 章

拉通是高效数字化转型和建设中台的前提

九层之台,起于累土。

——《老子》

对数字化转型和中台建设的探索，各行各业特别是企业界正在如火如荼地进行。数字化转型能解决信息化"烟囱"后遗症，是大势所趋。

在信息化时代，企业在进行信息化建设时，由研发、市场、销售、采购、制造、供应、服务等各个业务部门协同进行，这些部门或者因为受到所处位置的局限而缺乏全局视野，或者因为考虑自身利益，缺少大局意识，而分别从自己部门的业务需求出发，提出比较独立，通常也相对孤立，有时甚至相互冲突的方案。这就是所谓的"位置决定想法"。

在这种情况下，IT部门往往只能根据各个部门提出的方案，针对每类业务专门建立一个数据库并开发一个IT系统。于是，功能繁杂并有些重复的"烟囱式"系统不断涌现，每个新系统的投入使用都意味着一座新的烟囱又将高高耸起。

烟囱式建设的缺点显而易见。

首先，从时间和成本的角度看，建设周期长；功能重复建设和重复维护，需要重复投资；集成接口复杂，导致系统之间集成的成本、部门或人员之间协作的成本一起增加。

其次，从业务、数据上看，烟囱林立，信息孤岛越来越多。在对特定部门或个人可能是局部最优，但对公司整体不是最优的各个IT系统之间，数据的语言不统一；同一个业务领域的业务和数据散落在不同的系统中，没有完全打通；同样的数据需要重复录入；有时会出现同一个数据在各IT系统中不一致的情况；如果采用人工进行跨IT系统的统计工作，不但费时费力，而且无法保证数据的准确性和及时性。

最后，从业务积累上看，烟囱式IT系统建设通常采用项目制，为了完成某个项目而建设的IT系统，在项目完成后并不会自动退出历史舞台，而是会进入运行维护状态，对新业务的支持不足，容易导致新业务另起炉灶，陷入恶性循环，难以积累业务经验。另外，通常来说，一个IT系统在上线运行接近6年之后，技术架构和业务模型都需要整体升级，往往需要推倒重建，不仅影响现有业务的运行，也不利于业务的沉淀和持续发展。

以全渠道营销的品牌商为例，要想获得最终用户的消费行为、偏好等数据，以便为精准营销提供数据支持，通常就需要打通被拆分到以下三类系统中的用户会员信息、商品信息、订单信息以及消费行为信息。第一类系统是管理门店、分销商的POS（point of sales，销售点）和CRM（customer relationship management，客户关系管理）系统，第二类系统是对接淘宝、天猫、京东、微商等平台的专用系统，第三类系统是企业内部的商品、库存、物流等系统。要打通这三类烟囱式系统，困难重重。

为了解决异构系统之间交互不畅的痛点，不少企业尝试搭建了ESB（enterprise service bus，企业服务总线），或采用短期有效果的数据搬家、开发自动化小工具等方式，但治标不治本，成本不低但收效不大，也不利于沉淀业务。这些努力不但没有从根本上解决问题，而且有时甚至起到反作用，例如，多种自动化小工具逐渐从"帮手"变成了"帮凶"，数据被各个业务部门据为己有，成为部门私有"资产"。

就部分中国企业而言，上述这些是从20世纪90年代以来信息化时代的实际状况。在不进行相应变革的企业中，这种状况仍将长期持续下去。这些问题无疑都影响了运营的效率和效益，企业迫切需要数字化转型来改变这种状况。

关于数字化，并没有统一的定义，笔者在理论研究、咨询实践、广泛参考业界经验和资料的基础上，对数字化所需要的特征进行了尽量完整的总结，供读者参考。

所谓数字化，可以理解为以客户为中心，以帮助客户创造价值作为拉动力量，运用一系列数字化技术，将人员、机器、系统之间的交互和通信，以及业务对象、业务过程、业务规则、商业模式等，转变为数字化形式，连通横向的全生命周期价值链与纵向的信息技术和操作技术之间的数字链路，并融合数字和物理信息，使企业既能解决在信息化阶段面临的烟囱式信息孤岛问题，又能基于内部业务流程优化，用信息技术固化优化后的成果，以提升工作效率、管理效率、产品质量或服务质量，还能在产品与业务深度融合的基础上，打破传统的行业边界，实现基于数据的业务模式或商业模式创新，如 PaaS（product as a service，产品即服务）、智能制造、智能供应、智能营销等，最终帮助企业创新产品或服务，创新商业模式，把握新的市场机遇，提升用户体验，提高内部效率，实现企业、客户、用户、供应商多方共赢。

企业由信息化向数字化发展，从传统企业向数字化企业转变的过程，就是数字化转型。企业信息化的主要目的是合理配置资源以取得最大的经济效益，而数字化则主要是为了实现业务的创新、增长。从信息化到数字化，是企业发展范式的转变，即企业发展的理论体系、理论框架及其内部的理论、法则、定律，都发生了重要的变化。

数字化转型效益显著，可以帮助企业加快技术和产品创新，抓住结构调整和转型升级的时间窗口，构筑企业的核心竞争力。因此，在技术和产品创新加快、人口红利逐步消失、用工成本不断上升、环保要求越来越高的当下，数字化转型更是大势所趋。

数字化转型的体系化战略不仅包括技术转型，更包括业务、商业模式、组织、文化的转型，需要给企业植入数字化基因，不能一蹴而就，需要总体规划、分步实施、循序渐进。

尽管当前数字化领域存在不少浮躁的现象，例如，从来没认真系统研究过、干过数字化的，或者自身企业数字化做得一塌糊涂的"专家"到处在宣传自己的"成果"，但是值得欣慰的是，还是有一小部分企业的数字化已经取得了较好的实际效果。人们不禁会问，能够适应信息化时代要求的拉通，是否依然适用于数字化时代，适合于建设中台？笔者认为答案是不但适用，而且是必需的。因为无论是数字化转型的外部要求、内部目标，还是其本质、前提，以及中国企业在历史上对管理的缺课，都决定了：要想实现高效数字化转型和建设中台，必须实现拉通。

数字化转型的外部要求决定了必须拉通

市场竞争日益激烈，客户对于产品的质量、价格、交付速度、个性化、消费体验等方面的要求也水涨船高。企业需要时刻以客户为中心，迅速响应客户的需求，如实现个性化定制，提升客户体验，因而在组织上也要从不以客户为中心的推式系统走向满足客户需求的拉式系统。

1. 以客户为中心并面向用户，就是以价值拉动

客户和用户是不同的概念。用一句通俗的话来讲，客户是付钱的，用户是享受的。

很多情况下，客户和用户是重叠的，客户就是用户，自己买自己用。这种情况在针对个人消费者或小微企业的市场中很常见。

有时，客户和用户是不同的。在面向初具规模的企业或大中型企业的B2B市场中，这种情况极其普遍。此时，客户是甲方的经营者或者管理者，而用户可以是甲方的广大员工。在B2B2C领域，客户用户不重叠的例子也俯拾皆是，比如，甲方是客户，但是甲方的客户是用户。以飞机制造公司为例，航空公司是客户，航空公司的客户即乘客是用户。当然，在2C领域，客户和用户也可以不同，例如，我们给父母买衣服、订机票，父母是用户，我们是客户。

客户作为购买者，要实打实地付钱购买产品或服务，重点关注的是价格、使用效果和别人对自己此次采购的评价，他们对企业的产品或服务能否销售出去起决定性作用。用户作为使用者，主要关注点在于好用、提高效率、带来便利，在与产品或服务交互过程中的众多细节上不断积累使用感受，他们对产品或服务的口碑，对于企业后续能否赢得复购和转介绍发

挥着核心作用。

客户和用户既可以是一个人，也可以是一组人。比如，客户可以由技术决策者、业务决策者、财务决策者共同组成。客户把产品或服务买回公司之后，既可以只给一位同事使用，也可以供多位同事使用，这时用户就是一组人。当客户或用户是一组人时，最好要满足每组中不同类型的人的核心需求，例如技术决策者重点关注技术是否先进、能否实现需要的功能，财务决策者比较重视支付能力和付款条件。

只让用户满意，没让客户满意的产品或服务，要么夭折，要么叫好不叫座，最后难逃销声匿迹的命运。反之，只让客户满意，没让用户满意的产品或服务，会导致"坏事传千里"，差评满天飞，终将被市场抛弃。

因此，当客户和用户不同时，要区分对待，既要以客户为中心，又要兼顾用户需求。要急他们之所急，想他们之所想，甚至想他们之未想，使用户在使用产品或服务之后能切实提升工作效率、生活质量或便利性，同时也能给客户带来实际利益。

千方百计帮助客户和用户成功，就是通过帮助他们创造价值来拉动公司内部的主要工作。因此，以客户为中心并面向用户，就是以价值拉动。

2. 迅速响应快速多变的市场需求需要拉

客户的需求越来越多样化，即使是同类的需求也在不断变化，并且变化得越来越快。

推式系统对变化不敏感，反应迟钝，原因在于任务或其中的物品抑或知识等都会淹没于由推造成的大量库存之中，一旦需要改变，由于批量大、库存多，加上对各个环节都要重新制订计划，关于需求变化的信息传递起来慢如蜗牛，实际运行起来也是到处受阻、慢慢吞吞，不能迅速响应快速多变的市场需求。

与其相反，拉式的批量和库存都小，且只对最后一个环节下达计划，改变起来就迅速、准确多了。

3. 体验经济，需要拉通来支撑

随着时代的发展，客户或用户越来越重视购买、使用、售后服务等过程中的体验。体验经济脱胎于服务经济，它通常以服务的形式，让用户基于生活与情境获取感官体验和思维认同，以所留回忆的美好程度作为体验结果，最终努力抓住客户或用户的注意力，影响其消费行为，为产品或服务找到更高的存在价值和更广阔的发展前景。

影响客户或用户体验的因素不胜枚举，但比较重要的通常有六个，即个性化、感官性、参与感、经济性、快捷性和安全性。其中，个性化类似于差异性，不同客户或用户的需求千奇百怪，需要提供差异化的产品或服务；感官性是指用身体器官来感知，是最原始、最朴素的体验方式，调动的器官越多，体验的强度越大；参与感是指客户或用户参与到供给的各个环节之中，比如要吃自助餐时，选中餐还是西餐，选酒还是饮料，同一种食材选择哪种烹饪方式，自己做的选择越多，参与感越强；经济性比较好理解，可以指产品或服务的全生命周期成本，包括搜寻比较成本、购买成本、运维成本、付款条件导致的资金成本等多种成本；快捷性是指客户能够方便、快捷地得到所需的产品或服务；安全性是指没有潜在危险。这六个因素主要和体验的过程有关，而体验感受才是体验的结果。长期来看，愉悦的体验是过程与结果的循环交替和螺旋式上升，往往会使良好的关系和美好的回忆同时加深，在交易中融入了交情。

个性化不能靠推，只能靠明确后的个性化的需求来拉。拉能缩短周期，提高反应速度，降低成本，因此，拉对经济性、快捷性有直接的提升作用。拉能使过程简化、状态清晰、问题及时暴露、防患于未然，因而安全性也需要拉。由于人的感觉器官无论是持续参与感受过程的时间，还是保持灵敏状态的时间，都比较有限，而拉带来的精简、高效的过程以及简单明确的业务规则，有助于在有限的时间内提升参与性和感官性方面的体验。因此，拉能从体验的六个主要因素全面发力，实现体验的全方位提升。

从另一个角度看，要想提升所有类型的用户的体验，系统就要根据对用户身份的识别，只在必要的时间，提供必要数量的必要业务流程、业务操作、数据以及用户需要的知识等支持。显然，这些"必要"（即都"刚刚好"）只有靠拉才能做到。

4. 从大规模生产到大规模定制，是从推到拉

大规模生产追求的是通过大批量生产、规模经济来降低成本，所提供的产品或服务的品种、规格极少甚至只有一种，主要适用于供不应求的时代。不管市场需要的是什么品种、规格、数量，只顾满负荷运转以降低成本，属于典型的推式。

随着市场需求越来越个性化，多品种、小批量甚至单个的需求日益成为主流，既能满足个性化需求，又能实现大规模带来的低成本和高效率的大规模定制，登上了历史的舞台。显然，大规模定制的启动，必须有确定的定制化需求，要采用拉的方式才行。

5. 从"中央集权"到"一线决策分权"，也是从推到拉

一线在与客户沟通、服务客户的过程中，如果事事都要向公司总部领导请示、等待批复，势必影响客户的工作和满意度。

集权管理一般是推式管理，对各环节的需求是由一个集中的部门提出的。推式管理的所有缺点，集权管理一样不落。集权是以自己为中心，而不是以客户为中心，因此需要改进。

相反，分权管理本质上是拉式管理，因为所有环节决定在某一时段做不做，如果要做做多少，只需要根据下一环节的需求就可以确定，而不是

听命于某一个集中的部门，也不是依据除下一个环节之外的其他任何环节的状况而定。

层层拉动，有助于系统时刻自动实现整体最优。让一线决策就是在满足授权条件的情况下，由前方拉动后方资源。

数字化转型的内部目标决定了必须拉通

企业数字化转型的内部目标，主要是通过改善管理提升运营效率。运营效率主要是围绕核心业务流，拉通研发、市场、销售、供应、交付、服务等领域，使响应更快速，为一线作战服务。

以营销活动为例。市场上经常会出现不可预知的突发事件，为了应对它们或从这些突发事件上借力，营销方案策划和执行的时间往往很紧，留给IT团队的时间少之又少。如果每次都要从头开始进行业务分析、功能设计、编码测试，将会相当耗时，因而难以把握住稍纵即逝的市场机会。如果事先使业务和数据都实现了拉通，那么只需要进行少量修改甚至不需要修改，就可以满足新营销活动的需要，对市场的响应会更快速、更高效。

由此可见，要使企业数字化转型实现提高运营效率的内部目标，必须拉通。

数字化转型的本质决定了必须拉通

1. 数字化并没有改变通过业务创造价值的本质

企业要想提升竞争力，最基本的是业务要有竞争力，业务是灵魂。业务通常包括三个方面，即业务对象、业务过程和业务规则。其中，业务对象指的是产品或服务,是业务的核心。顶尖的产品或解决方案,往往来自业务、客户的强痛点。通过解决问题产生业务价值是技术、管理的目的,切勿本末倒置。市面上不少企业所宣传的数字化转型解决方案,对技术及其框架长篇大论、大书特书,但对于具体每项的业务价值要么蜻蜓点水、顾左右而言他,要么只字不提,这是脱离业务、远离产品或服务的表现,将无法帮助客户和用户解决他们关切的问题,为客户创造价值就没有了抓手,就成为无源之水。数字化还处于探索、精进阶段,一定要回归业务,实现"从业务中来,到业务中去"的正向循环,就像"群众路线"中的"从群众中来,到群众中去"一样。离开了业务,数字化将缺乏根基、没有归依。

即便是像微博热搜、百度搜索风云榜等数据产品,甚至是在数据及其相关工作的直接支持下呈现给用户、看上去更像纯粹数据类产品的"相关商品""猜你喜欢""个性推荐"等,也都是从客户搜索、(转)发微博、之前购买行为等业务中产生,并服务于这些业务的。

业务既产生数据,又消费自己的数据,同时还继续产生新的数据,由IT系统承载数据,将数据分析的结果返回业务系统,使数据的产生和消费形成闭环,再使数据持续不断地服务于业务。

数字化转型是在数字技术基础上的一场业务、管理和商业模式的深刻变革重构,技术只是支撑力量,业务才是真正的内核,变革的原动力来自业务。因此,从责任的角度看,数字化转型应该由业务部门主导,由业务部门和IT部门协作完成。

业务主管要懂得通过数字化转型解决哪些业务问题,达成哪些目标,比如,是提高资源利用效率,提高客户满意度,还是获得高质量的竞争力,提升企业的商业价值。

数字化技术部门要和业务部门充分沟通,对准公司的业务目标,运用数字化技术使主业务发生重要变革,使效率得到明显提升,构建强大的IT平台以驱动、支撑变革的快速落地,形成新型的作战平台。

以华为为例，华为数字化转型的目标比较明确、朴实，即质量更好的产品、更优质的服务、更低的成本，这些与信息化时代的目标并无二致，这是变中的不变。这三大目标，无一例外都与业务息息相关，都依托业务来实现。

具体而言，华为数字化转型的目标紧紧围绕业务，由内而外不断实现。

对内，实现行业领先的运营效率，措施也以业务为重点进行：一是以客户为中心，使各业务领域数字化、服务化，打通跨领域的信息断点，即"五通"方法论中的"悟通"和"打通"；二是以"面向客户做生意"和"基于市场的创新"两个业务流为核心，构建"端到端"的数字化管理体系，即"五通"方法论中的"穿通"和"弹通"；三是从定性管理走向定量管理，由业务需求拉动数据来高效运作，即五通中的"拉通"。在华为数据治理体系框架中，处于核心位置的是信息价值链综合治理（数据、流程、IT），其基础也是业务流。华为把数字化归结为三个方面，即业务对象数字化、业务活动和业务流程数字化、业务规则数字化。通过抓这三条主线的数字化，实现一个业务主体的数字化。

对外，对于企业乃至整个产业链、生态链的客户，通过业务为其创造价值、提升客户满意度并将其转化成收益；并和客户等产业链伙伴们一起携手把产业做大，实现共创共赢。

万变不离其宗。不管数字化转型如何改变原有的业务模式或商业模式，如何对企业外部发力，向产业生态探寻价值以便做大产业"蛋糕"，最终还是要紧紧围绕为业务创造价值，即从业务的实际问题出发，主动思考转型的目标和路径，将数据与自身业务相结合，充分发挥数据这一新生产要素的业务价值，通过基于大数据、人工智能的数据分析，找到问题解决之道，将转型落实到具体的业务运作中，实现线下、线上高效协同，以提高产品或服务的创新性和市场竞争力，扩大销售，提高效率，降低成本，同时提升自己和整个产业链的核心竞争力。

数字化转型本质上是业务的转型升级，内为业务、外为客户创造更大的价值。

2. 拉通业务流能创造价值，没有数字化也能进行

（1）拉通业务流不但能创造价值，而且性价比高

如第 2～4 章所述，拉通业务流，不但能提升质量，提高效率，缩短周期，减少周期波动，降低库存，降低成本，提高应对复杂多变的市场需求的柔性，还能降低管理难度，提升士气，从而显著地创造价值。

这些创造价值的活动，需要的主要是管理的改善，除了可能的咨询费用和内部相关人员的时间投入外，基本上不需要其他投入，花费不多但效果显著，投入产出比高。因此，拉通业务的性价比高。另外，从挖掘管理潜力、向管理要效益的角度，应该先从不用花钱或花钱少的事情开始做起。

（2）拉通是永远的蓝海，没有数字化也能进行

拉通业务流，并不一定要先数字化，没有数字化照样可以进行，并且早拉通早受益。

这一点对于广大企业也有现实意义。不少企业不顾实际情况，在产生数字化焦虑之后，盲目跟风、追热点，最后为了数字化而数字化。实际上，数字化转型，无论是部署传感器等硬件，还是采集数据、存储数据、传递数据、加工数据、分析数据，无不需要数量可观的软硬件，都需要投入真金白银。力度稍大的投入，需要的资金动辄过千万，甚至过亿、过十亿。

虽说数字化转型是大势所趋，但对于不同行业的企业，以及同一行业内部发展阶段、经营理念、技术实力、管理基础、信息化基础、自动化情况等不尽相同的企业而言，数字化转型的开始时间、重点领域、开展进程、投入力度等也千差万别。只有需要数字化，并且条件已经具备的企

业、环节，才能实施数字化。即使数字化，也需要根据业务的需要，实施必要程度的数字化，只有急需的地方才需要尽快实施。

《企业 IT 架构转型之道：阿里巴巴中台战略思想与架构实战》一书中有两个重点案例，浓墨重彩地描述了"拉式补货系统""在合适的时间、合适的节点分配合适的库存""款多量少、下单频繁"等在拉通中的常见做法，同时也认为"如果还需要高效，需要进一步加强原、辅料供应商的协同"。在严格意义上讲，这些做法都属于"拉通"，运用的也是运营管理的经典方法，并不需要非常高深、复杂的 IT 技术架构。毕竟世界上第一台微处理器 1971 年才在美国硅谷诞生，丰田在几十年前实现类似功能时还没有真正意义上的计算机，信息处理和传递靠的只是极其原始、简单的小卡片。而华为在几年前才大体实现了业务流的拉通。

其实，有的行业、企业在最近两三年并没有必要实施数字化。有不少行业或企业毛利率不高，暂时也没有足够的资金和数字化人才，拉通都远远没有做好，管理基础也不够扎实，还没有到拼数字化的时候。如果管理基础没打好就匆忙实施数字化，容易适得其反。就像没学会走路就要跑的孩子，容易摔跤。对这些企业而言，拉通流程比数字化转型更必要、更可行、更合算。

"通"永无止境，拉通是永远的蓝海。没有数字化，也照样可以拉通业务流程，早早益善，多多益善。

3. 数据流也需要拉通

（1）数据的产生需要拉通

如果任何时间产生的、任何种类的数据统统都要感知、采集，由于数据维度多、数量大，成本通常令人震惊，数据库也有随时崩溃的风险。实际上，一部分数据没有实际价值，一部分数据价值有限，根本没有必要全部采集。

如果采用拉动，情况会大为改观。首先，根据业务价值、业务需求，确定哪些数据需要感知、采集，这样就从源头上杜绝了不必要的动作，使数据采集成本大为降低，也使之后的处理和分析的工作量和成本大大减少，为降低数据全生命周期的成本打下基础，还可以使系统运行更加有序、稳定、高效。

（2）数据的流动需要拉通

毫无疑问，数据的流动也需要按需拉动。在一个个数据孤岛之间，数据难以互通和共享，更谈不上高效流动。如果不懂得拉通背后的逻辑，IT部门乃至整个企业都只能对业务部门日益多样化的需求望洋兴叹、无能为力。

源源不断产生的数据，若没有规定流动的方向和规则，或采用推式一股脑儿往下一个环节强推，会使本环节和后面环节的数据很快就挤满有限空间，拥堵不堪，查找困难，处理缓慢，积累到一定程度就会使系统因为负荷过重而停摆。一片混乱，运营效率自然低下，成本也会居高不下，更致命的是系统有崩溃的风险。

数据的流动，需要运用有效的方法来控制。其中，拉通就是控制数据流动方向、时间和流量大小的极佳方法体系。例如，把拉通后的数据运行流程嵌入模型、算法，可以使数据按照设定的逻辑和路径，自动、有序、高效地流动，实现各个环节的增值。

（3）基于数据的高效决策需要拉通

随着数字化转型的推进，企业需要发展到更高的阶段，即基于数据的智能运营、智能生产、智能决策等。

数据需要加工才能成为能为决策所用的信息，而数据和信息的传递需要按需拉通，再加上决策流程本身也需要拉通，因此基于数据的高效决策必须拉通。

数字化转型的前提决定了必须提前拉通

1. 数字化有固化作用，先要通过拉通优化

数字化需要以软件为载体，在一定程度上能使流程得到固化，至少是一段时间内的固化。任何业务流程在固化之前都应该优化，而拉通是已被证明过的能够优化业务流程的优秀方法体系。业务流程优化的所有方法体系，本质上都或明或暗地遵循了拉通的思想。没有优化就实施数字化，会把天花板预设在数字化之前的水平上，相关执行人、机器或程序只能一遍一遍地按照没经过优化的方法机械地执行，从而把造成浪费的做法合法化，不断造成浪费。

因此，要数字化转型，先要运用拉通来优化。

2. 即使是数字化产生的新流程，仍要拉通

数字化可能带来业务模式的创新，因此也很可能产生新的业务流程，这些流程应该是新的好方法的沉淀，可以通过数字化把相对确定、稳定的业务标准化、自动化。只要是流程，要想高质高效，就必须采用拉式并且尽量实现拉通，数字化产生的新流程也是如此。

以智能电动汽车为例，和传统的燃油汽车相比，数字化转型后全新的服务运营模式给消费者带来了全方位、颠覆性的使用体验，也产生了新的流程。例如，在新业务流程中，当需要升级功能时，不需要到维修现场更换零部件或升级软件，只需要通过远程软件推送，即可持续对车辆进行系统升级，从而获得新的功能，即所谓的"空中升级"；当出现故障时，不需要拖到维修场所或让修车技师赶到现场，只需要售后服务人员通过后台系统检测车辆状况，即可远程解决大部分问题，这种方式也被称为"远程诊断"。每辆智能电动汽车配备了强大的数字化系统之后，成为名副其实的"四轮驱动的应用程序"，这也支撑了其全新的数字化服务运营模式。

空中升级、远程诊断等全新的数字化服务运营模式的背后，是产品研发、生产制造、市场营销乃至售后服务等各个环节的新业务流程得到优化、拉通，用户体验显著提升，也使智能电动汽车功能升级和售后服务的效率大幅提高。

中国企业的历史欠账，要求补上拉通这一课

中国企业用改革开放以来的40多年时间，走过了西方企业两三百年才走过的工业化道路。中国企业在工业化开始不久，还没有做好拉通，把管理基础打牢的情况下，就遇上了信息化浪潮而匆匆信息化，信息化本身就是优化之后的固化工具，但缺乏拉通的固化，效率低。在信息化开始后不久，大多数企业的信息化都没有真正过关时，又被铺天盖地而来的数字化时代的巨浪裹挟，拉通这一课一直没有来得及好好补上。

拉通，可以说是高质高效的代名词。中国很多企业对于在信息化之前或同时就应该进行的以拉通为代表的管理改进，一直比较欠缺。

对历史欠账，需要抓紧偿还，需要补课。一方面，亡羊补牢，犹未为晚；另一方面，行动上宜早不宜迟，最好在实施数字化之前，最迟在数字化建设之初补上这一课。

总体而言，数字化转型的抓手的核心，除了技术就是业务流和数据流，而业务流和数据流都需要拉通。没有拉通，就不是真正意义上的数字化，是低层次、低质、低效的伪数字化，甚至是花钱买倒退。因此，数字化转型非常需要拉通。

建设中台也需要拉通

首先必须说明的是，笔者并不认为所有行业、所有企业都需要建设

中台。中台比较适合于采用多元化发展战略，或拥有多条产品线且产品线之间业务比较相似的大中型企业，特别适合于发展迅速、业务复杂、迭代快、访问量大且波峰明显，对业务和数据的稳定性及可靠性要求高的互联网企业，例如滴滴。根据滴滴出行在 2017 年底分享的《如何构建滴滴出行业务中台》，滴滴也建设了中台。虽然出租车、快车、专车、代驾等前端业务的场景各不相同，但本质上都是出行，交易流程也基本类似，因此建立中台更利于快速推出新业务，并促进业务之间的协同。但是，对于产品线不多、业务比较单一、规模较小的制造型或服务型企业而言，建设中台的必要性就不是特别大了。

如果确实需要中台，那么建设中台也是数字化转型的一部分。

这里之所以在阐述了数字化转型之后再把建设中台单独阐述，是因为中台的概念已风靡业界，因此有必要分析一下读者自然而然会问的、关于中台建设需不需要拉通的问题。

1. 中台的核心是服务复用

（1）中台的产生、发展和概念

1）中台的产生和发展过程

谈到中台，必须了解一家位于芬兰赫尔辛基名为 Supercell 的移动游戏公司。Supercell 虽然规模不大，却开发出了《部落战争》《海岛奇兵》《卡通农场》等知名游戏，并在 2016 年将其 84.3% 的股权以 86 亿美元的高价卖给腾讯，人均贡献的估值超过 3.5 亿元人民币。被同行中的国际巨头如此看重，实力可窥一斑。更重要的是，它直接推动了阿里巴巴集团（以下简称"阿里"）的中台建设。阿里虽然不是中台的最早提出者，却是国内最早在内部规模化实施中台的企业。

2015 年，阿里最高决策层拜访了 Supercell 这家"世界上最成功的移动游戏公司"。公司名称中的 cell（细胞）就是对该公司以 2～7 人小团队模式、独立进行游戏开发的形象比喻。每个团队都可以根据市场需求自主判断做什么样的产品，然后在最短的时间内推出游戏的公测版，测试受市场欢迎的程度。如果某款游戏的市场反响不行，就会迅速放弃，团队转而开始尝试新的游戏。

整个过程基本上不需要管理者参与，全由团队自发自动完成，也积累了科学的研发方法和体系。即使产品在研发失败后被放弃，该团队不但不会受到惩罚，而且还可能举办仪式，庆祝从失败中学到了东西。

这种以客户为中心、以客户需求"拉"动、鼓励创新和试错、容忍失败并不断从失败中汲取教训和经验的文化，加上一套沉淀了游戏开发过程中公共、通用的游戏开发素材和算法的中台，使得 Supercell 在高手如云、竞争惨烈的游戏市场上不但生存下来，而且能够快速发现用户真正喜爱的游戏，并进行开发、迭代，铸就了公司强大的核心竞争力，使公司持续保持高效发展，2018 年年收入超过 15 亿美元。

实际上，Supercell 的打法并非首创，其核心是基于精益的敏捷，本质是以拉为主，这与华为的"铁三角"有异曲同工之妙，下一章中将对此进行详细分析。

访问 Supercell 让阿里高层受到震撼，直接下定决心迅速调整组织结构，启动中台建设。此外，阿里中台的产生也源于外部市场竞争环境的变化以及内部业务快速发展的需要。众所周知，电商平台大玩家们近年来都在摩拳擦掌，竞争处于白热化状态。在企业内部，一方面业务急速发展；另一方面，存在系统重复建设、数据不能高效流动、业务之间交叉依赖、所需人数众多、响应业务要求不及时、开发和维护成本高企等问题。于是，2015 年底，阿里对外宣布全面启动为期三年的中台建设。

下面是阿里中台建设前后的情况和建设的总体历程。由于淘宝、天猫的电商系统完全独立，都包含了商品、交易、评价、支付、物流等功能，因此阿里首先于 2009 年成立了一个共享业务事业部（共享业务中心）。之后，聚划算作为阿里电商团购入口于 2010 年出现。由于导入聚划算会使销量至少增长 25 倍，使得阿里旗下的全球 B2B 平台"1688"也接入进来。阿里要求三大电商平台与聚划算平台的对接，都必须通过共享业务中心进行，共享业务中心也就成了阿里的核心业务平台。

三大电商平台和后来上线的二手商品交易平台"闲鱼"都有共同的部分，比如，作为电商平台都涉及售前、售中和售后的业务流程。以订单创建流程为例，四大电商平台的订单创建，无一例外都涉及会员信息验证、商品管理、订单创建、库存数量修改、支付记录生成等。通过梳理与分析，可将多个平台中公共的、通用的业务功能进行沉淀，从而避免功能的重复建设与维护，使资源利用更为合理，对业务的响应也更加迅速，有助于业务的快速创新。

例如，阿里在团购市场竞争如火如荼之际，决定推出团购业务。不像其他同行动不动投入几百人进行研发，阿里只投入了产品经理、运营、开发等十几名员工就开发出了基于淘宝和天猫商品的团购平台。从开发到上线的时间只花了一个半月，远短于同行。背后的原因就是利用了原本精心沉淀和打造的共享服务中心的服务能力。服务及能力的复用，可使投入的研发资源大大节省，上线时间大幅缩短，与服务共享之前相比，公司的投入产出比有几倍甚至几十倍的提升。

2）中台的概念

中台是数字中台的简称，指的是企业通过将自己的多种资源转化为前台易于使用的能力，以服务的方式提供能力共享，把以用户为中心落到实处的企业级共享服务平台。中台可以理解为一种组织管理模式、一个团队或一种信息技术架构。

业务中台和数据中台是比较典型的中台。咨询机构罗兰贝格认为，业务中台按照"积累、标准、迭代"三个步骤来固化企业核心竞争能力，并通过能力产品化的方式打造可供前台、各业务单元调用的接口；数据中台是围绕"打通、整合、共享"三步，对企业多维、海量的数据资产进行建模、聚合、分析，为前台提供数据资产以及数据的定制、创新、监测与分析等服务，最终实现数据资产的活化。

数据中台也可以理解为：通过从系统中抽取数据存储能力和计算能力而形成的、主要用于处理数据的中台。这样，不仅可以降低业务系统的复杂性，而且能让各个系统采用更适合自身的技术，各展所长，各司其职。

（2）中台可共享、复用服务，加快创新

要理解服务的概念，不妨从理解中台所采用的SOA（service oriented architecture，面向服务的架构）开始。简单来说，SOA是把系统根据业务情况拆分成大小合适、独立部署、相互独立的功能模块，模块之间可以通过精确定义的接口和契约联系起来，这些模块可以称为"服务"。通过拆分，可以降低系统的复杂性。通过使复杂的业务"解耦"，可以减少业务之间的依赖，解耦后可以带来服务的复用。

如果以工厂作为类比，数据相当于工厂里的原材料，服务因为包含逻辑而相当于工厂里的加工车间。服务复用，相当于使加工过程也可以复制，会大幅提升生产效率。因此，虽然数据复用也有作用，但服务复用的作用更大。

为了有效复用服务，通常需要建立共享服务中心。它能使相关业务领域的业务功能和数据做到较好的统一，使全企业的核心业务能力都建立在一套共享的服务体系之上，从而不但承载了业务逻辑，实现了核心业务能力和核心数据资产的沉淀、服务的复用，而且消除了企业内部各部门之间的壁垒，促进了组织之间的业务协作。因此，共享业务中心既有数据运营的价值，也有业务能力提升的价值，可以有效支撑前端业务，帮助企业构建企业级的服务能力。

另外，共享服务中心有助于快速创新。业务创新虽然有风险，但一旦成功也可能带来巨大回报。通过服务之间的专业化分工和协同，共享服务中心可以快速实现一个完整的业务流程，即服务"编排"，不但能使自身能力与用户需求持续有效对接，而且能提供培育业务创新、试错的土壤和阵形，让创新更容易、更快、更节省资金和人力，还能更好地培养出特定领域的创新专家，从而实现从土壤肥沃、人才优秀，到土壤更肥、人才更优更多的良性循环，促进业务的快速响应和创新。

中台建立在共享服务中心的基础之上。为了用好中台，可以把很多可以复用的数据、模型、算法、知识等都放入其中，并尽量组件化以减少子系统之间的耦合和依赖，以提高复用率。

中台能够启下，即通过整合业务、服务能力以及数据资产，使业务以服务的方式沉淀到共享服务中心，从而使后台稳定，使服务能力得到复用，避免了重复开发，使开发和沟通成本降低、效率提高；中台也能承上，即一方面通过服务化来快速响应客户和用户不断变化的需求，实现业务支持的敏捷性；另一方面，能够快速创新、试错，对于即使是错误的路径也能快速试验出来，从而及时纠偏止损，抢占市场先机，把握住短暂的超额利润时间窗，实现迅速而低成本的创新，为企业转型提供新的良机。本章前面提到的 Supercell 公司便是如此，由于为创新的团队提供了扎实的中台，使得公司只要更少的人，就能在很短的时间内做出一个游戏，并推向市场进行测试，创新迅速且成本较低，公司抓住了一个又一个市场机会。

中台在需要它的场景中作用显著，笔者认为中台最重要的是理念，而贯彻理念的方法有多种。以最近的"拆中台"为例，呼声不绝于耳，传闻国内最早在企业内部规模化实施中台的阿里巴巴也要拆中台。对于企业是不是要拆中台，和是不是要建中台一样，笔者都建议从自己行业、企业等实际情况出发，不要盲目冲动、人云亦云，而要仔细分析、评估。即使阿里真的拆中台，我们也要详细研究拆的是什么业务的中台，是全拆还是部分拆，在建设中台、使用中台的多年中收获、沉淀了哪些业务、数据、经验，拆的原因是中台在运行多年后拖慢了创新速度还是其他原因。从来没建过中台的企业和用过中台，锻炼并沉淀了业务和数据，建立起了平台的企业，根本不可同日而语，哪怕后者拆除了中台，可能是螺旋式上升之后的否定之否定，已经取得重大进步；而前者只是原地踏步，可能还会逆水行舟、不进则退。

2.调用服务本身就是按需拉动，需要拉通

前台调用中台的服务，是按照需求拉动的。其实，任何以用户、客户为中心的系统，通常都蕴含着对拉通的内在要求，因为拉的源头就是能为客户或用户创造价值的需求，而要满足需求，离不开高质高效，因此也离不开"通"。

在中台建设之前，由于服务能力没有数字化，只是留在脑袋里或本地文件等数据孤岛上，这意味着当消费者需要服务时，获得服务的路径是：服务消费者→各种渠道（电话、人员、即时通信工具、邮件等）→服务提供者→服务，即每次都需要开发者通过各种渠道找人临时开发、设计，再等待开发完成，之后消费者才能享受到服务，获取服务的周期长。由于没有精心准备，服务的质量也难以保证。

在中台建设之后，产生于多个前台业务应用的共性需求得到满足，不再需要因为小差异而重新百分之百建设系统，省去了思考新故事、逻辑、新代码的时间，可以利用的智力资源也从有限的几个人的头脑扩展到无数客户、供应商、工程师的头脑。由于中台已经沉淀了很多服务，获得服务的路径变为：服务消费者→中台（共享服务中心）→服务→服务提供者。不难看出，服务消费者拉动中台搜寻、拉动服务，服务提供者和服务消费者可以直接基于服务交互，沟通更加高效。由于中台不断沉淀通用的新服

务,可供调用的服务越来越多,因此当服务消费者需要服务时,在相当一部分时候不需要完全重新找人设计、开发来满足不同部门的新业务需求,也基本上不用和服务提供者沟通,只需到中台搜索到现成的服务,直接调用即可。这样,相比没有中台的情况,省去了找人、开发的环节,极为省时、省力、便捷,避免了重复功能建设和维护带来的资源浪费。服务越重复调用,开发效率越高。

即使中台没有现成的服务可以调用,服务消费者也是直接通过中台,分析服务特点,来一环扣一环地拉动服务的提供者,没有多余环节,沟通目的更加明确,沟通路径更短,沟通效率更高。

随着中台变成在线服务市场和协作平台,系统从产品化发展到服务化,即从提升产品能力发展到提升直接服务客户的能力。服务化的核心是向客户或用户提供按需服务(service on demand,SOD),即根据需求拉动,这样可以精准满足客户需求,方便用户使用,降低使用成本。

在没有中台时,大型系统的前台和后台之间似乎有着天然的矛盾。由于用户需求变化快,前台系统需要快速迭代才能及时响应;而后台系统由于投资大,建设周期长,对安全性和稳定性要求高,于是,前台和后台由于对迭代速度要求不同而产生了矛盾。中台可以较好地解决这一矛盾,它既可以让服务提供者享受到统一的应用服务管理带来的便捷,也可以让服务消费者享受到服务化平台带来的开发效率提升和服务质量保证,还能支持业务敏捷化和快速创新,使企业能快速响应未来的市场变化。基于中台可以快速、低成本地构建面向最终用户和客户的前台应用,从而满足各种个性化的前台需求。

总结一下,只有"悟通"了建设中台的目的仍然是为客户创造价值,对内,"打通"组织壁垒,连接信息孤岛,使业务和数据深度融合,实现"穿通""弹通"和全流程"贯通",围绕产品和业务将各个系统的数据进行全面的聚合、建模和分析,将数据业务化、业务服务化,才能提高效率，加速产品和业务创新；对外，只有整合内外部资源，提升快速响应能力，使产品或服务能够对准市场及客户的需求及其节奏，通过"拉通"实现数据和业务的"畅通"，才能真正实现既能高效满足客户多变的市场需求，让客户满意，又能实现企业盈利。唯有这样的中台建设，才称得上高效。因此，拉通也是高效建设中台的前提。

第 6 章

案例：华为怎样通过拉通实现十倍增效千倍增长

> 夫以铜为镜，可以正衣冠；以古为镜，可以知兴替；以人为镜，可以明得失。
>
> ——《旧唐书·魏徵传》

在第 3 章中，笔者系统地提出了实现拉通的"五通"方法论；第 4 章在此基础上对"拉通"进行了细分，即分为段拉通、内拉通、链拉通和推拉通；再加上企业自然发展中的走通，一共把通的水平分为九级，并阐述了通的水平反映了企业经营管理的真实水平，因此企业经营管理水平也可以从通的角度分为九级。

无论是对单个流程，还是对公司整体，实现拉通的方法论和通的九个等级都是适用的。

企业每经过一定阶段的发展，就会面临一个比较陡的坡，此时必须进行深层次的变革。如果爬坡成功，企业就会迈上一个新的台阶，达到一个新的高度；如果爬坡不成功，就会先在原来的台阶上徘徊一阵子再逐步下滑，或者干脆直接下滑甚至直线下滑。下面详述华为是怎样一步步实现拉通，拉通又是怎样助力华为实现十倍增效八千倍增长的。

走通（1987 年和 1992～1995 年）

1987 年下半年，时年 43 岁的任正非和合伙人一起出资 2.1 万元，在深圳南油一个居民楼里成立了华为。

同其他创业企业一样，华为在这个阶段也是机会导向，以求生存为主。抓住机会活下去是硬道理，只有活下去，才有资格去谈进一步发展。

正如第 4 章中对于"走通"阶段的分析，企业主要围绕生存下去这个目标，高度重视市场销售，能完成交付但质量和效率都不高，管理主要靠自己摸索。因此，在走通阶段的关键词是活下去、重视销售以及管理落后。三者之中，"活下去"是重视销售、管理落后的重要原因，因此对于华为走通阶段的四个细分阶段，主要围绕活下去展开。

1. 为活下去，成立之初迷茫摸索

创业之初的华为，虽然从名称上看是一家技术公司，但实际上没有什么独到、过硬的技术，因此只能干一些没有技术门槛的事，而且经常需要比较、调整创业方向，不像那些拥有过硬技术的创业团队那样不需要反复选择创业方向，只要扎根于自己的技术方向安心研发即可。华为在创业早期缺乏明确方向，也有过迷茫，据传，为了活下去，华为团队甚至短暂调研过卖墓碑，尝试过卖减肥药。任正非为了企业的生存真可谓煞费苦心。

从这里也可以看出，华为的求生欲从创立之初就很强，因此也就不难理解自2018年遭遇西方世界打压以来，华为所表现出来的不屈不挠的精神和顽强的生命力了。

2. 为活下去，代理交换机

后来，辽宁省农话处一位处长热心告诉任正非做交换机赚钱，之后华为成为香港鸿年公司用户交换机的代理商。虽然从事的仅仅是在外人看来没有什么技术含量的贸易，但总算是跨进了通信设备行业的大门。做代理与自己做研发、生产相比，资金要求较低，有些关系好的厂家甚至连订金都不用付，直接拿货，卖完后再付款即可。

任正非虽然不是通信专业出身，但由于上过大学，在部队时也是科技创新能手，参加过全国科技代表大会，因此对新技术有较强的敏感性，他敏锐地感觉到了通信设备行业具备的巨大发展潜力。

在那个装电话需求旺盛的年代，代理商只要有人脉能拿到货，对接得上客户，就能把交换机成功销售并赚一倍左右甚至更多。这带来两个方面的影响，一方面，由于单位用小交换机市场是卖方市场，门槛低，只要敢存货，有货就有钱。因此转眼之间几百个竞争对手闻风而动、蜂拥而至，行业竞争迅速白热化。另一方面，华为也紧紧把握住了机会，不但迅速积累了数百万元的资金，完成了原始的资本积累，而且在全国范围内建立了以十来个销售办事处为核心的销售网络，算是初步实现了"起家"。这为后面华为的进一步发展打下了初步的基础。

为了生存，华为把主要精力放在市场开拓、找客户、找订单上，主要面向农村市场。当时已过不惑之年的任正非身先士卒，曾经到交通极为不便的四川大凉山地区销售。从成都到大凉山，交通工具需要换来换去，要从火车换汽车，再换拖拉机甚至牛车，最后肩扛小型交换机翻山越岭到达目的地还要靠"11 路"（步行）。

3. 为活下去，及时交货和维修，买部件组装

行业好景不长。由于全国至少有几百家国有单位在 1989 年涌入小型用户交换机行业，国家政策收紧，一方面限制信贷，另一方面严控设备进口，包括华为在内的交换机代理行业"巧妇难为无米之炊"，濒临山穷水尽的困境。

当时的做法是客户向供应商至少提前半年支付订金。华为提前半年就收了客户的订金，也把订金给了香港厂家。但由于厂家生意火爆经常交不出货，售后服务跟不上，维修不及时，也不给华为这样的代理商提供备件，这使得华为及其同行处处受制于人，有一种命运不在自己手中的无力感，想让客户满意也心有余而力不足。

于是，1989 年，华为决定向产业链前移一步，即从低端产品入手，从有能力生产部件的国有单位购买部件，自己组装成最终产品 BH01，并制作说明书，打上华为品牌，装入自己的包装，在全国范围发展华为品牌的代理商，自建渠道。

由此可见，华为很早就有品牌意识，也愿意承担品牌责任，并使品牌和自己的服务紧紧挂钩，主动对自己的服务水平提高了要求。

把购买的部件组装成自有品牌的产品，好处显而易见：交货和备件能较好地掌控，可以更快响应客户需求，提升服务质量和客户满意度；自创

品牌，不但不用向别人交代理费，而且反过来可以收别人的代理费，还可以提前收取代理商订金，这样可以使资金流动加快，手头更加宽裕。

4. 为活下去，掌控产品，启动研发，不做先烈做先驱

采购部件虽然比采购整机要好操作一些，但也不是完美无缺。比如，部件供应商通常要求一订就订几十件，这会占用较多资金，一旦卖得好，也会遇到买不到部件的情况。华为自己组装的第一款自有品牌产品BH01，就曾因为市场销售火爆但供应商供应不上，再次面临无货可交的困境。因此，购买部件虽然比购买成品好掌控些，但掌控还远不彻底。

于是，为了继续活下去，需要降低客户因为不能及时得到产品而退款，从而导致公司资金流断裂的风险，华为在1990年被迫向产业链再前移一步，即开始自己研发产品。首先从精确模仿BH01的电路设计进行软件研发和产品测试开始。当时条件非常欠缺，没有测试设备，只能用放大镜肉眼检查别人代加工的电路板，看上面的焊点是否存在漏焊、虚焊、连焊等质量缺陷；对于电话能否通过交换机打通，也只能靠一群人用一堆电话一个个地测试。靠着大家想出来的土方法，研发团队克服了重重困难，自己研发的第一代产品BH03勉强完成研发并向客户交付。

此后，华为通过和高校合作，借助老师及学生的力量，研发出一台交换机可以带48个用户的新一代产品HJD48。新产品推出以后，由于容量增加、成本降低、占地面积减少但功能没有缩水而受到市场欢迎。

接着，继续研发的产品终于在性能上超越了最初代理的香港产品。之后，华为在1991年研发完成一台机器可带500个用户的产品，大获成功。用户交换机系列产品为华为1992年总产值超过1亿元立下了汗马功劳。

华为的走通阶段可以从1987年算起，这是成立的年份，也可以从1992年算起，因为这之前华为都没有走上正轨，不是"规模以上企业"，主要是在摸索创业方向，也没有自己品牌的产品，1987年的销售额基本

为零。到了 1992 年，华为不但有了自己深度研发、有一定技术含量的产品，而且初具规模，就像一个孩子已经基本学会了走路。

需要特别说明的是，为了更好地活下去，即使已经着手深度研发产品，但华为仍然没有放弃代理比自己水平更高的产品，"两条腿走路"持续了好几年。这也反映了华为始终重视活下去，重视销售和增长。

对于"活下去"，任正非感受至深，以至于在 1992 年年终总结大会上，当着全体员工的面，他沉重而动情地在台上说了一句"我们活下来了"就泪流满面，一时无法继续说下去了。从这个场景，我们不难感受到他对小企业、科技创新企业活下去的艰难体会至深，也能大致感受到他为使华为生存下去所承担的压力、承受的委屈、付出的艰辛。

产品开发中容易出现一种技术至上的倾向，想一步领先很多。过于超前的技术对人类有价值，但对于企业特别是综合实力还不强的企业就不一定有价值了，结果往往事与愿违。过于超前的产品，由于不太符合客户真正的需求，不太能解决客户当前面临的问题，或者即使能解决但成本过高，因此这种产品通常卖不出去，搞不好还会拖垮公司，即"领先三步是先烈"。而华为研发务实地以市场需求而不是纯粹以技术领先为导向，即"领先一步是先驱"，不做先烈做先驱。

5. 为活下去，舍弃利润、借贷研发，产品从过时到领先

初步活下来之后，一些人建议把剩余利润的大部分分掉，认为之前大家辛苦了，现在应该好好享受。任正非没有听从这些建议，而是大胆挑战，决定投入全部利润，并向其他企业以高利率拆借资金，投入到研发局用交换机中，向公用电话领域进军。

正是这个冒险的决定，一方面使华为逃离了当年用户交换机同行被技术、时代淘汰出局的厄运，避开了一场行业性的生存危机，也孕育了华为历史上的重大转折，公司正式跨入电信设备供应商的行列；另一方面，华

为前路挑战重重，危机四伏，道阻且长。挑战和危机主要来自四个方面：技术难度陡增；客户从小企业变为大型电信运营商，客户的严苛要求和之前不可同日而语；资金缺口问题迫在眉睫，宏观调控使作为民营小企业的华为无法得到银行贷款；最致命的是竞争对手一下变成国际巨头，规模通常为百亿级，百倍于华为，它们技术力量雄厚，提出的建议，例如，通信网络建设要用数字程控等技术，一步到位、避免重复投资等，容易被电信局信任、采纳。华为和竞争对手之间，就像蚂蚁和大象，大象一脚可以踩死一群蚂蚁。面对这种有数量级差距的竞争，为了活下去，华为需要迅速研发产品，扩大销售，发展壮大自己，只有"长个子"才有可能生存下去。

第一个局用交换机JK1000在1993年初研发成功。但由于对电话普及速度的估计过于保守，再加上自身研发实力确实不足，这个产品虽然被公司寄予厚望，全公司上下也为打好这场销售战做好了充分准备，任正非亲自主持召开市场高层会议，各地办事处主任摩拳擦掌，准备做好负责区域内的促销，培训中心也进行了精心的宣传策划与展示，就连研发部都派精兵强将参与销售，但由于技术已经过时，新产品一经推出就跟不上时代、没有市场。

面对产品过时这个致命的打击，华为毫不气馁，抓住一切可能的机会锲而不舍地进行销售。经过不懈努力，JK1000在江西实现了开局，在1993年当年的总销售量超出200套。

为了服务好客户，华为在产品宣传资料上告知客户：每月固定时间举办产品培训班，讲解产品知识，"月月如此，不另通知；无论是否订货，一视同仁。生活费用自理，技术培训免费"。由于JK1000大多安在偏远地区，当地的安装、调试、维护的条件都较差，于是华为组织了懂技术、责任心强的队伍，他们很好地落实了任正非的要求，即"在外面就是华为公司的代表，一定要让用户对华为公司留下良好的印象，言行举动都要体现华为的风范"。他们跋山涉水，不辞劳苦，足迹遍及天南地北，为客户提供了高质量的安装、调试和售后服务，也通过"产品不够服务补"在一定程度上弥补了产品上的不足，给客户留下了吃苦耐劳、任劳任怨的印象和良好的服务口碑。华为售后服务的做法，包括设备软件升级全部免费，而不是像外国厂家那样收费高昂，在以省为单位建立的培训中心里，即使不买华为设备也可以参加培训；每个县至少有一个维护人员，建立备件中心保证备件充足供应，办事处市场人员都懂技术，能够快速提供技术服务，既让各地电信局眼前一亮，也让它们对服务要求的标准提高到一个新的高度。

正是源于 JK1000 在全国的销售，华为服务体系和服务理念得以正式建立，服务口号"切实保障服务质量，提高客户网络的整体效能，帮助客户树立网络竞争优势，优化网络性能，增加客户业务收入，协助客户培养优秀维护人员"得以系统的提出，并得到深入而广泛的认同。

高质量的服务，使华为和客户形成了良好的关系，这些关系反过来又能促进销售。服务好，成为客户选择华为的重要原因。

由于没有市场，JK1000 使华为损失惨重，但任正非并没有因此畏首畏尾、裹足不前，反而将资金和研发人员尽最大可能投入到新产品 2000 门交换机（C&C08A 型机）的研发上。任正非充分信任并支持研发人员。华为背水一战，只能成功不能失败。另外，研发速度还要快，不能慢慢吞吞，因为激烈的竞争和通信技术的快速发展会使商业机会稍纵即逝。

C&C08A 型机开始研发后，华为公司开始大规模招兵买马。在研发团队中，只有极个别人员有相关科研机构或大学的科研经验，其余大部分要么是刚从学校毕业，要么之前做的是软件开发而不是硬件研发，大家都不熟悉交换机，甚至连交换机长啥样都不知道。

这支平均年龄只有 25 岁的队伍，初生牛犊不怕虎，以舍我其谁的精神投入到艰辛的研发之中。缺乏资料，大家就通过程控交换机的国内规范来学习；不懂交换机硬件，就用万用表和示波器慢慢测量来逐步认识交换机。

研发基础不好，但自我要求不低，因为大家都清楚只有达到世界先进水平的交换机才能被客户接受，所以对标世界最先进技术水平的系统设计工作非常复杂，研发起来也举步维艰，到处是拦路虎，实际进展比计划慢了不少。

当时华为的销售人员非常努力，产品尚未开发出来，就在浙江义乌找到了开局的地方，但是迟迟不能交付，开局时间一拖再拖。1993 年 10 月之后，也就是在延迟了几个月后，研发人员实在没办法，在产品性能尚未稳定下来的情况下，把开发现场搬到了电信局，一边运行一边修改，经常深更半夜趁没什么人打电话时修改。

义乌局不但对华为 C&C08A 型机的产品技术定位、开局速度、客户需求响应速度，而且对华为满足话务统计、终端操作、计费等特殊要求方面，给予了积极肯定："想不到你们公司这么快就推出来了，而且工艺水平这么高，你们是走在了前面。""终端采用全中文菜单方式，支持鼠标操作，并设计有热键帮助系统。界面清晰美观，操作方便，简单易学，使操作员免去了培训之辛苦，也减少了误操作的可能性，他们十分高兴。""终端软件的安全性考虑十分充分。""计费可靠性强，准确率高。""维护测试及话务统计功能丰富而实用。"这种想客户之所想、帮助客户解决实际痛点的做法，得到了客户的认可。

C&C08A 型机是华为自主研发的第一代数字程控交换机，是里程碑式的产品。和国外进口设备相比，它功能更多，但价格只是国外的一半，综合成本更是降低了 2/3，性价比非常高，因此深受市场欢迎，迅速拿下了当时农村市场的大半江山，使华为在农村电信市场站稳了脚跟。

相比农村市场，城市市场客户更加集中，利润更加丰厚，增长弹性更大。以农村为"根据地"，但最终还是要"包围"城市。

华为在农村市场取得成功之后，进一步开发适合城市市场的可带接近一万门电话的 C&C08C 型机，一举破除了国外公司的市场垄断，实现了从农村市场到城市市场的重大突破，在城市市场也初步站稳了脚跟。

及时从模拟转向数字，做出像C&C08一样的数字程控交换机的，全国只有"巨大中华"四家通信制造厂商：巨龙、大唐、中兴通讯、华为。其中，民营企业华为在创业时技术起点最低，但展现出强大的战斗力。作为华为第一种大规模进入电信市场的产品，C&C08使华为进入国内一线交换机技术前列，为华为带来了相当可观的收入，1994年和1995年销售额分别接近8亿元、15亿元。华为在1995年全面超越国内同行巨龙、大唐、中兴通讯，之后和它们的差距逐年大幅拉大。

回顾一下华为整个走通阶段，每一步都是为了活下去。创立之初，为了活下去，拼命寻找创业方向。好不容易经人介绍进入小型用户交换机代理行业，发现是卖方市场，厂家收了华为订金却经常不能按时交货，也不提供维修备件，使华为无法及时向客户交货，提供维修等售后服务。如果任由这种形势发展下去，将没有什么客户愿意和华为合作，这严重威胁到华为的生存。于是，华为为了活下去，选择了购买部件进行组装的道路。但是，这对于不能向客户及时交付、提供售后服务的问题，只能缓解，不能根治，购买的部件还是不能保证及时足量供应，于是为了活下去，华为走上研发之路。之后，技术落后的小型用户交换机行业被整体淘汰，华为为了活下去，提前一步赌上全部身家跨入局用交换机行业，而在新的行业，又要解决如何在与比自己强人百倍的新竞争对手的竞争中活下去的问题……当然，这一系列追求活下去的背后，既有以任正非为首的华为高管团队的产业报国情怀和"全球三分天下有其一"的远大理想，也离不开全体华为员工的积极进取和长期的艰苦奋斗。

另外，不难发现，在走通阶段，无论是代理的产品、买部件组装的产品，还是自己研发的产品，华为都能把产品卖好，也能把客户服务好，销售变现能力强。这一点非常值得学习。

同其他企业一样，华为在走通阶段，除了努力做好市场销售、抢占市场、不断深化"活下去"之外，没有把精力放在管理上。从代理到买部件组装，再到研发越来越复杂的产品的整个发展过程中，串起研供产销、完成市场交付的流程能基本走通，研发、供应、生产、交付等领域的管理水平也在逐渐提升，但总体而言，仍比较原始、粗放，基本上没有系统化、科学化管理。所研发产品的质量、研发的效率都比较低，从第一台C&C08的进化过程可见一斑：它迟迟不能交付；迫不得已到义乌客户现场仓促交付时，需要深夜修改，开局足足持续了两个月；正式上线后，仍然问题不断，经常需要研发人员到现场维护，直到几年后才算真正稳定下来；此外，外观也被客户委婉地提出意见，直到华为后来专门聘请德国最优秀的设计师来设计机架和机柜，外观问题才得以解决。当然，高质高效交付的背后，需要强大的管理能力，然而管理能力的提升需要一个过程，冰冻三尺非一日之寒。

在走通阶段，华为虽然也请外面的老师进行了 ISO 9000、QCC 品质管理圈、全面质量管理（TQM）、全国办事处销售人员考核等方面的培训或辅导，但总体上项目较小，涉及面较窄，管理改进以华为自我改进为主。

无论是华为自我改进，还是偶尔借助外部咨询或培训的力量，改进范围是局部的，要么是单点要么是单个流程，对公司全局的影响有限。

部门墙已初步形成，客观上需要管理改进

随着华为业务的发展，部门数量和人数都越来越多，也出现了部门墙。

以研发为例，华为于 1995 年将分散在制造部、数字机组等部门的研发力量集合起来，经过重新组织成立了中央研究部，简称"中研部"。

1995 年是华为走通阶段的最后一年，也是该阶段管理水平最高的一年。当时，中研部第一代组织架构如图 6-1 所示。中研部下设四个业务部，以及干部部、计划处、软件工程部、总体办、基础研究院等职能部门。每个业务部不但有资源，而且有研发决策权。业务部下设产品部或项目组。

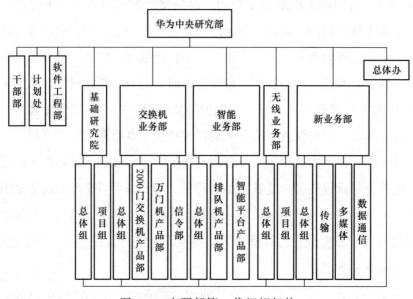

图 6-1　中研部第一代组织架构

中研部虽然采用了权力下放、分层控制、目标管理、线条清晰等管理方式，也有了基础性的技术管理经验、能力、队伍建设和组织保障，但从图 6-1 中可以看出，组织结构总体上还是典型的、原始的直线型组织。这种组织结构不但过度依赖能人，而且管理者和员工的压力分配不当。更为重要的是，以自我为中心而不是以客户为中心，协作意识不强，沟通效率不高。另外，虽然当时中研部人数并不多，不到 100 人，部门却不少，自然而然产生了部门墙。因此，华为当时的经营管理，特别是对客户的思想、意识、服务能力，都亟须提升，当务之急是要打破部门墙。

悟通（1996～1998 年）

拿破仑曾说："世上只有两种力量，一种是剑，一种是思想，而思想最终总是战胜剑。"由此可见，思想与从思想上悟通都至关重要。

1995年，华为销售收入达到15亿元，企业已经初具规模并且增长势头强劲。由于分布在全国范围内的办事处数量多，销售、服务等人员分散，公司总部难以及时知道他们在做什么，做得怎样，他们自己的组织意识也不强，"诸侯意识"开始冒头，企业内部个人英雄主义与企业规模化发展之间的矛盾越来越突出。管理随意、原始、粗放。

进入1995年，华为开始从农村市场向城市市场进军，原来攻占农村市场的人员的素质和企业的管理水平，离攻打城市市场的要求有很大的差距，跟不上公司在新时期的要求，华为到了需要变革特别是组织管理变革的重要历史关头。此时的华为，特别需要使各个部门和个人对于自己存在的价值，以及如何创造、交付、分配这些价值，拥有可以引领并支撑企业长期健康发展的思想和认识。

因为悟通，所以相信；因为相信，所以行动；因为行动，所以可能有效。相信相信的力量，从相信悟通的力量开始。没有悟通，经营管理效果会大打折扣。悟通的重要性，再怎么强调都不为过。

华为在悟通阶段的做法，同"五通"方法论中的要点基本一致，但有自己深度的思考、独特的领悟、通俗的总结和成功的实践。华为在公司上下形成了如下共识。

1. 为客户服务是华为存在的唯一理由

"世界上最重要的事，不在于我们在何处，而在于我们朝着什么方向走"，这句名言告诉我们，如果方向错了，容易南辕北辙，适得其反。方向不对，努力白费。

服务的方向，主要是为客户创造价值。

华为深知，要活下去需要利润作为支持，但天底下只有客户给华为钱，利润只能来自客户，所以必须先给客户提供服务、创造价值。华为的生存和可持续发展，归根结底要靠满足客户需求，为客户创造价值，让客户感到满意。不为客户创造价值的服务，是无用的服务，而且会打扰客户，浪费客户资源，给客户添麻烦。

1997年，任正非总结出华为文化的特征主要是服务文化。在他的视野里，服务的含义层次丰富，涵盖范围广。在范围上，服务远不只是售后服务，还包括从产品研发、生产到产品生命终结前的优化升级；在层次上，不但包括基础层次的过程优化，而且包括员工拥有的、能影响甚至决定行为的思想意识，甚至包括员工的家庭生活。在家庭成员之间，也要有服务的意识，这样就容易相敬如宾，彼此为对方着想，和睦共处，其乐融融。由此可见，服务是一种结果，即让客户感到被服务了，有人为自己创造价值了；服务落地于一种过程，即服务过程；服务蕴含了一种意识，即服务意识；服务展现了一种态度，即服务态度。

华为认为优质的服务是赢得客户信任的基础，而信任的力量巨大，是华为取之不尽、用之不竭的源泉。因此，无论多辛苦，也要不断提高服务质量，把客户的事情做好，并把服务贯穿于企业生命和个人生命的始终，生命不息、服务不止。这样，客户才不会抛弃华为，才会继续购买华为的产品，华为才能活下去、才有明天。

其实，华为自创立之初，就极其重视为客户提供尽量优质的服务。例如，给潜在的代理商发送成箱的交换机手册及其他资料，并在资料中承诺："凡购买华为产品，可以无条件退货，退货的客人和购货的客人一样受欢迎"；在代理交换机产品初期，故障率较高，但由于备板、备件等需要进口，厂家技术服务力量不够，因此在电话出现故障时，华为作为代理商承受了客户传递过来的巨大压力。华为为了服务好客户，方便代理商的维护和保修工作，除维修备件外，还多发一套小交换机，供代理商在维修时测试或拆借电路板。之后，这台小交换机及损坏的电路板，全都可以返还给华为。华为开行业之先河，真诚为客户着想的优质服务打动了不少客户，他们纷纷成为华为的铁杆代理。

1998年，华为就清醒地认识到，要向客户提供产品的终身服务承诺；要建立完善的服务网络，向客户提供专业化和标准化的服务；客户的利益所在，就是华为生存与发展的最根本的利益所在。因此，华为要以服务来制定队伍建设的宗旨，以客户满意度作为衡量一切工作的准绳，并把这些承诺、理念、准则等写进了《华为基本法》。

"为客户创造价值""为客户服务"，经常被企业贴在会议室、办公室或走廊上，位于公司宣传资料的头版位置，被大张旗鼓地宣传，但大多数停留在口号上没有真正有效落地，根本原因在于没有清晰地明确"价值"是什么。于是，"为客户创造价值"也就只能是一种美好的愿望和口号罢了。

要服务好客户，为客户创造价值，必须先明确"价值"是什么，由谁决定。

2. 价值由客户决定，成就客户就是成就自己

（1）价值由客户决定

在华为看来，价值只能由客户来决定，产业链上所有企业、环节，都要以最终用户的意见为准来确定价值，即确定有没有价值、有多少价值。决定公司价值主张的，不是自己，而是客户的价值主张。价值需要载体，载体通常是特定产品或服务。华为认为公司层面及内部各个部门层面做得好不好，不是自己说了算，客户感知好的才是真好。

早在20世纪90年代中期，华为就认识到生存下去的唯一出路是提高质量、降低成本、改善服务，否则极其容易被竞争对手一下子打垮。在1998年，华为明确了要以客户的价值主张为导向，以客户满意度为标准，公司的一切行为都以客户的满意度作为评价依据；客户的价值主张是通过统计、归纳、分析得出的，并通过与客户交流，最后得出确认的结果，成

为公司努力的方向。沿着这个方向，华为就不容易犯大错误、栽大跟头。同时，华为还提出，继续狠抓管理进步，提高服务意识；建立以客户价值观为导向的宏观工作计划，各部门均以客户满意度作为部门工作的度量衡，无论是直接的还是间接的，客户满意度都激励、鞭策着华为改进；下游就是上游的客户，事事、时时都由客户满意度对员工进行督促。

在定义价值时，华为站在客户的立场上，重新从根本上思考价值，综合分析价值，着眼于整个产品或服务而不是其中的一部分来定义价值。此外，还要和客户、供应商等合作伙伴讨论、协商，确定价值，并把注意力集中于客户真正需要的价值上。需要说明的是，假设去掉目前可见浪费之后的成本，才可以作为价值的目标成本，基于改进后的目标成本，企业才能更好地提高特定质量的产品的性价比。

> 不该做的事情要坚决不做，这方面的节约才是最大的节约。
>
> ——任正非

华为认为，要使客户真正满意，除了提供优质的产品和服务以及令客户惊喜的体验之外，更重要的是帮助客户取得商业成功；以客户为中心，就是要帮助客户商业成功；思维上，要从零和博弈走向共创共赢，成就客户的成功，从而成就华为的成功。只有帮助客户实现他们的利益，华为才能在产业价值链中找到自己的位置。实际上，华为长期重视客户的利益，为客户实现了不少定制的功能，帮助客户切实提升了竞争力。

（2）成就客户就是成就自己，先"无我""利他"

成就客户，就需要满足客户需求，满足客户需求要先从分析客户的需求开始。在准确分析客户需求方面，华为有自己的思考和创新。

1）从客户痛点入手，先"无我"再"有我"，用"利他"实现"利己"

华为喜欢分析客户的压力与挑战，研究客户的痛点，并落实到有竞争力的通信解决方案及服务上，帮助客户成功。客户也通常会和华为长期合作、共同成长。因此，华为和客户的合作之道，是先"无我"，再"有我"；先"利他"，再用"利他"实现"利己"。

帮助客户成功，自己才能成功。成就客户才能成就自己，成就客户就是成就自己。

2）既要关注客户目前的需求，也要研究客户未来的或没想到的需求

有时候客户自己也不知道自己需要什么，例如，在汽车诞生之前，很多消费者不知道自己需要一辆车，而认为自己需要的只是一匹更快的马。在信息技术产业更是如此，例如，在苹果公司2007年推出第一代iPhone之前，消费者们都不知道原来手机、浏览器、音乐播放器等功能可以融为一体，而且手机还可以如此小巧。

如苹果、IBM、华为这样的杰出企业，都不但满足客户眼前的需求，而且会基于对客户潜在需求的洞察与理解，想客户之未想，为客户提供适当领先的产品或服务。华为经常和客户一起推演他们的未来是怎样的，可能会遇到什么问题，并提出解决方案，帮助客户认同这个未来、走向未来并提高未来成功的概率。结果，客户觉得华为的解决方案更加适合他们，更能帮助他们，因此也更容易接受并达成合作。

3）既要关注客户的需求，也要关注客户的客户的需求

"不识庐山真面目，只缘身在此山中。"跳出原来的范围重新观察，可能会让人豁然开朗，有全新的发现。例如，紧盯着客户研究客户的需求，有可能会视野受限、思路受阻，如果跳出客户看客户，就会对客户需求有更本质、更深入的认识。

这是因为客户也要生存，客户能够存在的原因，是能够为他的客户创造价值。因此，扩大视野，分析客户的客户，看看他们最在意的价值是什么。这也算是"曲线救国"。

只有客户的客户认同了客户的价值，客户才可能成功，客户才有钱赚，才能生存和发展，我们才有可能和客户一起获取利润、持续成长。否则，客户都不存在了，企业还赚什么钱呢？皮之不存，毛将焉附！

现在的竞争，早已不是单个企业和单个企业之间的竞争了，而是供应链与供应链之间、价值链与价值链之间、产业链与产业链之间的竞争。高效率、高质量、客户体验好的价值链，容易形成良性循环；那些效率、质量、体验不够好的价值链上的企业，会活得比较艰难甚至倒闭。

要赢得客户，企业不妨和客户一起，去帮助客户的客户创造价值。在这样一条价值链里，当企业把帮助最终客户创造价值作为目的时，就会使整个价值链更加集成、高效、高质量，客户体验会更好，有时甚至由于受到客户肯定，不需要通过实质性竞争即可拿单，从而使价值链上的所有参与者实现共创共赢。

下面以 201 电话卡为例，看看华为是如何关注客户的客户的需求、帮助客户成功的。

1997 年之前，大学宿舍里一般都没有电话，学校公共场所中电话也很少。大学生们打电话面临的困难是装机需要一定的条件，装起来不太容易；装机费贵，不但学生难以承担，资金比较紧张的学校，也承担不起为所有宿舍全部装机；需要座机费；座机费和电话费都不好分摊，有的同学需要打电话，有的同学不需要打，有的同学打得多，有的同学打得少；没法像单位或家庭那样先打电话再按月结算。

因此，一方面，大学生作为华为客户的客户，打电话既是刚需又是痛点。再加上在校大学生数量庞大，大量的需求没有得到满足，因而校园电话是个潜在的大市场。

随着华为的发展，快速响应客户的能力、提供符合客户个性化需求的解决方案的能力都不断增强。华为着眼于学生的痛点，提供了强有力的技术支持，满足了天津邮电这类创新业务的需求。在相关企业和华为合作的过程中，对于连方向都没有的客户，华为可以在一定程度上提出方向，启发客户的思路；如果客户有方向，华为可以提供方案；如果客户连基本方案都有了，华为至少还可以提供技术。

面对这个来自客户的巨大市场，华为和天津邮电通力合作，持续贯彻以客户需求为导向，不断扫描和审视市场环境，突破传统思维，在1997年推出了201卡业务。和以前的预付费电话卡相比，201电话卡也是预付费，但一改前者处理系统容量很小的弊端，采用当时最先进的华为智能网技术，计费采用华为卡号台业务的方式，由大型服务器统一管理计费数据，因此可以大量放号，使得单部电话的安装和管理成本大大降低，管理也更加高效、方便。另外，由于把目光放在长远的发展中，着眼于长期利益，每个宿舍都装一部电话并且免费，运营商将通信服务送上门，大大降低了电话进入校园供学生使用的门槛，使得电话可以触达、覆盖校园内的所有大学生；再者，采用预付费，省去了去电信运营商营业厅交费的麻烦，同时节省了学生本人和运营商营业厅工作人员的时间，二者效率同时提高；预付费的方式减少了运营商的财务风险，一卖卡就收回了现金，使现金流状况良好，这种商业模式可以节省大量的资金成本，甚至可以用这笔沉淀的资金去做一些投资或者存在银行获取利息。最后，由于学生打电话时用的是自己的卡，话费问题自动迎刃而解，多打多扣、少打少扣、不打不扣，和别人毫不相干，账算得一清二楚，管理起来非常简单。

201校园电话工程给运营商带来了良好的经济效益，虽然免收初装费损失了部分近期收益，但是结果很好，因为前期投入把相当多的潜在的打电话需求挖了出来，带动了市场，也占领了大学这类"阵地"，稳稳占据了显著的市场份额，"让利不让市场"；提高了运营商在智能网上的长期收益，运营商可以从之后的话费上得到更多长期的补偿、回报，从长远看运营商还是收益颇丰的；提高了电信网络的利用率，创立了201电话卡的精品业务品牌形象；使运营商获得了竞争中的领先优势和机会窗利润。

这些电话在正式投入运营后，不需要运营商投入人力值守，成为自动赚钱的机器。如果一个宿舍里面需要经常打电话的人比较多，那么他们可以商量好固定的时段，比如19：00～20：00是张三同学和女朋友"煲电话粥"的时间，20：00～20：30留给李四同学和妈妈唠嗑，通过这种预定的方式，提高了电话的利用率，为运营商多创收。

此外，201电话也产生了显著的社会效益，通过预定可以减少学生们等待打电话的时间，既提高了学生们的效率，也为"儿行千里母担忧"的家长提供了联系孩子、互相关爱的通道，还为热恋中的恋人提供了"煲电话粥"的机会，来表达说不完的绵绵情意。学生自己满意，家长满意，学生的亲友满意，学校满意，此外，运营商和华为也满意，可谓多方共赢、皆大欢喜。

201校园电话卡业务，随后风靡了全国校园，受到了社会各界的热烈欢迎。在大学里，不但宿舍里需要，教学楼、路上也需要。不但大学需要，中学也需要。不但学校需要，车站、医院、机场、街道、公园等很多公共场所都需要。因此，201电话卡以校园为突破点，全面布局，多点开花，帮助华为的客户即运营商取得了巨大成功，也帮助客户的客户即学生带来了低成本和便利，还帮助学校省心省力，低成本地解决了学生通话不便的难题。

4）深淘滩，低作堰：挖掘管理潜力，只赚合理利润

对于内部，"深淘滩"，即一方面确保投入足够的资金到能够增强核心竞争力，有助于未来发展的领域；另一方面极力挖掘内部潜力，向管理要效益，挤掉公司内部最后一丝浪费，降低运作成本，从而降低客户的采购成本。

对于外部，在客户方面尽量只赚取合理利润，节制自己对利润的贪欲，不因短期目标而牺牲长期目标，即"低作堰"。低作堰能降低客户的采购成本，使华为自己的利润仅限在合理利润内。

这样，华为既要自己确保投入，以便为客户提供更有价值的服务，帮助客户成功；又要降低自己的成本、限制自己的利润，多让一些利润给客户并善待上游供应商，从而双管齐下地降低客户的采购成本，帮助客户成功。通过管理降低成本、克服贪欲是华为对自己的双重要求，要想都实现殊为不易。不难看出，华为把困难和适当的利益留给了自己，而把方便和相当一部分利益给了客户。

除了在企业的日常运营中贯彻"深淘滩、低作堰"以外，华为专门把"按照我们的事业可持续成长的要求，设立每个时期的合理利润率和利润目标，而不单纯追求利润的最大化"写进了《华为基本法》。

3. 满足客户需求的速度，不要慢也不要快

对于客户需求的满足，慢了肯定不好，快了也容易造成浪费和混乱。因此，要根据需求，不快不慢。

4. 创造价值需要硬功夫、硬贡献，拉通使价值更大

在南油集团下属电子公司工作期间被骗，代理其他公司产品或购买部件组装时屡屡受限等商场实战经历，加上自我学习，使任正非明白一个商业组织要想生存下去必须具备两个条件：一是客户，二是货源。

对于客户，核心是针对不同客户群的需求，提供对应的低成本、高增值的解决方案，并根据解决方案，开发出相应的优质产品并提供优质的售后服务，为他们创造价值，不断提高他们的满意度。要做到这些，企业必须不断改进管理与服务，提升管理与服务的水平。

对于货源，既要做到高增值、低成本，又要做到能掌控。这就要求研发能力强大，能及时、高质量、高效率地提供创新的产品。这些要求不容易实现，对于技术换代周期越来越短、竞争残酷的 IT 行业更是如此，通信设备制造商要想生存就必须世界领先。领先之前需要追赶，华为要追赶

世界著名公司，就要在十年内走完它们几十年已走过的路程，必须与时间赛跑、分秒必争，这也要求华为不断改进管理与服务。

改进管理与服务，说起来容易做起来难，需要硬贡献，硬贡献需要体现在硬指标上，归根结底需要硬功夫。在华为看来，改进管理、为客户创造价值，需要体现在质量、成本、交付速度、需求响应速度、柔性、服务态度等几个方面，换言之，主要是及时、准确、优质、低成本的服务。其中，质量主要对应着准确、优质，交付速度、需求响应速度对应着及时，此外，成本要做到尽可能低。这些要求都是客户朴素的追求，也是客户的客户对客户的要求，会长期保持不变。

各个环节的质量、交付速度、需求响应速度、成本的改进，都是硬贡献、硬指标，实现起来都是硬骨头，啃起来需要硬功夫。例如，对于管理不好的企业而言，质量好、服务好、快速响应客户需求往往需要以高成本为代价，但客户又不能接受高成本带来的高价格，否则会降低竞争力和盈利能力。

在悟通之后，华为认识到这个矛盾主要就在管理上，例如，端到端快速的服务可以降低人工、管理等方面的成本，华为可以把节省的成本让利给客户，降低价格。

第 5 章也已经详细阐述过，拉通能够帮助华为系统性地提升管理，同时达成这些指标。因此，华为悟通了，自己主动承担起管理改进的重任和压力，从而给客户创造了更多的价值，这也反过来促使华为练好管理硬功夫。

下面以质量为例，看看华为悟通的结果是什么样的。在《华为基本法》中，华为明确了质量的目标是"以优异的产品、可靠的质量、优越的终生效能费用比和有效的服务，满足顾客日益增长的需要"；提出"质量是我们的自尊心"，让员工的思想和灵魂受到冲刷；关于质量的形成，认为质量形成于产品生命周期的全过程，包括研究设计、测试、制造、分销、服务和使用的全过程,并认为优越的性能和可靠的质量是产品竞争力的关键,因此努力使产品生命周期全过程中影响产品质量的各种因素,始终处于受控状态,并实行全流程的、全员参加的全面质量管理,使华为有能力持续提供符合质量标准和让顾客满意的产品;阐述了在产品设计中构建质量等质量方针。另外,还明确了:技术上保持与世界潮流同步;创造性地设计、生产具有最佳性能价格比的产品;产品运行实现平均 2000 天无故障;从最细微的地方做起,充分保证顾客各方面的要求得到满足;准确无误地交货、完善的售后服务、细致的用户培训、真诚热情的订货与退货等质量目标。在行动上,也在悟通阶段扎实推行 ISO 9001,并定期通过国际认证复审,初步建立健全了全公司的质量管理体系和质量保证体系,使华为的质量管理和质量保证体系与国际真正接轨。

任正非后来还给优质服务下了一个定义,即华为收到货款之后,客户还说华为很好,这就叫作优质服务。只有看透、悟通了,才能给出这样鞭辟入里、直指本质且通俗易懂的定义。

华为的悟通能够如此通透、系统、站位高,是有前提的,那就是任正非领导下的华为是一家怀揣梦想、志在长期经营而不是快速赚一笔钱就走的企业。《华为基本法》中的第一部分"核心价值观"开宗明义、旗帜鲜明地指出:"华为的追求是在电子信息领域实现顾客的梦想,并依靠点点滴滴、锲而不舍的艰苦追求,使我们成为世界级领先企业。"

《华为基本法》中核心价值观一共有七条,分别是追求、员工、技术、精神、利益、文化、社会责任。由此可见,华为是一家极其重视核心价值观,有追求,重视精神和文化,乐于分享利益,勇于承担社会责任的企业。这也都是华为思考、讨论、感悟多年后悟通的结果。关于精神,华为认为"爱祖国、爱人民、爱事业和爱生活是我们凝聚力的源泉。责任意识、创新精神、敬业精神与团结合作精神是我们企业文化的精髓。实事求是是我们行为的准则";关于文化,华为认为资源总会枯竭,唯有文化才会生生不息，文化不仅仅包含知识、技术、管理、情操，也包含了一切促进生产力发展的无形因素；关于社会责任，华为"以产业报国和科教兴国为己任，以公司的发展为所在社区做出贡献。为伟大祖国的繁荣昌盛，为中华民族的振兴，为自己和家人的幸福而不懈努力"。

这些远大的志向、强烈的责任感，是理解华为从悟通开始直至后面在成为全球通信设备行业领军者后，仍孜孜不倦进行技术和管理创新的原点。

悟通的结果，主要体现在以核心价值观为主的企业文化上，而华为主要体现在《华为基本法》中，特别是其中的"核心价值观"中。从 1996 年到 1998 年，《华为基本法》通过不断讨论、迭代形成共识，历时三年才正式定稿，标志着华为悟通阶段的正式结束。

悟通的结果，还部分体现在华为在 1998 年请 IBM 做的 IT S&P（IT Strategy & Planning，IT 战略与规划）咨询中。因为领悟到了创造价值需要硬功夫、硬贡献，华为在清醒地认识到自身管理能力不够时，不惜投入大笔资金，虚心请顾问公司拜师学艺，系统地学习和成长。系统成长离不开系统的规划，于是就启动了具有意义重大，指导华为之后近十年变革的 IT S&P 变革，这十年变革与打通、穿通、弹通都密切相关。

随着悟通的不断深化，华为给客户创造的价值更大，管理内功越来越强，得到更多客户更深层次的肯定。因此，华为在悟通的过程中，不但在成长，而且是快速甚至是加速成长。从 1995 年到 1998 年，华为年销售额分别接近 15 亿元、26 亿元、41 亿元、89 亿元，年平均复合增长率超过 56%。

随着公司的高速发展，人员和部门越来越多，再加上管理改进不大，管理水平不高，部门墙的问题越来越突出，急需打破部门墙。悟通的两个主要结果，即《华为基本法》和 IT S&P，都为打破部门墙、实现环节之间的连通打下了良好的基础。

打通（1999～2003年）

> （流程）打不通也要打通，找不出问题来就整改，大家谁也不要捂盖子。
> ——任正非

在第3章的"五通"方法论中，已经分析了打通的两层含义，即先打破阻隔，连接孤岛等需要连接的部分，实现初步连通；再打散、优化、重组，实现初步高效的连通。因此，打通部门墙之后，可以初步实现流程化，减少对人的依赖，加强部门间的沟通与配合，并消除孤岛等容易被忽视、遗忘的角落，实现业务连通、数据连通、信息连通，事事有人做，从以自我为中心转向以客户为中心，为客户更快、更高质量地创造更大价值。

华为打通的逻辑和具体过程，遵循了"五通"方法论。

1. 改变从心开始，紧紧围绕为客户创造价值

万变不离其宗，华为的打通也是以客户为中心，紧密围绕为客户服务、为客户创造价值来开展的。

以华为在打通阶段开始的ISC（integrated supply chain，集成供应链变革项目）为例，无论是项目的总体目标，即通过对供应链中的信息流、物流和资金流进行重新设计、规划和控制，努力在正确的时间把正确的产品或服务送到正确的地方，从而提高客户的满意程度，降低总的供应链成本，还是项目的KPI（key performance indicator，关键绩效指标），即供应链的可靠性、响应性、柔性、成本、资产利用（库存周转），无一不是聚焦于为客户创造价值而进行的。

此外，华为为了给客户真正创造更多的价值，很想挖掘供应链管理问题的根源，于是请IBM顾问以第三方的身份对华为的客户进行了访谈，调查了在客户看来华为在与客户的几个关键接触点，如商务谈判、合同签

订、货物交接、工程安装、售后服务等方面的表现，并调研了客户的真实需求和期望。经过整理、分析、总结后的客户需求和期望，成为供应链管理变革项目的重要输入。对于顾问们的这些工作，华为也大方地支付了费用，华为对于为客户创造价值的用心和虔诚可窥一斑。

2. 系统规划，瓶颈优先

先看一下华为打通前的情况。华为在悟通阶段，销售收入虽然连年激增，例如，1996 年是 1995 年的 1.73 倍，1997 年又是 1996 年的 1.58 倍，但与此同时，由于管理水平低，连年增长、快速扩张的业务使得华为的管理系统不堪重负、力不从心，比较混乱，管理成本的增加快于销售收入的增加，人均效益不到实施了 ISC 的世界领先企业思科、IBM 等的 1/3，甚至只有 1/6。这些领先企业使用供应链管理理论来设计、运营生产和物流系统，改善了运作绩效，提高了快速反应能力，更好地适应了市场需求的变化。

华为能取得当时的成绩，靠的不是先进的管理，而是华为员工夙兴夜寐地开夜车、开快车。就像 IBM 顾问后来谈到的那样：当时的华为没有时间将事情一次性做好，却总有时间将事情一做再做。

一边是快速扩张的业务，一边却是低效的管理，使得华为如同在高速公路上使劲把油门踩到底一路狂奔但是零部件磨损严重的农用车，不知什么时候就轰然散架或者完全失控，如果不变革，后果将不堪设想。

任正非敏锁地感到，华为和全球领先企业在管理上的巨大差距必须缩小，必须迎难而上、向领先者学习。在 1997 年圣诞节前一周，任正非带领着华为的高管们横跨美国大陆访问了美国休斯公司、IBM 公司、贝尔实验室与惠普公司。这些大公司的高管不但热情接待了华为的高管们，而且着重将他们的管理经验一一做了介绍。其中，IBM 公司的管理模型和变革经历引起了任正非极大的兴趣，促使他下定决心拜师 IBM，邀请 IBM 公司指导华为开展管理变革，坚定不移、集中精力地向 IBM 学习。

1998 年，华为销售收入仍然保持一路高歌猛进的势头，以大约 8000 名员工创造了 89 亿元，2.17 倍于 1997 年的销售收入，华为一跃成为国内最大的通信设备公司。同时，华为开始开拓国际市场，初期的重点目标是非洲、东南亚、中东、南美、独联体等经济欠发达的市场。

任何企业发展到一定阶段，都需要理顺内部。只有内部理顺、安定了，才能更好地迎接外部的挑战，排除外部的隐患，进一步开拓外部市场。

当时，从国内看，随着国内市场和公司自身的发展，华为产品的种类、型号、市场区域越来越多，市场需求也呈现多品种、批量不大、对质量和交付要求不断变高的特点，日益增多、不断变高变厚的部门墙以及仍是直线职能制的组织形式，导致不少事情管不过来，需要适度分权才能实现事事有人做，才有可能使供应链支撑企业爆发式的增长。部门与部门之间各自为政造成了不必要的内耗，没有形成通力合作，更遑论协同了；从合作形式上看，具有一次性、跨部门等特点的项目运作方式，成为华为与客户开展合作的主要形式，对公司至关重要。但是，仅仅依靠已有的职能管理系统，采用例行的管理方式，不能胜任项目运作，必须实行跨部门的团队运作和项目管理，因此，项目管理应该和职能管理结合。

跳出国内看，要到人生地不熟、竞争激烈、让人容易感到鞭长莫及的国际市场，更加需要面向市场和客户，在内部打通流程、实现研产销一体化运营，建设面向客户的流程型组织。此时，必须确立组织规则，树立流程权威，而不只是服从于职位权威、人格权威。

对于流程，任正非多次强调了它的重要性：在企业中，人会流动、会变，但流程和规范不能因人而变，要在华为沉淀下来。为此，必须要有一套无论谁管理公司都不会因人而变的机制。相对于基层员工而言，管理者对流程的了解多得多，更清楚为什么这样设定流程。由于流程本身是死的，而使用流程的人是活的，因此需要人特别是需要管理者去理解流程，改变自己的意识和做法。流程本身不是最有价值的，它背后的管理理念才最有价值。

1998年8月，华为与IBM公司正式拉开合作的序幕，启动了IT战略与规划（IT S&P）项目，为华为规划了未来3～5年需要开展的业务变革项目和IT项目，也在同年小试牛刀，开展了采购管理领域的小咨询。根据业务变革项目规划，从1999年开始，双方的合作向大项目、核心管理流程变革推进。

但是，各种各样的流程数以百计甚至数以千计，如果眉毛胡子一把抓，对每个流程都进行优化，将需要大量的人力投入。因此，需要挑选出急需优化的重点流程。对于以客户为中心的企业而言，确定流程优化先后顺序的考虑因素可以是这样的：首要因素是能否为客户创造价值并能让客户明显感知到价值，第二个因素是当下存在的问题是否严重到影响价值创造，第三个因素是流程是否独特到能帮助自己建立核心竞争优势，使友商无法在短时间内复制，第四个因素是是否占用较多的关键资源，第五个因素是自己是否也有合适的回报，第六个因素是风险是否在承受范围之内。由于价值观和企业情况不同，这六个因素的优先考虑顺序可以有所不同。

基于以上因素，从直接创造价值核心流程、公司主干流程上看，当时华为矛盾最突出、需要尽快赶超国内外友商建立核心竞争力、占用人力或资金资源多、亟须解决的问题，一是研发不能及时以较低的综合成本开发出适销对路、合乎质量的产品，二是供应链不能实现高质量、快速、柔性的采购、生产和交付。

于是，华为在IBM顾问的帮助下，放眼全局，紧抓主要矛盾，决定优先把产品研发管理、供应链管理两大关键流程作为打通的重点，启动两大重点变革项目：1999年3月开始IPD（integrated product development，集成产品开发）项目，重整研发的管理及流程，开始打通产品研发流程。

IPD 项目的启动，标志着华为开始了跨全流程的业务重整即打通的工作。1999 年底，又启动了 ISC 项目，主要目的是提高供应链的效率，即着手打通供应链管理流程。这两个项目总体上都是打通核心流程，都能树立流程权威，也都为后来华为顺利国际化发挥了巨大作用。

从风险角度看，拿公司最核心、最能创造价值的流程开刀动手术，潜在的风险不言而喻，但当时胸怀大志的华为，更加看重变革可能带来的大机会、高收益。

另外，作为不直接创造价值的支撑流程，财务管理流程以及相关的制度、监控、编码等也五花八门、不够统一，账务核算体系不够科学，也需要改进。后面会顺带讲讲财务"四统一"变革案例。下面主要以 ISC 推行为例进行分析。

供应链直接面向客户交付并连接供应商，是密切与外部联系、深度影响客户体验的部门；供应链中的物流实打实，看得见摸得着，来不得弄虚作假；同时，供应链承载了大量的物流、信息流和资金流；另外，涉及部门也多。因此，供应链管理是公司日常运作的核心流程。

华为当时在供应链方面的主要问题有：产品质量合格率不高，变更频繁使产品交付不及时，订单需求和生产能力不匹配，需求预测和生产计划的准确性不高，物流管理部门经常发错货等。当时华为的供应链管理水平与业内其他公司相比差距较大，订单及时交货率只有 50% 左右，国际同行却接近 94%；订单履行周期平均长达 22.5 天，是国际同行平均水平的两倍多；库存周转率只有 3.6 次/年，而国际同行平均超过 9 次/年。华为如此薄弱的供应链管理基础，根本无法支持业务的进一步扩张。

3. 打破部门墙

部门的存在是有必要的，但部门墙应该尽可能消除。部门墙是思想、意识、视野和深度协作上的障碍，需要破除，并需要把流程打散，把环节重新组合，而不只是在墙上穿几个孔，再通过管子走走线连通起来那么简单。如果没有以客户为导向，流程会越来越长但作用有限。打孔穿线式的连通效率不高，因为各个部分的位置通常不是最优的，并且各个部分之间的协作关系一般也可以进一步优化。因此，环节的位置、环节与环节之间的连接关系都需要改变，需要优化重组。

下面谈谈华为是怎样发现、打破供应链管理流程中的部门墙的。

供应链管理是华为整个公司的核心流程之一。无论是把发现问题归类，还是解决所发现的问题，华为 ISC 项目组都用到 SCOR（supply chain operations reference model，供应链运作参考模型）。华为就是对标这个世界级最佳供应链运作流程，来构建自己的集成供应链的。该模型由全球独立、非营利的 SCC（supply chain council，供应链学会）开发，目的是就供应链流程和术语以及绩效测量指标进行统一、规范。

经过深入调研、三次讨论之后，集成供应链项目的范围才被确定，即符合华为实际运作情况的 6 个流程：销售、计划与调度、采购、物流、制造以及部分客户服务。这些流程之间存在逻辑关系，比如，华为要给客户提供一种产品或服务，需要经过供应链管理中的多个环节：预测需求、购买原材料、生产半成品和成品、销售产品、发运产品、提供服务等，在这个过程中，既需要与计划和调度互动，也需要物流提供支撑。这是从供应商到企业内部，再到客户的一条供应链，如图 6-2 所示。

供应链本身的强度，不是取决于其中最强的环节，而是取决于最弱的环节。任一环节出现问题，都会影响到华为向客户提供的产品或服务的质量，因此每一个环节都不容小觑。

通过头脑风暴、研讨会、业务访谈等形式，IBM 顾问找到了华为在供应链运作管理上的 78 个问题，并把这些问题分为流程、组织、IT 三大类，绝大多数都与部门墙或孤岛有关。

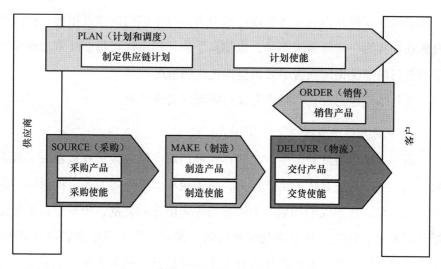

图6-2 基于SCOR的华为集成供应链流程

下面先分析一下部门墙对流程的影响。

（1）流程问题背后的部门墙

从流程的总体上看，部门墙在华为各部门之间广泛存在。华为缺乏一个连贯的、一致的战略层和经营层的业务计划流程，以及建立在这个业务计划流程基础之上、贯穿整个公司组织结构、跨越所有职能部门的ISC业务流程。

在供应链内部，部门众多，各自负责不同的运作活动，例如，采购、仓储部门负责物料或半成品供应，生产部门负责制造、组装和调试产品，销售部门负责管理订单，物流部门负责交付产品，客户服务部门负责产品维护和技术支持。各级部门之间存在的部门墙，不但带来很多的决策点以及额外的业务处理时间，而且使公司各部门：第一，不能确切知道，从整个公司的视角看，他们的角色和职责应该是什么，于是经常出现人人都负责某事，一旦发生问题后却无人负责的情况；第二，不能确切了解他们的行为是怎样对公司的经营产生影响的；第三，没有深刻认识到为达成公司目标必须加强相互沟通。各个部门都努力提升本部门的绩效指标，但这些目标往往和客户实际需求不符，也偏离了公司的整体目标，经常出现实现了本部门局部优化却损害了公司整体优化的情况。

从具体流程上看，当时华为部门墙问题非常严重。

1）销售与订单流程

第一，销售与计划、生产之间存在部门墙。销售人员在接单时，没有和计划、生产沟通具体的生产能力，只顾接单，导致每月签订的合同中都有大量急单，这不仅给计划、生产部门带来困难和混乱，也导致订单经常被延迟发运，晚于之前承诺的交付时间，影响了公司形象和客户满意度；在合同签订后，生产部门不能及时提供进展信息。销售人员无法直接、及时、准确地了解对应订单的实际进展情况，只有通过电话、邮件等方式，客户经常因为不能及时了解自己订单的进程而产生抱怨。

第二，销售和合同评审、处理之间存在部门墙，衔接不畅，销售喜欢先把合同签了再评审，而合同评审的程序又过于复杂，再加上从接单到录入订单之间耗费了太多时间，使订单履行周期过长，难以快速响应、满足客户的需求。

2）生产流程

第一，由于计划、采购、研发和生产等部门之间存在部门墙，沟通不畅，生产时经常缺少部件，导致交付延期或还没齐套就发货。

第二，持有库存的各组织之间沟通不够，库存信息共享没有做好，也没有可视化，导致库存重复，不该有的库存有不少，该有的库存却数量不够。此外，也导致手工转库频繁。

第三，采购、生产、物流、计划之间的部门墙使得这些部门各干各的，缺乏沟通、合作和信息共享，对半成品实行面向库存生产（make to stock，MTS），想要缩短订单总体履行周期的想法虽然不错，但由于部门之间对于优先级、资源利用状况等沟通不畅，经常造成有的半成品生产过量、形成积压，而有的半成品却远远不能满足产品线的需求，最终导致交付不及时，客户不满意。

3）采购流程

由于部门墙的存在，物料专家团没能在研发早期阶段就对供应商的选择进行把关和指导，导致特定器件的供应商数量过多或过少、缺料、物料来料质量参差不齐等问题。此外，采购流程中不创造价值的处理步骤多，也在侧面、在一定程度上体现了部门之间存在内耗，从而导致采购成本居高不下。

4）物流管理流程

首先，由于物流管理内部小部门之间、个人之间协作不畅，再加上手工操作多，管理和工具都比较落后，一方面，导致库房现场有大量库存物品存放，不但占用资金，而且降低了库房收发物料的吞吐量和效率；另一方面，使从收料到发料的时间变长、效率低，耽误了后续生产环节的及时生产。

其次，销售、采购之间的部门墙，容易造成采购周期长但交货期短、急单比例高的不合理现象。例如，有的产品的交货周期只有 20～25 天，而且有 30%～40% 的急单率，但必须用到的电子类物料的平均采购周期就要 20 天。

5）计划与调度流程

第一，由于计划和销售之间存在部门墙，使得需求预测、需求管理都存在问题。

就需求预测而言，由于难以收集、统计客户的历史资料和信息，加上缺乏科学的预测方法和预测工具，使得需求预测结果的准确度不高。

就需求管理而言，由于缺乏科学的体系而不科学。例如，华为把需求管理的重点放在企业内部，缺乏外部的把关和引导，订单在进公司之前很少有预警信息，再加上销售部门没有管理需求计划，没有综合分析当前计划、拖欠订单以及物料和产能约束，于是肯定不能正常及时交付的订单没有被阻止，长驱直入地进入系统，从而影响了生产计划安排，MRP Ⅱ（manufacturing resource planning，制造资源计划）无法提供可信的排程，使有些传到生产部门的生产计划从源头上就不可行。

第二，由于销售、研发、计划等部门之间存在部门墙，沟通不畅，经常发生需求变更。在订单履行的过程中变更频繁发生，会产生众多未经相关部门协调的工程更改，MRP Ⅱ必须配合工程更改频繁重排计划，不但严重扰乱了正常的计划和生产，而且因为经常需要手工调整 MRP Ⅱ，浪费了不少时间。在物料清单、工艺路线、生产能力等数据不准或干脆没有的情况下，生产部门根本无法及时生成生产计划，即使生成了，工厂也无法完全依据它来进行生产。

（2）IT 系统问题背后的部门墙

IT 系统的问题主要表现在三个方面：第一，整个 MRP Ⅱ系统的数据准确度不高，导致计划和生产没法广泛使用该系统。第二，在 CRM 系统中，向客户提供服务时，未及时录入客户详细地址或产品配置等信息，导致不能追溯客户问题和需求；当销售人员需要变更合同时，无法在系统中及时录入和更新合同信息。第三，缺乏企业级的工作流，数据库中的客户、合同状态、发货等信息不完整导致系统的使用率低。

上述三个方面，表面上看都与工具或基础数据有关，但追根究底，核心原因还是存在部门墙，部门之间的沟通和协作不够。如果相关部门能够有效协作，实用的管理工具就能开发出来，数据准确度和完整性、相关质量缺陷、信息录入和更新的及时性、数据库利用、客户反馈和需求追溯等方面的问题，都可迎刃而解。

（3）组织问题背后的部门墙

在 ISC 变革之前，华为在内部组织方面的主要问题是：结构层次过多；各个层次上的各个组织之间协调难度和工作量都很大，费时费力费钱；各部门的角色和职责界定不清，所负责的业务有不少重叠，处理起来效率较低；更为重要的是，华为内部各部门之间的沟通与合作显然严重不足，例如，在前述流程问题中的销售人员得不到及时更新的订单状态信息，计划人员不能得到准确的需求预测信息；从组织上看，就是由于销售部门和计划部门之间存在部门墙，两个部门的人员之间缺乏沟通和信息共享的意识。所有这些问题都和部门墙密切相关。

在华为和供应商之间，也存在信息共享缺乏、沟通不畅、协调困难等问题，这些问题也大多是由企业之间广义的部门墙导致的。

4. 连通孤岛和其他需要连通的环节

除了部门墙之外，华为还存在不少数据孤岛和信息孤岛等需要连通。例如，在数据存放方面，除了美国甲骨文公司提供的 Oracle 数据库之外，还有其他一些数据库环境，如 Domino、FoxPro、SQL Sever 等，华为在这些数据库里面也存放了一些数据，造成了不少数据孤岛，导致数据不连通、不完整；在数据处理方面，除 Oracle 外，还有其他应用系统，例如 DDK（device development kit，设备开发包）数据库调度系统，用于处理数据，导致整个系统的信息没有集成起来，存在信息孤岛。这些数据孤岛和信息孤岛，都需要连通。

需要说明的是，信息是数据加工后的产物，数据和信息虽然有区别，但为了大家阅读简便，除非一定要区分的场合，否则不再同时列出、区别信息与数据。

华为为了连通这些孤岛，一是在部门之间建立了正式沟通渠道，使合作成为工作方式和工作习惯，尤其是高管更要以身作则、身体力行；二是改善供应链信息流的数据质量，使数据质量符合要求。合乎质量标准的数据是连通孤岛的重要基础，华为建立了数据完整性和准确度的标准，并努力达到这些标准；三是建立了一个覆盖整个供应链的中心数据库，给用户提供一个和流程比较契合的 IT 支撑平台；四是把 Oracle 之外的与供应链相关的应用系统，若能用 Oracle 中的模块替换则替换，若能集成到统一的 Oracle 环境中则集成，若不能被替换或集成，则建立系统之间的接口。

5. 打散、优化、重组各环节的工作

华为在打破部门墙、连通孤岛等需要连通的相关部分之后，继续优化、重组相关环节，进行单个环节优化、多个环节之间初步高效的连通。

（1）流程相关的优化重组

下面以采购、生产两个流程为例，看看华为怎样优化重组多个核心流程的相关环节。

1) 优化重组采购流程相关环节

在打破采购、研发等各部门之间和部门内部的部门墙之后，华为采取了一系列措施来优化重组相关环节。

一是建立"供应商管理任务团队"，识别核心供应商，制定供应商评价标准，确定与供应商建立伙伴关系的战略，并在华为内部宣传和沟通这些战略。

二是确保公司内部研发和采购之间在器件选择上的协调，实施公用器件库，设立新器件评审流程，确定新器件评审委员会的角色和职责，对于非新器件取消标准采购流程中的认证环节，减少不创造价值、不必要的多层授权，减少纸面工作。

三是优化重组公司和供应商之间的相关环节。

首先，华为改进了自身内部采购流程中的采购方法。改进之前，采购

方法处理步骤过多，使得处理成本提高。通过优化采购方法，用电子化等手段减少纸面工作，可以让采购员有更多的精力投入到建立或改善与供应商的合作关系之中。

其次，华为在顾问的指导下，确定选择供应商的方法是竞争性评估，价格只是一方面，更重要的是供应商的可持续开发能力、技术能力、质量保证等，只有这样才能保证供应商可持续的服务能力。再次，华为向潜在供应商合作伙伴进行宣传，同他们沟通建立伙伴关系战略，并和核心供应商基于互惠互利、共同发展的原则，建立战略伙伴关系。同时，在提高需求数据的准确度方面，华为和供应商明确了各自应当承担的责任。

最后，华为把需求预测数据共享给核心供应商，让他们及时了解华为的需求变化情况，以便及时响应需求，提高物料的齐套性。

四是适当借助IT的力量，运用电子采购技术采购物料，并把电子采购平台和ERP系统集成，实现自助采购功能。

以上四种措施多管齐下，将华为内部的部门和运作活动整合到一起，从而使供应与需求互相匹配，有助于缩短采购周期，提高及时齐套交货率，降低了采购成本乃至整个供应链的成本，并提高了客户满意度。

2）优化重组生产流程相关环节

在打破计划、采购、研发和生产等部门之间和各个部门内部的部门墙之后，华为通过改善物料供应的各个环节，提高了物料供应在生产过程中的及时性；通过对原有的MRP Ⅱ系统进行完善，提高了计划的质量，也使得持有库存的各组织之间把库存信息进行了可视化和共享；为使有限的物料、组件等资源得到最佳利用，生产部门对每种资源都设立了合理的优先级并进行了组合优化，使半成品能较好地满足每条产品线的需求，提高了产品的及时齐套发货率。

另外，针对不同的产品，华为灵活地选择合适的生产模式。例如，用纯粹的BTO（build to order，按订单生产）生产模式，既能降低生产对预测的依赖，又能降低工程变更指令对生产的影响，也能降低库存及其成本，还能提高柔性。

（2）IT 相关的优化重组

ISC 的重点是业务（功能）集成、数据集成和信息集成，并需要 IT 集成作为支撑，促进部门之间的信息共享和协作。

在打破 IT 系统问题背后的部门墙之后，为了满足未来供应链流程的功能需求，华为多措并举。

一是使业务部门与 IT 部门协作，加深对 Oracle ERP（enterprise resource planning，企业资源计划）系统的理解，研究内部目前分散的 IT 系统与 Oracle ERP 系统在业务和 IT 上的关系。

二是 IT 系统集成。一方面，华为把公司内部分散的 IT 系统改造之后，集成到一个统一的平台之上，这个集成的 IT 系统既包含了 CRM、ERP、APS（advanced planning and scheduling，高级计划与排程）等核心子系统，又涵盖了由众多界面连接的相关系统，整合了整个供应链的信息流、物流和资金流，为 ISC 变革了基础架构，可以支撑华为的计划和调度、采购、生产、客户服务等功能；另一方面，在集成后的 IT 系统的分析层，来自采购系统、计算机辅助制造系统、订单履行系统、物流管理系统和货运系统等的数据，被集成、存储在交易数据库和 ERP 数据库中，以支持 APS、ERP 和 CRM 的运行。

三是知识库集成。华为将所有的问题、需求、解决方案都存储在一个集成的知识库中，供员工随时学习、借鉴。

借助 IT 等工具，华为把打通的阶段性成果更好地固化、沉淀下来，这一点与穿通、弹通、拉通毫无二致。此外，从 2000 年到 2002 年，华为和 IBM 在 IT 方面开展了系统集成中心、数据中心等重点项目的合作，为运用 IT 支撑变革奠定了良好的基础。

（3）组织相关的优化重组

由于 ISC 变革本质上主要是流程变革，涉及面广，工作量大，因此要使变革真正取得实效，为变革提供组织保证首当其冲。华为从上到下为 ISC 变革提供了强有力的组织保证。

一是创始人任正非的大力支持。由于变革是一把手工程，任正非在 ISC 变革中发挥了至关重要的作用，表明决心、鼓舞士气、提供资源、全程关注，一样不落。为了使变革真正取得成果，他还决定成立流程审计团队，对所有流程都进行审计，看有多少断头的、没有打通的流程，并根据打通情况进行奖惩。特别值得一提的是，在打通的过程中，由于遭遇全球 IT 寒冬，内部创业者自立门户与自己竞争，美国友商采用法律诉讼加剧打压，华为业绩受到严重影响，出现了公司成立以来的第一次负增长。华为在 2002～2003 年内外交困，一度濒临死亡，任正非也抑郁不堪。即便情况如此危急，任正非仍然让阶段性的 ISC 变革如期完成。

二是成立了专门的组织和 IBM 顾问协作开展项目。华为成立了变革指导委员会，由销售、采购、物流、生产、财务等利益相关部门的直接负责人组成。郭平被任命为 ISC 项目总负责人，他曾负责过华为生产部门，非常熟悉运作流程。相关部门的直接领导，既是 8 个子项目中每个项目的负责人，也承担着本部门 ISC 流程设计、落地推行的直接责任，并对实施结果负责，还需要制订培训计划，在部门内部推行新的流程和系统。此外，华为专门成立了项目管理办公室（project office）来协调资源，管理包括 ISC 的 8 个子项目以及 IPD 等其他项目。华为高管深度参与项目的设计和执行，使变革的阻力显著变小，为 ISC 变革的成功提供了强有力的保障。

时任华为副总裁、ISC 项目总负责人的郭平，现任华为副董事长、轮值董事长；时任 ISC 推行领导组成员、负责 BCM（business continuity management，业务连续性管理）的梁华，现任华为董事长；时任 ISC 项目管理工作两位负责人之一、ISC推行领导组成员、ISC集成（integration）负责人的邢宪杰，后任华为副总裁、企业规划部总裁、公司变革项目管理办公室主任。当时参加了推行工作的李建国，现任华为制造总裁。郭平是从革命老区江西考入华中理工大学（现华中科技大学）的，在20世纪80年代就获得硕士学位；梁华是当时稀缺的博士；李建国也是华中科技大学硕士毕业，扎扎实实深耕制造近20年，是国内制造管理领域低调的高手，出生于湖北农村。邢宪杰在项目中也发挥着承上启下的重要作用，笔者和他聊过多次，他思路清晰，知识渊博，看问题能很快看到本质，不愧是以山东高考状元考入北大数学系的高才生。

由此可见，其一，华为确实是人才济济，任正非"得天下英才而用之"，这是他的人格魅力和能力所致，也是让很多老板羡慕不已的人生幸事；其二，这些受过良好教育的高素质人才，为ISC项目乃至所有工作的开展打下了良好的基础；其三，华为供应链体系也为华为培养、输送了不少高级管理者，这可能跟供应链既需要系统的管理科学知识、扎实的工作作风，又需要良好的计划、沟通、协调能力有关。例如，时任李建国搭档的徐赤，后来接替李建国执掌制造部门，之后升任公司执行副总裁、内部服务部部长、公司人力资源副总裁等重要职务，并且获得制造、人力资源两个领域的"蓝血十杰"荣誉。在华为，在一个领域被评为"蓝血十杰"已不容易，同时在两个领域被评上，堪称罕见。

三是成立新的机构，或者调整公司原来的组织结构，即改变角色和职责、对人员知识和技能的要求、汇报关系、岗位数量、每个岗位人员数量甚至整个企业的合作文化，以落实变革后的流程，固化变革的结果，使组织适应新的流程和工作方式。在ISC变革中，华为供应链体系的组织结构不断进行调整。

ISC变革对人有较高的要求，要求相关人员既要熟悉自己的角色和职责，知道自己的行为如何对企业的经营产生影响，理解为达到企业目标而开展双向沟通的必要性，养成跨部门共享信息、协作的意识，提高团队跨部门合作、协作的能力；又要掌握集成供应链环境下的各种新的、专业的理念和方法；还要掌握 Oracle 等 IT 系统的功能、业务逻辑和操作，并充分利用相关系统功能。

作为 ISC 变革的一个重要结果，华为把变革之前的计划、采购、生产、库存、运输、进出口、认证等部门，合并成为供应链管理部，负责管理供应链运营，负责人由公司副总裁级别的高管担任。

当然，组织的优化重组还要在组织之间进行，即完成组织间打通。此外，华为集成供应链通过流程简化和连通、组织间合作、信息系统集成等，将自己和供应链上下游的供应商及客户整合在一起。基于内部整合、供应商整合和客户整合，供应链上的不同企业可以像一个组织一样运作。

除了组织上成立新的供应链管理部之外，ISC 变革也初步实现了项目的总体目标：设计一个以客户为中心、成本最低的集成供应链，并通过提高灵活性和快速反应能力来建立竞争优势。此外，ISC 变革也取得了实实在在的、可量化的成绩：按平均水平计算，华为预期客户满意度提高约 22%；订单履行周期缩短约 40%，如果按 2005 年的数据计算，则从两个月缩短到两周，缩短了接近 3/4；库存周转率提高约 42%；成本降低约 37%。变革效果非常明显。

（4）财经管理的打通："四统一"

华为几乎所有部门，包括人力资源、行政、财务等非直接创造价值的部门，也都进行了打通。

以财务部为例，1998 年至 2000 年，在毕马威（KPMG）顾问的指导下，优化了账务体系，实施了统一会计政策、统一会计流程、统一会计科目和统一监控的"财务四统一"变革。

变革之前，各个办事处都有自己的一套报销标准，采购缺乏统一流程，会计科目不统一，没有标准化，财务管理职责缺乏统一管理，有的办事处甚至发生了财务人员携款潜逃的事件。

通过"财务四统一"变革，华为制定了适用于全球员工的差旅费报销规定和住宿规定；在采购流程中，要求与供应商签订的合同、给供应商下的订单、入库单以及供应商提供的发票四者之间要互相匹配。而且，发票由供应商直接寄到财务部而无须采购部经手，减少了采购腐败机会；将财务管理职责从办事处收归总部，并逐步建立起财务共享中心；实现了华为内部不同组织之间流程、制度、监控、编码、表格的统一；改变了变革之前财务人员几乎每个月结账都不能一次性通过，结账期总有几天需要总账会计工作到凌晨三四点、轮流值守检查数据的问题，减轻了财务人员的负担；通过适度控制，提高了资金、资产的安全性；降低了财务核算成本；提高了财务数据的准确性，加快了财务信息的生成与报送，为管理决策提供了更及时、有效的支持。

穿通（2003～2004 年）

穿通是从批量这个运营问题的"牛鼻子"出发，以适时、适量、同步化作为目标，主要是指一个单位的任务或其中的物品抑或知识在一个环节处理好之后，才能流到下一个环节。

要实现穿通，通常需要改进布局或作业方法，实现快速切换，并使得尽可能多的环节逐一运转。如果用肉串作比喻，每个环节如同一块羊肉，被铁签子穿成肉串，肉串上羊肉的位置要尽可能紧凑并在一段时间内相对固定。一串代表一段流程，任务或其中的物品抑或知识都要流经流程，要让一个铁签子尽可能多穿几块肉，以便使穿通的环节尽量多些。

一串肉串，是用一根铁签子穿起来的，一根铁签子寓意着任务或其中的物品抑或知识只能逐一通过。已经穿通在一起的所有环节，可以视为一个内部可以逐一运转的大环节。若同一件工作中间需要换人，则需要切换环节。

只要管理基础足够好，逐一的方式基本上就意味着总成本最低。2003年，华为 IPD 和 ISC 的辅导都已结束，也都基本实现了打通。从 2003 年到 2004 年，华为处于初步穿通阶段。

为了便于大家理解，下面以华为 ISC 的销售流程、财经管理中的费用报销流程这两个容易理解的流程为例，看看穿通是怎样实现的。

1. 华为费用报销流程穿通案例

华为在打通阶段，费用报销流程和具体操作方法同绝大多数公司相差无几。2004 年之前，所有的费用报销都是依靠纸面单据传递。虽然发票已到员工手上，但由于要报送给上级领导签字确认事项的真实性及费用的合理性，而领导工作繁忙，经常不在办公桌旁；再加上员工自己也可能因为工作忙而忘记，等想起来的时候却因为出差等原因而没时间去送，因此，员工通常先把发票留在手上，等积累到一定程度，或者快到必须交上去的截止日期时再集中找领导。好不容易等到领导审批之后，再转给更高一级领导审批。经过一系列步骤，最后到达费用报销会计手里。

无论是对于员工自己，还是对于各级负责审核的领导，时间长了，报销票据通常在柜子里、办公桌上到处放着，难免弄丢一部分。当票据丢失，或五花八门、不符合财务制度时，需要扣减员工报销金额，这样容易造成员工心里不舒服，会计有时还需要安抚他们。有的员工在工作压力大的时候，如果恰好碰上会计和他核实票据但他回忆不起来，这时员工容易发脾气，而会计颇受委屈。

每个会计的桌上，单据都堆积如山。每天上班后，会计要在触目皆是的单据中翻找，最终若能顺利找到自己恰好需要处理的那一张或那几张，确实需要一点运气。虽然会计们规划好了单据分别放在哪个筐内，但实际执行效果并不好，只要有其他部门的同事到筐里翻一下，就可能导致已规划好的单据全部乱套。

就会计而言，一是需要确保每张发票都对得上，哪怕只是一个五毛钱的橡皮擦都不能错，只能拿着计算器反复计算。二是录入票据的数据有时间限制，这是因为出具报表有严格的时间限制，例如，每月13日之前必须无条件出具上个月的会计报表，年度报表出具的时间要求更严。但是，由于需要报销费用的票据没有及时送到，并且往往一送就是几个月的发票，造成会计月初忙得不可开交，经常需要加班加点甚至于通宵，影响健康，但平时又不太忙，忙闲严重不均。公司不得不按照接近需求顶峰的工作量来配备人员，容易造成人员冗余，公司还要支付加班所需的打车费、电费等。三是公司客观上需要能够快速做出反映实时真实情况的会计报表。会计报表除了需要提供给税务局、股东等机构或个人之外，也是经营决策的重要依据，便于公司决策层根据实时、真实的财务情况制定或调整决策。但是，迟迟不能交给会计的费用单据，耽误了报表的及时出具，决策者不能准确、及时地得到财务数据，影响了决策的及时性和有效性，严重的还会使公司错失稍纵即逝的绝好发展时机。在华为财经内部，有"报告每提前一天，价值多一个亿"的类比，因为财报使所有人的视野从过去转移到未来，使公司可以加快决策，抓住即将到来的机会。

打通阶段和穿通阶段的交汇期，是华为开拓国际市场的重要阶段，华为员工在全球各地奔波，费用管理与报销对于财务部门而言是一项非常复杂的工作。如何才能让员工报销起来更便捷、及时，以便更有力地支撑市场开拓和业务发展，在那时是当务之急。

结合本书前面的阐述，我们不难发现，发票的传递和审批都是批量进行的，周期无疑比逐一运转时要长，因此需要穿通。

在2004年，华为专门成立项目组，只花了短短几个月就完成了调研、设计、开发、测试，正式上线了基于Web的SSE（self service expense，自助费用报销）系统。只要能上网，员工就可以随时随地填写审批电子流，发起报销流程。这相当于借助IT系统改进了员工和领导的办公布局，使"空间距离"大为缩短；改进了沟通方法，使当面递交、审批改为网上审批；使切换几乎可以瞬间完成，切换速度大大加快。

员工发起报销流程时，单据不再需要凑齐一批，单张即可运转。员工有空就可以整理单据，填报销单，即使是周末或假期在家里，也能及时走报销流程，报销起来也符合规范、井井有条。电子流填写完毕后，系统会自动将费用报销单提交给领导审批，审批可以逐一进行，领导的领导也同样可以逐一审批。两级领导审批都可以在能上网的地方随时进行。

为了巩固穿通的成果，华为还采取了一系列比较有特色的措施。

第一，为了防止虚假报销，在前端由主管领导审核把关，在后端通过审计抽查这种事后监控的方式予以监督。为了节省成本，财务对报销单据的审核以抽查为准，并对员工信誉做相应记录，根据信誉记录确定抽查概率，信誉记录越好，抽查概率越低。但是，一旦发现问题就会严肃处理，形成"不敢虚报"的氛围。

第二，为了保证费用报销及其审批的及时性，华为一方面限定员工费用报销的时限，原则上要在费用发生后三个月内报销；若超过三个月但没超过六个月，需要说明没有及时报销的原因，并需要申请特批；超过六个月的，不予报销。另一方面，也规定了电子审批的时限，对于流转到审批人之日起超过一定时间仍然没有审批的电子流，系统会自动默认该环节的审批人已经同意，并将其跳转到下一个环节。若之后发现默认审批出了问题，仍然需要该审批人承担责任。另外，公司会定期对审批时效记录予以提取、统计分析、通报，超时审批达到一定程度的管理者将受到批评。

第三，若丢失发票，只要能证明费用真实发生了，费用就能报销，但只能报50%。原因一方面是所报销费用不能在所得税前扣除，公司要承担所得税损失；另一方面就是让员工也为自己的粗心大意承担一部分责任。

在改善之前，单据收集、审批都是成批进行的，没有穿通；在改善之后，在 SSE 系统的助力下，由电子审批代替人工审批，将标准业务场景的会计核算工作交由机器完成，员工再也不用找领导面对面签字，从而使从发起报销到两层领导审批的整个过程都实现了穿通，不仅实现了管控，而且方便了报销员工和会计的工作，节省了时间，使会计工作更加从容不迫；提高了单据的完整性和会计数据的源头质量；加快了报销，提升了员工满意度；提高了财务报告的真实性和实时性，使财务数据更加可靠，为决策提供了更加及时、有效的支持。

2. 华为合同管理流程穿通案例

合同管理是公司外部客户和内部订单管理之间的纽带。以华为的合同管理为例，改进之前经常是批量作业，对合同逐一运转的认识和重视度都不够。因此，需要用逐一运转的方式穿通合同录入、评审前准备、合同准备、公司内部合同评审、合同签订等一系列环节。

具体而言，在管理机会点、制作建议书之后，进入合同管理阶段。

首先，根据结构化的合同要素和模板，创建合同，再进行合同谈判。

其次，在合同评审之前，完成一系列准备工作：对于新建局进行工程勘测；检查客户资信度，包括偿债能力、履约状况、守信程度以及以它们为基础的社会声誉；在 ERP 系统上建立报价书；试排程检查和确认生产能力、物料可用情况以及发货日期是否满足客户要求，并制订初始交货计划，确定可以承诺的交货日期，为产品及时、快速交付打下基础；在分析利润率时，可借助建立的检查或控制点清单及授权流程工作流，当合同利润率低于可接受的利润率，从而与标准的条款和条件相抵触时，采用例外报告发出警报。

再次，进行合同评审。华为当时的评审流程如下：先是技术评审，然后销售人员对各评审要素进行自评。如果超越权限，则报办事处各个要素评审部门评审。其中，办事处市场财经部负责付款方式评审，工程管理部经理负责工程评审，订单工程师负责供货期评审。当付款、工程、供货条款超出办事处权限时，由相应的评审部门分别向公司申报审批。在其他要素评审完成之后，由订单工程师进行商务评审。然后，再交办事处系统部主任审批。对于超出办事处商务权限的合同，根据合同所含产品的种类、有无授权等情况，提交公司具有相应权限的部门评审。所有合同在正式签订前，必须提交订单工程师审核。后来，和刚刚分析的华为费用报销流程初步实现穿通类似，华为通过优化布局、方法，提升了合同管理流程中的作业切换速度，尽可能在更多的环节之间实现了逐一运转的方式，使合同评审流程在评审的层次、环节、环节之间协作等方面都得到了优化，初步实现了穿通。

如果评审通过，则签订合同。最后，进入合同执行环节，若需要变更合同则进行变更，若需要终止或关闭合同，则进行终止或关闭。在整个过程中，通过穿通合同处理相关环节，明显缩短了合同处理周期，保证了合同质量，提高了合同处理的效率；实现了合同的全生命周期管理，以对销售活动及合同履行提供支持。

穿通最好能有 IT 系统的支持，IT 能在一定程度上协助改进布局或方法，加快切换速度，以使尽可能多的环节逐一运转。例如，在费用报销案例中，华为专门开发了全球各地员工可以随时随地上网使用的自助费用报销 SSE 系统；在合同管理流程穿通案例中，华为也为销售人员提供了具有合同试排程功能的合同管理 IT 工具。

对华为而言，当时 IBM 自身对集成供应链也处于一边研究探索一边对外辅导的阶段，并没有像 IPD 那样有成熟丰富的经验，因此当时对华为 ISC 的作用也主要限于打通。毫无疑问，IBM 辅导的打通，对于当时急需规范员工协作、把软件包用好的华为而言非常重要，更何况穿通也要以打通为基础，因此 IBM 为华为主干流程打通做出了巨大贡献。

"穿通"作为管理术语，是笔者首次提出的。BPR（business process reengineering，业务流程再造）是 IBM 的 IPD 和 ISC 的核心底层方法论，BPR 及其拥护者 IBM 并没有特别注意到穿通背后的逐一运转，这可能也是时代的局限。这使得华为的穿通做得不够到位，从另一个侧面看，这恰恰为华为的周期进一步缩短、人效进一步提升，提供了较大的改进空间。

在打通和穿通如何安排方面，一般是先打通再穿通。但是，若有经验和知识都比较丰富的管理者或老师的把关和传帮带，企业可以一边打通一边穿通，二者几乎可以同时进行。笔者团队辅导的科技开发、制造、物流、贸易、医院、饭店、互联网、金融、咨询服务、知识服务等多个行业的案例，就是如此开展的。

弹通（2004～2007年）

弹通的目的是和穿通一起实现贯通，即应该连通的相关环节之间，包括相关流程之间，都实现了比较高效的连通。而大部分不怎么高效的、一般意义上的连通，在之前的打通阶段甚至在更前面的走通阶段就已经实现。

> 谁也不能阻挡管理变革的浪潮，一定要把整个流程贯通。
>
> ——任正非

在"五通"方法论中，我们已经知道，弹通需要在尽量穿通的基础上，对于不能逐一穿通的环节，通过制定一定的规则、运用一定的方法才能比较高效地把流程连通。对于批量，弹通既要考虑在一段时间内仍然需要批量运转这一实际需求，也要尽可能把批量控制在比较低的水平，只有这样，才能在不得已采用批量的情况下，仍然可以尽可能提升效率、质量、速度、成本等方面的表现。

由于在流程内部，特别是在大流程内部，存在很多环节，这些环节之间由于管理、技术、成本等方面的限制，加上各个流程所管事情的领域不尽相同，因此要一下子逐一穿通各个流程中的全部环节还不太现实，中间批量环节暂时还有些难以去掉。这也意味着在"肉串"之外还需要弹簧，而且还不止一个。

在第3章"五通"方法论中，已经用肉串比喻一段能够逐一穿通的流程，用弹簧比喻必须批量进行、在已定的规则下满足一定条件时才运转的环节。就像实际的弹簧一样，必须在一定的拉力范围内才能伸展且不至于被拉坏。因此，整个系统的所有环节就被穿肉串的铁签子和弹簧连接起来，整个系统由肉串和弹簧组成，按照一定的规则有序地运行。

肉串和弹簧也可以用路来比喻。肉串相当于陆路，一条车道一次只允许一辆汽车通行，汽车可以"穿通"；弹簧相当于水路，汽车需要通过轮渡才能过江，但如果轮船一次只载一辆车将非常不合算，因此需要建立规则进行"弹通"，车辆通常需要等待一段时间才能和其他汽车一起过江。

在任正非认为的理想流程中，"从客户端进来到客户端出去，端到端提供服务。这个端到端非常快捷，非常有效，中间没有水库，没有三峡，流程很顺畅"。这个比喻比较形象，流程中存在三峡等水库，就是因为穿通没有贯彻彻底。其实，水库、三峡，正是我们之前比喻的"弹簧"，就是不能逐一穿通的环节，必须满足一定的条件才能弹通，比如过了一定时间之后，相应的船只才能被放行。从长远看，汽车要过水库或过江，要么在水上修路，要么干脆通过改进而不需要过水库或过江。

从阶段上看，从2004年到2007年是华为国际化的重要阶段，海外市场开拓在经历多年屡战屡败但屡败屡战、默默打基础之后，终于迎来了一系列重大突破。2004年，华为成功地获得国际上权威的英国电信和沃达丰的订单，在2005年海外销售额首次超过国内，实现了历史性的突破。2006年的销售额比2005年增加了42%，其中相当一部分贡献来自海外市场。

在国际化势如破竹的同时,管理系统和配套的信息系统都需要从国内推广到全球,因此要求各流程内部各环节之间,以及各流程之间进行高效的连接,因此需要通过弹通实现贯通。华为也采取了一系列的举措,例如,从 2004 年开始,IPD 升级,研发内部向弹通、贯通又靠近了一大步;从 2004 年到 2007 年,集成供应链也在海外基本完成了推行,不仅供应链内部,而且供应链管理和相关流程之间也基本上实现了弹通、贯通;从 2006 年开始,华为在日本丰田退休董事的辅导下开始推行精益生产,生产内部进一步弹通、贯通,并且和研发、供应等相关流程也基本实现了弹通、贯通。各流程不仅自己内部弹通、贯通,也不断和相关流程实现弹通、贯通,最终华为整个流程体系中的相关环节、相关流程都基本实现了弹通、贯通。

单个流程内部通过弹通实现贯通,与流程之间通过弹通实现贯通的逻辑一致、方法相同。因此,我们仍然以比较常见的费用报销为例,看看华为是怎样在流程内部实现弹通、贯通的。

华为市场范围覆盖全球,业务复杂,客户类型和数量众多,员工在 2007 年就有 8.4 万人,因此流程非常复杂,难以实现全流程逐一运转,于是不少流程需要弹通、贯通,费用报销流程也是如此。

在穿通的案例中已经提到,员工发起报销流程后,单张单据即可运转。电子流填写完毕后,两级领导都可以逐一审批。但是,报销员工还需把费用报销单打印出来,附上相应发票,才能提交给部门秘书。华为每个部门基本上都配有秘书,秘书在系统里面做签收后,会集中将部门的费用报销单快递至财务共享中心。"集中"意味着有一定的批量。

由于报销不是为客户直接创造价值的核心流程,一般并不紧急,如果单个员工的单笔差旅费用都专门快递的话,会导致可观的快递费用,且造成费用报销会计的工作经常被打断,因此华为在此处没有"穿通",而是采用批量的方式运转。同理，财务共享中心签收后，出纳并不是每笔都马上打款，而是会集中打款，这里也有批量作业需要弹通的问题，至此整个报销流程结束。

通过设置集中快递的规则，实现了快递费用、会计和出纳工作因为快递单据中断的次数和所花时间、员工拿到报销费用的周期等指标之间取得相对平衡，既保证了财务报告的真实性和可靠性，又提高了财经部门及其他相关部门的工作效率。后来，SSE 系统能承受每年 100 多万单的员工费用报销，员工在自助报销的同时，机器可以根据既定规则直接生成会计凭证，大大提升了报销的便利性和效率。

无论是单一流程内部的弹通，还是流程之间的弹通，案例还有很多，由于原理和方法类似，在此不一一举例。

在通过弹通实现贯通之后，相当于已经建立了交通规则，道路相对高效。但是，仍然不能保证所有车辆都能比较快速地通过。要想车辆通行快，还必须进一步依靠下一阶段即"拉通"。

拉通（2007 年至今）

在"五通"方法论中，我们已经知道了拉通的方法。在拉式系统中，真正指导每天具体工作的，是拉通的机制和方法，即只对一个特定的环节施加拉力，只给一个环节下达计划，且使该计划相对于可以变动的资源，一方面，在数量上尽量保持平稳，另一方面，使不同产品的混合作业也尽可能均衡和平稳。

于是，拉力源于客户需求，有合适的大小，并在各个环节之间逐环传递，从而使一个环节只有被下一个环节拉动时才工作，各个环节只在必要的时候完成必要的任务。当计划或过程发生更改时，也只需要告知接受计划的那一个环节。混合作业使产能需求比较均衡，使订单、任务或其中的物品抑或知识能缩小批量，得以快速通过系统，也降低了库存。上下游环节通过拉发生紧密联系，"不要就不拉，不拉就不动，一拉就快动""当快则快，当慢则慢，当停则停"，通过从内到外逐层拉通，使整个系统乃至整个供应链都能自动、有序、高效、低成本地运行。

任正非第一次在面向全社会公开的讲话资料中谈到"拉通"，是在2009年4月在运作与交付体系奋斗表彰大会上所作的题为"深淘滩，低作堰"的讲话。从此，"拉通"逐渐在社会上传播开来，其实，"拉通"这个词在华为内部使用的时间还要更早。

任正非在这篇讲话中谈到，华为依靠功能组织进行管理的方法虽然在弱化，但流程化管理的内涵还不够丰富；流程的上下游还没有有效"拉通"，基于流程化工作对象的管理体系还不是很完善，组织行为还不能达到可重复、可预期、可持续化、可信赖的程度，以前还出现过可笑的工号文化；工作组是从行政管制走向流程管制的一种过渡形式，它对打破部门墙有一定好处，但它对流程化建设有更大的坏处；华为工作组满天飞，流程化组织变成了一个资源池，这样下去很难建设成现代化管理体系；工作组人数要逐步减少；面对未来的风险，只能用规则的确定来应对结果的不确定。只有这样，华为才能随心所欲不逾矩，才能在发展中获得自由。

后来，现任华为董事长的梁华也认为：管理体系断点多，使得流程不通，未来如果拉通了，效率自然就提升了。

华为的拉通，也可以根据范围和程度分成四个阶段，相应地也有四级水平，分别是段拉通、内拉通、链拉通、推拉通。

1. 段拉通

第一阶段是段拉通，即在一段流程的各个环节之间实现拉通，段拉通也是部分流程的端到端拉通。在选择对哪些流程端到端拉通时，需要抓主要矛盾，只有关键流程端到端拉通之后，整体才更容易拉通。

为了便于理解，先总览一下华为的流程体系。华为共有 16 个主干流程，可分为运营（operating）流程、使能（enabling）流程和支撑（supporting）流程三类。略去不太普遍的三个流程，即运营流程中的零售流程、渠道销售流程，以及使能流程中的资金投资管理流程，华为流程体系、分类及其相互关系如图 6-3 所示。

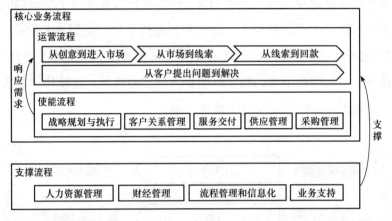

图 6-3　华为流程体系、分类及其相互关系

其中，运营流程是通过端到端，也就是始于客户又终于客户，完成向客户交付价值所需的业务活动，从而为客户创造价值的主要流程。其他流程所收到的协同需求，正是来源于运营流程。运营流程包括从创意到进入市场（idea to market，在华为也是 IPD，产品研发出来之后即可进入市场，销售给客户），从市场到线索（market to lead，MTL），从线索到回款（lead to cash，LTC），以及从客户提出问题到解决（issue to resolution，ITR）。

使能流程的主要作用是响应运营流程的需求，支撑运营流程实现价值，包括战略规划与执行、客户关系管理、服务交付、供应管理、采购管理等流程。

支撑流程是整个公司的基础性流程。通过支撑流程高效、低风险的运作,助力公司持续生存乃至可持续发展。支撑流程包括人力资源管理、财经管理、流程管理和信息化、业务支持四个领域的流程。

三类流程之间的关系分为两层,第一层是使能流程响应运营流程的需求;第二层是支撑流程支撑包括运营流程、使能流程在内的核心业务流程。

在16个主干流程中,有3个是端到端创造价值的流程,并且全部属于运营流程,它们分别是集成产品开发流程IPD、从线索到回款流程LTC以及从客户提出问题到解决流程ITR,华为就是沿着这三个端到端的核心业务流程持续提供产品和服务、为客户创造价值的,如图6-4所示。此处的客户既包括组织客户,也包括消费者。三大流程不但实现了闭环管理,而且体现了"从客户中来,到客户中去"的服务精神,还使得"以客户为中心"的华为核心价值观实打实地落了地。

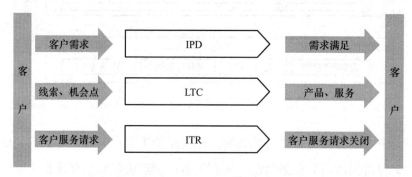

图6-4 华为三个端到端创造价值的流程

从2007年开始,华为陆续启动了LTC、ITR、MTL等变革项目。下面对IPD、MTL、LTC、ITR做一下介绍。

(1) IPD (从创意到进入市场) 的拉通

IPD是关于产品研发的一种比较科学、系统的理念与方法,始于客户需求,既包括当前的需求,也包括未来的需求;既有客户自己提出的需求,也有华为研究出来的客户需求。有些需求,从表面上看,客户并没有提出，但华为认为客户会在接下来的一段时间需要它，这些需求也是客户需求，并且是真实的需求，因而着手研发。而 IPD 强调以市场需求拉动产品开发，通过概念、计划、开发、验证、发布、生命周期管理六个阶段，使客户需求得到满足，并将产品研发作为一项投资来管理。IPD 内部拉通如图 6-5 所示。

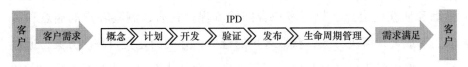

图 6-5　IPD 内部拉通示意图

（2）MTL（从市场到线索）的拉通

MTL 主要关注从产品上市到客户有购买意向这一阶段。产品开发完毕，可以上市销售之后，最好能尽快通过后续的品牌推广、展会、宣传等营销活动，使得客户产生购买意向或购买线索。MTL 是极其重视方法论的流程，并能把方法论沉淀到自身流程中。方法论主要是关于怎么进行市场的细分，关键市场和关键客户的选择，营销模式、营销手段、营销资料的设计和管理，以及线索管理等。

华为以营促销，营、销并举。MTL 特别重视营销中"营"的价值，即"marketing"的价值，也就是提升公司在企业客户心中的品牌形象，促进销售。一方面，不断增加和生成销售线索，扩大销售渠道，使销售渠道里的线索、潜在订单越来越多，自己能卖出的产品也越来越多；另一方面，在渠道上，由于品牌形象好，想买华为产品的客户越来越多，华为在销售上的势能越来越强，渠道伙伴更加好找，有的渠道伙伴甚至自己主动找上门来要求合作，于是产品源源不断地通过渠道伙伴实现了销售。

MTL 通过在营销手段、模式、资料、活动流程上的立体创新，既能促进线索多维度、多渠道地产生，也能通过统一的规则和系统对线索进行比较科学、规范的管理。因此，MTL能促进相关人员特别是管理者转变对营销的认识，提升"营"的思维，重点用"营"的方式开展工作，提高营销的效率和效益。

（3）LTC（从线索到回款）的拉通

华为LTC是面向客户的业务流程，是规范而高效地生成和培育线索、追踪和捕获机会点、执行客户合同的流程。它通过洞察客户的痛点和需求，形成客户解决方案，获取客户的订单，并契约化交付解决方案，通过解决方案中的优质产品和服务赢得客户满意，从而实现华为与客户双方的良性互动和持续的商业成功。

华为LTC聚焦于解决售前营销、销售、售后交付服务的工作质量、工作效率、运作成本问题，运行主体是代表处，特别是代表处的销售项目团队和交付项目团队。与LTC形成对比的是，IPD聚焦于解决产品研发的工作效率、工作质量、运作成本的问题，运行的主体是产品研发团队。

LTC流程共分为9个子流程，即管理战略、管理线索、管理机会点、管理合同执行、管理授权和行权、管理项目群、管理合同生命周期、管理客户解决方案、管理项目。其中，管理线索、管理机会点、管理合同执行是三个存在先后关系、需要连贯的流程。

管理战略子流程，主要是调用DSTE（develop strategy to execute，战略规划与执行）流程，在理解客户、分析竞争对手以及自身的能力之后，制定战略发展目标以及年度规划，包括涉及哪些市场，如何进行竞争，财务目标量化，资源需求预测等方面。

管理线索子流程，主要是从和客户的接触活动中收集、分析、挖掘线索，使线索初步形成，之后通过验证、分发、指定线索所有者（owner）来系统化地跟踪和培育线索，并将线索转化为待验证的机会点。

管理机会点子流程，主要是通过调研分析市场、客户以及竞争对手，以确定机会点；重建客户构想，明确价值主张，从思想和认知等更高层次上引导客户；通过投标前的引导、制定并提交标书，主导谈判，最后与客户签订高质量的合同。

管理合同执行子流程，主要是协调销售、服务、供应链、采购、财经等部门，进行合同和 PO（purchase order，客户订单）的接收、确认、注册，并对准验收要求管理交付、管理开票和回款、管理合同和 PO 变更、管理风险和争议、关闭和评价合同。

管理授权和行权子流程，主要是针对客户需求，承接公司战略，以市场和竞争的信息为基础，依照法务、财务、运营等方面的要求，制定销售授权、评审和决策规则并行权。

管理项目群子流程，主要是对一组项目即项目群进行统一协调管理，重点是在销售整体业务上进行规划、控制和协调，目的是实现公司的战略目标和利益。

管理合同生命周期子流程，主要是为了协助销售活动和合同履行，通过管理合同要素、合同模板、合同信息结构化、合同文档，来支撑合同的创建、谈判、评审、签订、执行、变更管理、终止或关闭等整个生命周期内的活动。

管理客户解决方案子流程，是解决方案销售使能流程，主要是通过理解客户、分析竞争、分析华为交付能力、协同售前和售后，使生成的客户解决方案能够满足客户需求、有竞争力、可盈利、可交付。

管理项目子流程，主要是分析项目，制定项目的目标、策略和计划，执行项目监控，完成项目关闭，以保证项目运作能高效有序。

LTC 承载了物流和资金流，是华为的变革重点之一。既然 LTC 如此重要，那么有必要了解一下华为 LTC 的推行过程。华为于 2008 年正式启动 LTC，2011 年开始在全球推行，2012 年在中国地区部所有代表处全部成功切换上线。承载 LTC 流程的主 IT 系统 iSales 于 2011 年 4 月开始大力推行，于 2012 年 6 月在全球完成上线。之后，在 2014 年，德国、俄罗斯、尼日利亚进行了 LTC 夯实试点，并完成 4 个国家样板点推行。2015 年 8 月，任正非总结说 LTC 总体是成功的。从上述过程可见，华为推行 LTC 是稳打稳扎、务实前进的。

遵循拉通的方法，华为通过 LTC 变革，初步实现了 LTC 流程的拉通（见图 6-6）。

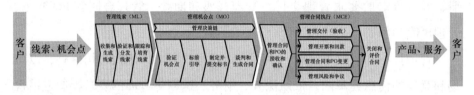

图 6-6　LTC 内部拉通示意图

LTC 的拉通、变革给华为带来了可观的价值。一是给客户带来了价值，即构建了客户与华为的统一界面，使华为能更全面地理解和服务客户，从而成就客户的商业成功；二是对于华为公司整体，提高了运作效率，提升了客户满意度，实现了可持续的盈利性增长；三是对于华为一线，提升了作战能力，使一线有更多的时间聚焦客户，也使得一线在公司决策前移、充分授权之后能更快地响应顾客需求，提升了一线协作效率和协同水平。总之，LTC 使华为客户更满意，运作更高效，一线更有成就感，财务更健康，公司发展更加可持续。

（4）ITR（从客户提出问题到解决）的拉通

华为从客户提出问题到解决遵循 ITR 流程，涵盖所有契约类客户服务请求的端到端管理，包括初验后和合同交付过程中的技术类服务请求、非技术类服务请求和客户投诉。相应地，ITR 流程从架构上包括 4 个流程，即管理技术服务请求、管理备件服务交付、管理非技术服务请求、管理客户投诉。

其中，管理技术服务请求、管理备件服务交付是 ITR 的主要流程。管理技术服务请求流程，主要是针对客户通过电话、E-mail、Web 等方式提出的技术服务请求,涵盖从受理、处理,到确认解决并最终关闭的整个过程;管理备件服务交付流程,主要是管理备件业务流程运作的过程,包括备件计划制订、备件获取、备件出入库与盘点等仓储工作,备件维修,备件运输与派送,备件逆向物流(报损、报废、退运)以及备件返修和更换等,为备件服务及时交付、备件技术服务请求及时处理提供支撑,以提高备件交付质量和运作效率。

在ITR流程中,华为在收到客户服务请求后,先受理服务请求,之后对服务请求进行处理,最后使客户服务请求能够得到关闭。在受理阶段,需要进行注册、鉴权、派单;在处理阶段,需要进行技术校验、信息收集、案例匹配、故障定位、方案制订、方案实施、客户确认;在关闭阶段,需要经历服务请求完成、客户互动、请求关闭三个步骤。

ITR通过对客户服务请求从受理到解决的管理,保障了华为客户网络安全,服务请求反馈渠道畅通,服务请求处理及时,最终满足了客户期望,实现了客户满意。

要想提高ITR这一运营流程运作的效率和质量,一方面,需要在流程中建立一系列规则,例如服务请求节省规则、鉴权规则、跨产品服务请求处理规则、第三方设备问题处理规则、紧急恢复流程及规则、客户回访规则等;另一方面,需要配套的使能流程响应它的需求。使能流程包括技术服务请求紧急恢复流程、支持客户交付网络变更管理流程、第三方设备问题处理流程、管理升级流程。

遵循拉通的方法,华为通过ITR变革,初步拉通了ITR流程(见图6-7)。

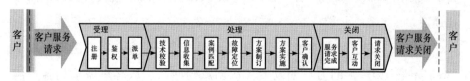

图6-7　ITR内部拉通示意图

至此，华为 IPD、MTL、LTC、ITR 等核心流程的内部完成了拉通，即实现了各自的"段拉通"。

2. 内拉通

第二阶段是内拉通，即在公司内部存在联系的各流程之间实现拉通。

（1）华为内部整体拉通模型

先看一下华为运营流程之间的关系。由于大部分客户服务问题是在交付、回款以后提出的，为了便于理解，不妨把 ITR 简化为售后服务，则图 6-3 中的运营流程示意图可以简化成图 6-8。

图 6-8　简化后的运营流程示意图

综合图 6-4 和图 6-8，可以得到图 6-9，即通过运营流程，实现从客户需求到客户满意。

图 6-9　通过运营流程实现从客户需求到客户满意

对于客户需求，实现了从创意到可以进入市场销售，从市场到线索，再从线索到回款，最后从客户提出服务问题到客户问题得到解决的全流程拉通。

由于回款属于"打粮食"，因此可以助力当下生存；客户满意有助于"增加土壤肥力"，助力长期发展。从创意到回款、从客户需求到客户满意，不但可以实现闭环，而且可以形成良性循环。创意变为回款，企业有了更多的可用于发展的资金，创意等创新方面的投入可以加大，会产生更多、更有创新性和竞争力的创意，这些新的创意又会给企业带来更多的资金，创意和回款、创新和资金（源于不断自我"造血"）形成良性循环。此外，客户需求得到满足，客户感到满意之后会向华为提出更多的需求，给更多的订单或项目，华为也更有实力和意愿去满足客户需求，因此使得客户更加满意，于是客户需求和客户满意之间也形成了良性循环，如图 6-10 所示。

图 6-10　从客户需求到客户满意，从创意到回款的良性循环

接下来介绍一下华为内部流程整体拉通的情况。我们首先看一下华为价值创造主流程拉通示意图，如图 6-11 所示。

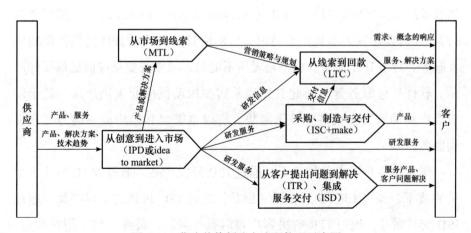

图 6-11　华为价值创造主流程拉通示意图

华为面对的客户需求，有的是客户提出来的，有的是华为自己通过研究发现、客户客观上存在的。

客户最终需要的是产品或者服务，客户一旦有需求，会拉动华为市场、产品研发、采购、制造、交付、客户服务等内部相关部门以及相关流程产生联动。

第一，客户需求会拉动 MTL 理解并响应包括客户所提概念在内的客户需求，MTL 又会拉动 IPD 确定产品或解决方案，进行产品研发。

第二，客户需求会拉动 LTC 提供服务或解决方案，LTC 既会拉动 ISC 和制造提供交付信息，又会拉动 IPD 提供研发信息，还会拉动 MTL 提供营销策略和规划。

第三，客户需求会拉动 ISC 和制造来交付产品，而 ISC 和制造一方面拉动 IPD 提供相关的研发服务，要求其能提供研发后经过测试、可以量产的产品，另一方面拉动供应商提供所需的产品或服务。

第四，有时客户在和研发人员沟通时，要求提供研发服务，即客户需求也可以拉动研发服务。

第五，客户也可以要求服务人员或服务产品交付人员解决问题或提供服务产品，即拉动 ITR 和 ISD（integrated service delivery，集成服务交付）。在需要研发人员提供支持时，ITR 和 ISD 会拉动 IPD 提供需要的研发服务。对于 IPD 而言，也不是无所不能的，经常需要供应商提供硬件产品、软件外包服务等，因此 IPD 通常需要拉动供应商提供产品，基于供应商产品的解决方案甚至技术趋势，有时也需要和供应商一起为客户提供服务。

华为在客户需求的拉动下，通过 IPD 研发产品，通过 MTL 形成多个销售线索，通过 LTC 拿到合同和回款，通过 ISC 和制造交付产品，通过 ISD 交付服务，通过 ITR 解决客户售后服务问题，最终实现了用户满意、客户成功、自己和供应商盈利。

从华为内部整体看，创造价值的主流程，即运营流程和使能流程，需要拉动包括人力资源管理、财经管理、业务流程与信息化、行政等业务支持在内的支撑流程，如图6-12所示。

图6-12是经过简化后的版本，实际运作情况更为复杂，但基本原理与图6-12并无二致。

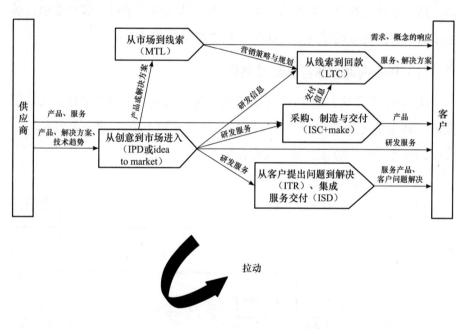

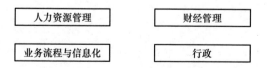

图6-12 华为内部整体拉通示意图

从图6-12可以看出，华为几乎每一个环节都和其他需要连通的环节实现了连通，也进行了以某一个或几个相邻环节为重点的拉通变革，逐渐地实现了从"段到段拉通"到内部的"端到端拉通"。

因此，一方面，拉的重点突出，把为客户创造价值的主流程作为核心，并且同步拉动支撑流程；另一方面，拉通的机制能使相关部门密切协作，尤其重要的是，这种协作是自动进行的，使华为的流程运作就像一台自动运转的精密装置。

这种全局视角的内部拉通全景图，有利于管理者和员工厘清业务逻辑，建立全流程视野，提升看问题的高度，从而有助于树立客户意识，激发团队为客户服务的精神，使相关人员更愿加强团队合作。

（2）华为内部整体拉通阶段划分

从2007年开始，到2017年着手数字化时为止，华为算是初步实现了拉通。理想情况下的华为五通阶段划分如图6-13所示，前一阶段和后一阶段都连接紧密，阶段分明，没有任何重叠。

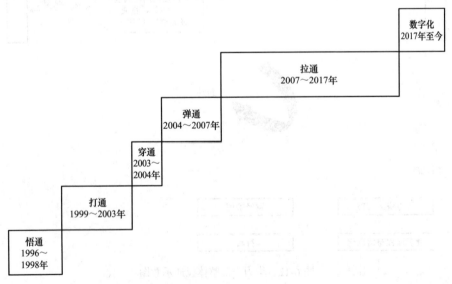

图6-13　理想的华为五通阶段示意图

实际上，穿通和拉通是五通中技术要求最高的阶段，且没有止境。随着客户需求的变化和公司的发展，在整个公司的所有流程还需要用批量方式，不能全部采用逐一运转的方式时，穿通的工作就不会结束。拉通永无止境，直到企业生命结束。生命不息，拉通不止。因此，如果用比较严格的标准，华为的五通阶段如图 6-14 所示。

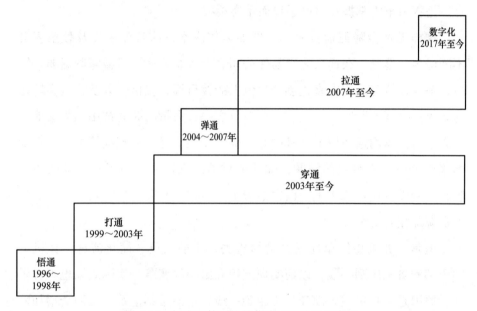

图 6-14　标准比较严格的华为五通阶段示意图

事实上，华为的穿通、拉通仍有较大的提升空间，这也是笔者认为华为人效仍有倍增潜力的原因，也算是给华为提出了一个明确的改进方向。

（3）华为内部拉通案例：前线拉动后方与"铁三角"

1）华为前线拉动后方，后方服务前线

随着公司的发展，特别是在全球化以后，华为在全世界大多数国家和地区建立了分支机构。公司总体上采用的矩阵型组织结构变得非常复杂，仅划分的依据就有区域维度、产品线维度、部门维度等。太长的流程，经常需要多个"婆婆"进行协调。

如果从靠近客户的程度看，又可以分为前线和后方。后方一般称为机关，机关通常在总部，比较庞大。机关一方面拥有太多的权力与资源，另一方面由于距离客户远而对前线的了解不深，于是，为了控制运营风险，让自己少担风险，华为在流程上设置了远超内控所需数量的过多的控制点，把权力牢牢掌握在自己手里而不愿授权。

这样无疑会降低运行效率，增加运作成本，使官僚主义及教条主义不断滋生、蔓延，久而久之容易使公司患上大企业病，日益臃肿虚弱。结果，前线作战部队用在真正创造价值上的找目标、找机会以及将机会转化为结果的时间不断减少，只有不到三分之一；大量的时间被用在频繁地与后方平台往返沟通协调上，其中有一部分花在应对后方流程管控上。不少本来应该由后方解决的问题，却要依靠前线来协调，拖了作战部队的后腿，好钢没有用在刀刃上，白白浪费了一线作战时间这一宝贵资源，而后方资源却相对富余。

但是，如果想简单地通过精简机关、压缩人员、简化流程，让机关的干部和员工压到一线，以便实现流程和组织的变革，实际效果也不容乐观。原因是一旦机关干部和员工压到一线，不但帮不上忙，反而会增加一线的负担和成本。如果机关干部下到一线后，不能及时进行角色认知和角色转换，总是以总部自居，反而会干扰基层的正常工作。

追根溯源，造成前线和后方协调困难的原因是流程、组织机构设置、思想意识、相互信任程度、非主业干部对主业的不理解程度等方面的问题，但最核心的是前线和后方的关系没有厘清。把机关的干部和员工压到一线等做法，是典型的推式。正如在第1章和第2章中的分析，推式有先天缺陷，会带来混乱、等待、周期、柔性、人效、管理难度、成本、士气等一系列的问题。正如在一条修好的路上，当车辆很多时，如果缺乏基于良好机制和规则的管控，即使是法拉利跑车也照样跑不快。拉通就是一种融管理机制、规则和做法于一体，能让车辆顺畅通过相应路段，即让订单等任务能快速而高效地完成的方法。

至于对策，主要是改推为拉，以拉为原则进行流程变革和组织变革，前线拉动后方。具体如下：

首先，要明确谁为谁服务。华为认为，平台，即支撑部门和管理部门，包括片区、地区部及代表处的支撑和管理部门，只是为了满足前线作战部队的需要而设置的，后方为前线服务。当然，为前线服务的本质是为了实现客户需求，整个公司的内部管理都是为及时、准确实现客户需求服务的，这是包括拉通在内的内部管理改革的宗旨和基础。

其次，在梳理流程时，从一线向后方倒着进行，让流程为一线作战服务。流程只是手段，支撑一线、服务市场才是目的。与过去常规的做法迥然不同的是，华为将流程变革的重心放在一线，聚焦一线的业务需求，从一线开始倒着梳理流程及其管理工作。这种方法是以需求确定目的，以目的促进保证。如果相关部门和人员都一切为前线着想，在设置流程控制点时，就会共同努力，在保证有效控制的前提下尽可能少设，这样自然而然精简了不必要的流程和流程中不必要的环节。

再次，在流程运转时，一线呼唤"炮火"，拉动后方服务前线。由于通常只有一线才能创造直接的价值，而且最熟悉现场实际情况，因此华为授权一线在授权范围内呼唤"炮火"，即让听得见"炮声"的一线基层作战单元来做出决策，拉动后方。战争的指挥权，由掌握资源的人，让给掌握机会的人。华为根据条款、签约、价格三个授权文件，以毛利及现金流对一线进行授权。由于"炮火"也有成本，为了防止随意呼唤，由呼唤了"炮火"的人承担呼唤的责任和"炮火"的成本。

于是，后方平台，包括设在前线的非直接作战部队，变成系统支持力量，在前线作战部队发现目标和机会、呼唤"炮火"时，就立即响应一线的呼唤并及时、准确地提供支持、服务、分析、监控，满足前线的需求。这样，公司以作战需求为中心，主要的资源就用在寻找目标机会并将机会转化成结果上了，避免了拥有资源的人"拥兵自重"，同时让后方所配备的先进设备、优质资源及时发挥了作用。

作为需求的提出者，前线有责任准确、清晰地提出并输入需求。后方要能准确、清楚地理解前线的需求，按需求提供支持。一旦需求发生了变化，前线要及时准确地把变化后的需求提供给后方。只要前线的需求没变，则所有的协调工作，都应该由后方平台在它们之间、在前线需求的时限内、按照拉通的机制自行协调完成，以免打扰前线作战部队，浪费作战时间。

最后，流程决定组织，基于拉动式流程设置组织。

公司众多部门之间的关系，特别是后方与前线的关系，如果不理顺将会严重影响效率，因此是一个让很多大企业头疼的问题。部门之间的关系是表象，流程关系才是实质，部门与部门是靠事情、流程连起来的，拉动就是一种比较高效的连接关系。

华为机构的设置是为了作战，因为只有作战才有可能获取利润。平台并不是越多越好、越大越好、越全越好。后方二级、三级部门的设置，以支持、服务一线的作战需求为基础，不必要的坚决不设，这样会精简掉不必要的平台部门和人员，再加上支撑流程中的干部加强了对创造价值主流程的理解，于是前后方的协调量随之减少，运行效率自然就会提高。

对于后方机关，主要职责是支持与服务前线，需要专业化。为了抑制官僚主义的滋生，防止机关越做越大，公司机关不能代表总部，更遑论代表公司了；机关干部和员工也不能以总部自居发号施令、颐指气使，更不能要求前线的每一个微小动作都要向机关报告或经机关批准。

对于前端组织，面对客户个性化的需求，为了提高作战能力的全面性、综合性，在不能把各种功能部门都一一设立的情况下，需要前线人员精干、一专多能。

通过内部拉通，实现全球流程集成，把后方变成系统的支持力量，相当于使流程、组织的运作机制从"推"改到"拉"或者以"拉"为主。推的时候，主要是后方在推，导致无用的流程、不出功的岗位难以被发现，一旦变为拉，不创造价值、不发挥作用的部门及人员显现出来，可以精简。任正非有个形象的比喻：一拉就能发现哪一根绳子不受力，就可以将它剪去，连在这根绳子上的部门及人员一并减去，组织效率就会有较大的提高。这个容易理解的比喻阐明了一个比较深刻的道理，这也是他的讲话被广为传播、广受认同的重要原因之一。笔者的体会是，比喻也是生产力。这也是本书用了一系列比喻的原因。

从推改到拉之后，华为沿着流程授权、行权、监管，将权力下放，以避免中央集权的机构臃肿、效率低下，初步实现了客户需求拉动的流程化组织建设。

任正非对于"拉"有深刻的认识。他多次到访丰田，那篇传遍企业界、发表了近20年仍被奉为经典的《华为的冬天》，就是他在考察丰田日本总部怎样渡过难关后写就的。他对丰田精益管理中的拉式思想、立足现场分析并解决问题、相信一线员工创造力、给予一线员工足够的授权等都颇为熟悉、认同。

笔者也曾在丰田日本总部潜心研修精益生产、精益供应链、精益产品开发等精益系统，并从丰田开始逆向追踪四级供应链，在现场体悟、提炼日本精益精髓，受益匪浅，对任总的洞察深有同感。

2007年以后，华为逐步试验让看得见"炮火"的人去做决策，后来发展成为"铁三角"的组织模式。

2）铁三角

华为铁三角发源于苏丹代表处，做到了两个层次的拉动，第一个层次是根据客户需求拉动组织调整。

为了解决之前面对客户时接口不统一、口径不一致、答复不相同、承诺难兑现等导致的客户不满意、不信任、不给合作机会的问题，代表处决定"做厚客户界面",即任命客户经理、产品经理、交付经理三人组成客户系统部的核心管理团队。客户经理统一负责客户关系,产品经理负责产品与解决方案工作,交付经理统一负责交付。他们一同见客户、一同交付、一同办公。

第二个层次的拉动是指一线发现市场机会后,呼唤炮火、拉动后方。当发现一线有市场机会时,就呼唤中后方的"炮火",拉动中后台的资源来满足客户需求,拿下订单,做好交付。

随着"铁三角"作战模式的实践和发展成熟,客户逐渐认可了华为,代表处迎来了"丰收"。例如,从铁三角模式形成之后的2009年2月到4月,苏丹代表处平均每个月都能获得一个大项目。

3. 链拉通

链拉通的原理和段拉通、内拉通没有区别。

2014年,华为开始和核心供应商打造基于精益管理的供应链。此后,每年在前一年落实了的目标的基础上,提出新的年度链拉通主题,并和供应商一起努力达成。例如,华为辅导龙华富士康打造拉通供应链,使得某高端手机的生产效率迅速提升了40.2%,使供应链在拉通之后成为"共赢链",拉通的效果非常显著。

笔者在离开华为十余年之后,有幸为华为提供了与拉通密切相关的咨询,既非返聘,又非为原来部门提供咨询,这种华为内部跨部门的实际经历和视野有利于拉通理论的总结和验证;也很有幸,华为变革部门在第一次合作结束后邀请笔者再次合作。

从世纪之交在华为工作时深切体会到的"悟通"成果即《华为基本法》,到亲身经历的"打通"和部分"穿通",再到一直和华为部分核心高管保持沟通、互相请教、互通有无而经历的"弹通",最后到给华为提供咨询时的"拉通",笔者有幸几乎完整地参与、见证和体会了华为通过"五通"方法论实现拉通的全过程。

华为从 2007 年开始进入拉通阶段，随着五通的逐步推行，不但销售节节攀升，效率也明显提高，实现了增效和增长。特别是 2013 年拉通取得明显效果之后，华为销售额和人效进一步罕见地持续迅猛提升，拉通所起的作用至关重要。

4. 推拉通

在一个技术突飞猛进、客户和用户需求多变、全球竞争惨烈、巨头不断倒下的通信设备行业，既要踏实积累、静水潜流，也要大刀阔斧、突飞猛进。因此在华为，很多时候，抓市场机会和增长比抓成本更重要，经济性只是考虑因素之一。于是，华为在很多发展的重要关头，都进行了研发、采购、生产、交付上的常规的推拉通。

更广义的推拉通还可以包括为了应对国际政治的变化而采取的措施，例如，提前研发手机操作系统作为"备胎"。推拉通对企业家或高管是全方位的考验。

5. 华为拉通总结：美中也有不足，人效仍有倍增潜力

华为通过初步实现拉通，取得了远超一般企业的畅通水平，但也不完美。

华为运营系统中还存在不少"弹簧""水库"，穿通贯彻得不够彻底，导致流程中需要停滞的点还不少，拉通阶段的水平也有待提高。因此华为的拉通水平虽然相对于一般的企业要高出很多，但对照畅通的标准看，仍有不小的提升空间。

另外，根据深入华为一年做咨询的观察和分析，结合笔者之前在华为工作时经历的跨世纪大变革，笔者认为华为人效仍有倍增的潜力。

第 7 章

拉通是对精益、敏捷、约束理论和流程再造的集成创新

智慧只在于一件事,就是认识那善于驾驭一切的思想。

——古希腊哲学家 赫拉克利特

效率和质量，以及以它们为基础的周期、成本等，是任何企业运营的核心指标。在运营领域提升质量和效率的系统化理论和方法论中，比较成熟、有影响力和代表性的主要是精益、敏捷、BPR、TOC（theory of constraints，约束理论）、TQM（total quality management，全面质量管理）和六西格玛。这些都是人类文明长河中，特别是近百年来运营领域的智慧结晶，都非常值得借鉴。

在这些经典的理论中，六西格玛在本质上属于广义的 TQM，它们都属于专业的质量管理范畴，主要作用是减小波动。质量是拉通、精益的隐含前提和重要基础。要想实行拉，必须具备高质量，这是因为，如果任何一个环节质量不过关，那么要么拉不动，要么即使拉动了，也拉不顺畅。要使各个环节可以被顺畅拉动，就必须要持续使系统中任务或其中的物品抑或知识的质量合格率达到规定的水平。拉通、精益虽然从字面上不强调质量，但暗含了质量必须合乎标准，精益中已"内嵌"质量，由各工序特别是核心工序内建质量，各个环节主动在作业中保证质量。

笔者在丰田日本总部系统研习精益生产、精益供应链、精益研发、精益销售期间，在丰田展厅，亲眼见到曾指导丰田大幅度、实质性提升质量的质量管理大师戴明的大幅画像，和丰田公司创始人丰田佐吉、丰田汽车创始人丰田喜一郎的画像赫然并列在一起，这也反映了丰田对于质量的重视。质量如此重要，以至于不用特别强调。在第 2 章"拉的 16 个优势"中，也论证了拉能显著促进质量提升。此外，拉通系统对质量管理有非常好的开放性和兼容性，质量管理的所有理论和方法，可以整体地、没有阻碍地嵌入到拉通之中，实现无缝整合。因此，本章不把拉通和 TQM、六西格玛单独进行比较。

从理论产生时间的先后来看，由丰田生产方式总结出来的精益最早，从 20 世纪 40 年代开始发展，于 60 年代走向成熟；约束理论次之，它的创立者，即以色列物理学家及企业管理资深专家艾利·戈德拉特博士，于

20 世纪 70 年代末提出最优生产技术（optimized production technology，OPT），并在 80 年代以 OPT 为核心基础正式提出 TOC；排在第三位的是敏捷，萌芽于 1984 年，并于 2001 年以《敏捷软件开发宣言》的发布宣告了其正式诞生；最晚的是 BPR，由麻省理工学院计算机专业教授迈克尔·哈默和一家咨询公司总裁詹姆斯·钱皮于 1993 年共同提出。

从来源上看，精益是敏捷的核心来源。虽然 BPR 的创立者似乎没有明确指出 BPR 借鉴了精益，但 BPR 的核心思想，例如，以工作流程为中心，重新设计企业的经营、管理及运作方式，改造原来的工作流程，加强协作等，基本上都被精益思想涵盖，而精益的诞生却比它早了将近半个世纪；另外，精益在企业中的生命，比通常像一阵风一样运动式开展的 BPR 更长，作用更持久，精益自进入 21 世纪以来在企业中的受欢迎程度也明显强于 BPR，并且二者差距越来越大。因此，下面不再单独阐述 BPR，而是用精益作为代表。至于 TOC，是由物理学家戈德拉特创立的，自成一派。

拉通和精益对比

1. 拉通借鉴、涵盖了精益的优势

精益生产源于日本丰田汽车公司创立的丰田生产方式。20 世纪 80 年代初期，日本公司在欧美市场份额逐步增加，欧美大部分同行却节节败退，因此一些有识之士希望能仔细研究日本汽车企业成功背后的奥妙，美国麻省理工学院国际汽车计划项目（IMVP）应运而生。团队花了五年时间，重点调研了第二次世界大战后由日本丰田公司首先推出的，在组织和管理客户关系、供应链、产品开发和生产运作等方面采用的方式，因为这种方式能以越来越少的投入获得越来越多的产出。其中三位高级经理詹姆

斯·P.沃麦克、丹尼尔·T.琼斯和丹尼尔·鲁斯领导团队完成了书籍《改变世界的机器》（*The Machine That Changed the World*）。在这本1990年出版的书中，作者正式将他们的研究成果命名为"精益生产方式"（lean production）。到今天为止，精益是管理科学化中一个经过了全球企业长期实践检验、比较成熟的管理体系。拉通中的"拉"，就虚心借鉴了精益生产中拉式生产的概念。

此后，詹姆斯·P.沃麦克和丹尼尔·T.琼斯两位作者通过进一步研究，出版了《精益思想》一书。在该书中，作者将精益思想概述为五个原则：精确地定义特定产品的价值；识别出每种产品的价值流，确认每一步骤的必要性；使价值不间断地流动；让客户从源头即生产者方面拉动价值；永远追求尽善尽美。

下面看看精益的五个原则和拉、通、拉通的关系，如图7-1所示。

拉和拉动基本相同，否则，如果拉不动就没必要拉了。

接下来分析一下精益五个原则和"五通"方法论中的五"通"的关系。

悟通，主要是指领悟、想通了客户需要的、认可的、愿意付钱买单的价值是什么，并把这些悟通的成果上升到价值观的高度，尽力使全体员工坚定相信、透彻领悟，并自觉落实到日常工作中。因此，悟通和价值是类似的。

在悟通了需要为客户创造的价值之后，需要明确这个创造价值的过程应该是怎样的，即价值是怎样流动的。从产品概念、研发、客户订货、采购、生产制造、发货到交付，从上游源头的原材料基地一直到顾客手中的整个过程，就是价值流。可以用图形把价值流描述出来，不但可以描述出当前的价值流，即目前的状态是什么，还可以描述未来的、理想的价值流，即应该的状态是什么。

㊀㊁ 中文版机械工业出版社已出版。

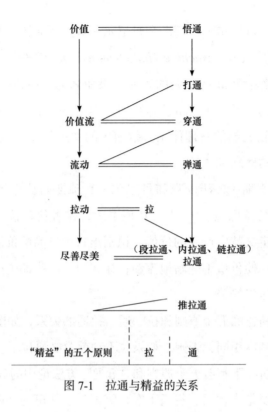

图 7-1 拉通与精益的关系

悟通之后，就可以向打通的方向努力，打破部门墙，连接孤岛等应该连通的所有相关环节，实现整体打通；在此基础上，尽可能地发展逐一运转的模式，用它穿通相关环节，这样有助于价值的流动。打通和穿通中已经暗含了精益中的"价值流"。图中一条线和两条平行线中的一条相交的"≤"，不仅表示"被实现"，而且表示"被包含"。

对那些不能够实现逐一穿通的环节，建立规则，运用"弹簧"，通过弹通实现贯通。弹通意味着整个流程端到端的连通比较高效，这是因为同样是建立规则，每十分钟运转一次的效率就比每小时运转一次的高。实现了穿通和弹通，就实现了流动，使得价值能够较少停滞且比较高效地流动起来，价值在流动中实现了增值。流动性的增强，将导致周期的缩短和运营效率的提升。穿通和弹通中已经实现了精益中的"流动"。

但是，弹通比精益中的"流动"更有弹性，可以和 TOC 等众多方法结合，在需要的时候可以提高瓶颈环节乃至整个系统的产出。

在弹通、贯通或流动的基础上，就可以进行拉动，从一个点发力；力的方向只有一个，即满足客户需求；力的大小符合客户需求。拉动使整个团队力往一处用，劲往一处使，全力为客户创造价值，力出一孔，利出一孔。于是，订单、任务或其中需要的物品抑或知识都已准备就绪，正如加满油的车能够在路上顺畅地跑起来，拥有了所有所需资源的企业也能够快速且高质量地完工、交付。

企业持续改进，实现尽善尽美，相当于在企业等组织的内部实现了段拉通、内拉通，并和供应链上下游实现链拉通。由于改善和拉通都永无止境，拉通趋于尽善尽美，因此在这个意义上，拉通和尽善尽美基本类似。

最后，拉通中还有一个精益没有的阶段——"推拉通"，它可以充分发挥企业家、高层管理者的雄心、胆魄、直觉、意志力的巨大作用，帮助企业抓住机会，实现快速增长。

因此，实现拉通的"五通"方法论，不但借鉴并涵盖了精益的精华和优势，还有精益不具备的部分优势。另外，拉通系统本身已经自成体系，推行起来并不依赖精益。

2. 无拉通，不精益

仍然从精益的五个原则进行分析。没有悟通，无法准确知道客户需要的价值，就不能分析出应有的价值流动情况；没有打通和穿通，无法实现高效的流动，更无法实现拉动乃至尽善尽美，从而无法同步达成高质量、高效率、快速交付、低成本等目标。

由此可见，没有拉通，就无法真正做到精益。

3. 拉通克服了精益只适合于稳定环境的劣势

从适用环境上看，精益，特别是成规模的精益，主要适合产品或服务、作业过程、需求都在较长时间内保持基本稳定的环境。只有这样，计划才可能稳定，下游各个环节才可能稳定，整个价值流才可能比较平衡，整个系统才可能高效。但实际上，有些行业很难让产品或服务、作业过程、需求都在较长时间内保持稳定，市场竞争迫使企业每隔一段时间就必须推出基于新技术、需要新作业过程的新产品，新产品的需求比老产品更难保持稳定。需求不稳定，既会导致有的环节闲一阵子、忙一阵子，在忙的时候交不出货，也会导致各个环节之间忙闲不均。这两种情况都难免产生数量可观的在制品库存，在这种情况下显然不适合强推精益。

传统的精益生产做法，在需求波动较大的服务行业中应用起来，有些捉襟见肘。以笔者给某知名大型快递公司提供的咨询为例，在项目开始之前，笔者邀请多位具有丰田或日本能率协会背景的专家到现场会诊，他们不少是年近七旬的老先生，在精益生产领域既有丰富的经验，也有不错的名气。遗憾的是，他们并没能提出非常有效的系统化建议，提出的还是精益生产的做法，如5S、设备维护、动作分析、时间研究、现场布局等。这些方法毋庸置疑是有用的，但用处确实有限。任何理论在其不熟悉的领域内要想灵活运用、取得明显的实际效果，都需要运用者具备研究功底和研究能力，能够洞悉问题本质。

快递行业让传统的精益有些无所适从的核心原因，在于需求的波动，无论是一年中的季节性需求波动，还是一天中不同时段的需求波动，都比较剧烈。面对不稳定的环境，拉通是比精益更综合、更系统、更有效的解决之道。

在具有创新性的拉通系统中，可以通过两个方面增强系统对不稳定环境的适应性，拓宽拉通系统的适用范围。一方面是推拉通，即敢于、善于在任何一个需要的环节，主动提前准备一定数量、作业过程不同的多种知识、原材料、半成品乃至成品。另一方面是通过调整系统内部"弹簧"的数量、每个"弹簧"的受力范围和运动条件，从而适应不同稳定程度的系统。对于稳定程度高的系统，可以减少"弹簧"；对于不稳定的系统，可以增加"弹簧"，从而增加缓冲，应对变化。

因此，推拉通部分超越了精益的范畴和高度，变成了一种既有科学也有艺术的阶段，使企业在面对市场出现重大机会的关键时刻，勇于并善于实行推拉通或调整"弹簧"的参数，以便抓住市场增长机会。

面对不稳定的系统，必须以稳定的规则应对，否则，如果以不稳定的规则应对不稳定的环境，将使系统乱上加乱、效率低下。实现拉通的"五通"方法论，为系统的运行建立了稳定的规则，它能使企业及时、有效地应对不断变化的不稳定环境，在不稳定的环境下仍然能够保证效率、快速增长。

4. 精益属于稳定业务的拉通

拉通一方面传承了精益的五个原则，吸收了精益的周期短、效率高、成本低的精华；另一方面，它比精益的内容更丰富，涵盖了精益的范围，适用的范围比精益更广，既适合稳定业务，也适合非稳定业务，而精益主要适合稳定的业务。

精益和拉通的关系可以用一句话概括，即精益属于稳定业务的拉通。

拉通和敏捷对比

1. 敏捷的产生和优势

敏捷是时代的产物，为了快速响应互联网时代用户多变的需求，持续快速交付新版本的产品，必须解决瀑布式研发存在的问题，例如，研发周期固定而漫长，动辄数月甚至多年；一开始就需要投入较多资源；参与人数众多，项目组织笨重，人力成本高；文档设计工作量大，追求完善；一般不允许修改定好的需求；一旦进入研发，就不能进行成本昂贵的返工，只能严格按照软件生命周期中的制订计划、需求分析、软件设计、程序编写、软件测试和运行维护六个基本环节依次进行；由于只有在阶段目标达成之后才能进入下一阶段，导致版本变更不能太频繁，研发柔性差。

于是，从1984年开始，业内人士已经开始批判"瀑布"顺序式方法，对部分替代它的"增量方法"开始了构想。次年，有明确命名的、用于替代"瀑布"的增量开发方法，即进化交付模型（evolutionary delivery model）问世。

1986年，基于对美国和日本的本田、富士、施乐、3M、惠普等大型制造公司的走访和研究，日本两位教授竹内弘高和野中郁次郎在《哈佛商业评论》上发表文章《新产品开发新游戏》，文章以汽车制造领域为场景，把一个杰出的团队比作橄榄球队，认为最出色的团队的表现如同球场上的配合："……像橄榄球赛一般，整个团队在球场上四处移动，劲往一处使，把球在团队内部来回传接""产品开发过程是在一个精心挑选的多学科团队的持续互动中产生的，团队成员从头到尾都在一起工作"。1988年，"快速迭代开发成型"法的基石"时间盒"（timebox）问世。

这篇文章发表七年之后，1993年，杰夫·萨瑟兰（Jeff Sutherland）读到该文章，他灵感迸发，发明了一套新的软件开发方法，即Scrum方法，他也在自己的公司Easel里面开始使用Scrum。1995年，他和Scrum的另一位创始人肯·施瓦布（Ken Schwaber）在一次国际编程会议上，共同发表论文介绍Scrum方法，至此Scrum方法正式向全球宣告问世。虽然敏捷开发还涉及极限编程（XP）、水晶方法族（Crystal Methods）、特性驱动开发（FDD）等，但核心本质基本类似，而Scrum是最早成形的，具有很强的代表性。

最终，2001年，17位软件开发领域内的领军人物在美国犹他州的雪鸟滑雪胜地举行了会议，拟定了《敏捷软件开发宣言》，敏捷正式诞生。

在敏捷开发中，重视与客户密切沟通和协作，遵循增量方法，把大需求拆分成多个类似于用户故事的小需求；针对小需求，组织少量的人员、投入少量的资源进行开发，小需求可以迅速开发完成并得到验证，小步快跑、快速迭代，从而实现快速交付。敏捷开发强调拥抱变化，在项目开发过程中，可以随时增加和修改需求及其优先级，并通过每日站会等方式，确保团队每个人都清楚项目最新的进度和变化。对于测试，团队在完成小需求的开发后，可以重审测试计划，测试团队也参与需求变更讨论。

下面举一个敏捷的案例。当作者想出版书籍时，编辑会要求作者先告知拟定的书名，以便判断书的写作方向与自己负责的领域、出版社的定位以及市场需求是否相符。如果相关程度很低，作者就需要另找出版社；如果相关度比较高，编辑会与作者进一步沟通具体方向和书名。在书名基本过关之后，编辑要求作者提交提纲，看看结构上是否思路清晰、逻辑自洽、内容系统。在就提纲初步达成一致意见之后，作者开始写作。在写成一章后，编辑需要作者提交样章，若编辑对样章没有意见，则作者继续写作，若编辑提出修改建议或有新的想法并得到作者认可，则作者可以及时快速修改。作者在写好初稿之后，提交给编辑，编辑判断是否需要修改。若需要修改，双方一起探讨如何修改。整个过程就是一个比较敏捷的过程。

反之，如果采用瀑布式方法，作者花了很长时间把书写好以后，再把包含书名、目录和内容的完整书稿一次性交给编辑。其结果，要么是很容易被编辑拒绝，要么需要改动。如果需要改动，将非常被动，甚至要推倒重写，重新开始频繁的讨论，相当耗时、耗力。当然，水平很高的作者除外。

在软件开发领域，特别是互联网时代用户需求多变的互联网行业的软件研发，敏捷展现出了明显的优势，例如迭代周期更短（通常以周为单位），获取反馈、响应变化、调整都更快，可以随时进行，人员规模更小，过程更加灵活，需要的初始投入更少，开发更高效，交付更及时，不能及时了解市场需求、产品不适用的风险更小。在项目进入实质开发迭代阶段后，客户很快就可以看到一个基线架构版的产品，客户前期满意度高；由于和客户始终交流密切，客户需求能快速得到满足，客户的中后期满意度也较高。

2. 无拉通，不敏捷

（1）拉通或精益之中早已包含敏捷的原型

敏捷理论的发展呈现出一种趋势，"敏捷是个框，什么都往里面装"，因此有必要从原型即原来的模型进行分析。敏捷的原型，其实早已在精益生产中出现。精益生产把原来的相同环节放在一起、不同环节分离的作业方式，变成各个环节按照逻辑顺序连接在一起的单元化、流水化作业，半成品或原材料就可以逐一连续地通过各个环节，每个环节都可以交付不同的阶段性半成品，最后一个环节交付成品。一旦有客户需求、作业过程或其他方面的变更，可以随时进行。团队规模大大变小，成员之间紧密协作满足客户需求。这个作业单元具备敏捷的所有核心特征，试制车间更是如此，用一个小团队在一起工作，快速打样并试制出产品，能快速响应需求，也可以随时变更需求。

前文已经阐述过，拉通能够涵盖精益所有的优点。因此，敏捷的理念在制造业、精益生产和拉通中早已存在，并不是什么新鲜事。敏捷相当于工厂里的单元化作业方式，特别像试制车间的作业方式。

从软件开发领域的目标上看，精益或拉通也涵盖了敏捷的要求：既要使交付的软件满足客户的真正需求，而不是在项目初期认为的客户需求,又要提高客户能感知到的软件的质量,还要提高软件开发过程的生产力。

(2)从敏捷最早成形的 Scrum 看,敏捷源于精益或拉通

根据前面介绍过的敏捷发展的大致过程,Scrum 是诸多与敏捷相关的方法中最早成形的方法。从最早成形的方法着眼,便于更清楚地看到敏捷的来源。Scrum 两位创始人合著的《敏捷革命:提升个人创造力与企业效率的全新协作模式》中明确写道:"Scrum 源自日本的'丰田生产系统'和美国空军的 OODA 循环理论。"其中的丰田生产系统,指的就是精益,但是,要想精益必须先拉通,这一点在前面的"拉通和精益对比"中已经论述过;OODA(Observe-Orient-Decide-Act,观察—导向—决定—行动)循环,又称为"博伊德循环",是美国空军上校约翰·博伊德根据人脑决策过程建立的一种空战理论。该理论认为双方都从观察开始,包括观察自己、环境和敌人,在观察的基础上获取相关外部信息,根据感知到的外部威胁,及时调整系统,做出应对决定,并采取相应行动。敌对双方谁能更快地完成这一循环,谁就更有可能克敌制胜。因此,OODA 主要是一种理念,即小步快跑,不断试错和迭代,而精益或拉通是敏捷的核心。

因此,从最早成形的 Scrum 看,敏捷源于精益或拉通。

(3)从敏捷开发原则看,敏捷离不开精益或拉通

下面针对《敏捷软件开发宣言》中的敏捷开发 12 条原则,重点结合第 2 章中"拉的 16 个优势"和第 3 章中的"五通"方法论,逐条分析敏捷与拉通的关系。

1)我们最重要的目标,是通过及早和持续不断地交付有价值的软件使客户满意。此处的"及早"指的是周期短,而周期短是拉的核心作用之一,必须依靠拉和五通;"有价值"需要"五通"方法论中的悟通。

2)欣然面对需求变化,即使在开发后期也一样。敏捷过程能够驾驭变化，保持客户的竞争优势。"欣然面对需求变化"是敏捷要求的一种态度，需要拉通等管理实力作为基础，特别是在开发后期，要针对变更进行调整更不容易，需要整个过程具备打通、穿通、弹通方面的扎实基础。通过拉通缩短周期，既可以实现快速的开发、反馈和改进，又可以尽量"延迟决策"，管理不确定性，降低各种变更对决策的质量和风险的影响。拉通的这些优势，有助于适应、驾驭需求变化并保持竞争优势。

3）经常交付可工作的软件，相隔几星期或一两个月，周期越短越好。这条主要说的也是周期短，同第一条的"及早"类似。

4）在整个项目过程中，业务人员和开发人员始终在一起工作。这条对应的是拉通中的单元化作业，相关人员距离紧凑。

5）不论团队内外，传递信息效果最好、效率也最高的方式是面对面交谈。正是由于采用了拉通中的单元化作业，距离紧凑，才使面对面这种高效的交流方式得以实现。

6）激发个体的斗志，以他们为核心搭建项目。提供所需的环境和支援，并相信他们能够完成任务，从而达成目标。这条谈的主要是士气，士气高是拉的 16 个优势之一。

7）可工作的软件是进度的首要度量标准。这条谈的主要是质量和周期，它们都是拉的优势。

8）敏捷过程倡导可持续开发。责任人、开发人员和用户要能够持续共同维持其步调稳定。要想步调稳定，初看是需要拉通中的均衡化，仔细研究就会发现它离不开五通中的打通、穿通、弹通和拉通。

9）对卓越技术和良好设计的不断追求，将有助于提高敏捷性。这条谈的是质量和改善永无止境，质量好是拉通的核心优势，拉通永无止境。拉通将软件开发看成一个不断探索的过程，通过过程优化和不断迭代，趋向尽善尽美。

10）以简洁为本，它是极力减少不必要工作量的艺术。这条包含两层意思，一层是从源头开始，只做必要的事，这是指悟通企业要为客户创造哪些价值；另一层是指做的过程要优化，尽可能简洁，去掉浪费，这是打通、穿通、弹通、拉通每个阶段都持续在做的优化。

11）最好的架构、需求和设计都源自自组织团队。通过拉通的机制，特别是基于单元化作业的组织形式，可以使协作更紧密，也能使大家在保持协作的基础上授权团队和个人，从而实现自组织、高士气；拉通更重视整体，可以增强软件整体上的一致性、可用性、可维护性和适应性，并可以解决开发人员工作地点不集中的问题。因此，总体上可以提高组织的软件开发能力和士气，从而能提供越来越好的架构、需求和设计。

12）团队定期地反思如何能提高效率，并依此调整自身的行为表现。一方面，效率是拉通的核心优势；另一方面，对于效率的自我反思和措施落地，已被拉通的永无止境所涵盖。

（4）即使是最新的规模化敏捷、业务敏捷，也需要精益或拉通

以 SAFe（Scaled Agile Framework，规模化敏捷框架）为例，SAFe 在 2011 年问世，是目前业务敏捷、规模化敏捷领域中很有代表性、风头正劲的方法体系。代表性著作《SAFe5.0 精粹：面向业务的规模化敏捷框架》中写道："SAFe5.0 是将敏捷的迭代开发实践、DevSecOps（开发、技术运营、质量保障、IT安全防护的组合应用）的文化、工具、实践，与精益和流动的理念结合起来，其目标是在最大化客户价值的同时，使浪费和延迟最小化。组织通过使用 SAFe，能够更快地创新，更迅速地向市场交付高质量的解决方案。"从这段表述中可以得知，精益和流动是 SAFe 的核心理念，其他的敏捷和 DevSecOps 主要提供开发工具、实践文化中的一部分，由于流动实际上属于精益、拉通，因此 SAFe 的核心理念是精益或拉通。

从该书中还不难发现，即使是名字中包含敏捷的规模化敏捷，也不得

不大量引入精益思想和方法，并在命名核心思维时把精益放在敏捷之前，即"精益-敏捷方法"。换言之，敏捷的概念已经不能完全满足规模化敏捷的需求，不能独自支撑"规模化敏捷"的实现，必须借助精益，也就是要借助拉通，敏捷的帽子实在盖不住所需各种理念和方法的"大脑袋"了。此时，理念的主要部分已不是敏捷，但仍冠以敏捷之名，确实不太容易令人理解，或许是想同之前的"敏捷"提法保持连续性吧。

（5）拉通是敏捷的前提

敏捷要把工作内容先细化、切割、再优化、重组，这一点在本质上和打通相同。相比之下，瀑布式开发相当于大批量作业。敏捷强调小步快跑，不断试错和迭代，小步的本质是小批小量，如果不用拉通中的穿通，就难以小批小量运转。在穿通之后，进一步通过弹通实现贯通，才能使敏捷中的小批小量乃至逐一运转成为现实。在第1章中已经论证过，推容易导致批量作业，如果不用拉而用推，就不能小批小量运转，也就不能快速试错和迭代、实现"敏捷"了。

只有通过拉通、精益尽可能消除了浪费，才可能真正高效，低效的"敏捷"是伪敏捷。因此，没有拉通就没有真正的敏捷，精益或拉通不但是敏捷的核心，更是敏捷的前提。

3. 拉通克服了敏捷在适用范围、管控、质量、成本等方面的缺陷

正如硬币有两面，事物也有两面性。换一个角度，优势可能变为劣势，当环境变化时，特点可能变为缺点。敏捷也是如此。敏捷的优点明显，缺点也明显，敏捷主要有以下四个缺点。

（1）适用范围不广

敏捷在开发上的应用，发源于小团队研发不太大的软件，到今天为止，这种环境仍然是最适合、最方便运用敏捷的环境。

从行业上看，敏捷主要适合软件行业，特别是互联网行业。而纯硬件行业，或以硬件为主、软件为辅的行业，一般都不宜以敏捷为主。在传统行业，敏捷更不是主流开发模式。

从客户类型上看，敏捷也不太适用于大型机构或政府的软件开发项目。原因主要有两个，一是这些组织的产品，往往都有严密的业务逻辑支撑，需求比较确定并且稳定，有的组织甚至抵触新的风险，对于敏捷能够提供的灵活性、抗风险性并不敏感；二是对时间和计划有详细和严格的要求，需要把控进度。

从产品或项目上看，敏捷比较适合需求经常变化、需要快速迭代、内部子项目之间依赖关系不太复杂、对创新性要求比较高、存在一定风险的产品或项目，尤其适合面向消费者的产品或项目。互联网的普及，使面向个人用户的产品像雨后春笋一样大量涌现，这是敏捷可以大显身手的地方。

从对团队的要求上看，一方面，规模受限，敏捷开发强调直接沟通，如果团队人数众多，使团队达成共识就要花费很多时间，一旦人员发生变动，需要花费的时间就更多了。因此，敏捷开发更适合小型的、稳定的团队。规模一大，就超出了经典的敏捷理论的适用范围，使它力不从心，只好大量借助精益、拉通的力量，这时已经不是一般意义上的敏捷了。另一方面，对核心成员的要求比较严格，至少需要一名经验丰富的核心成员进行总体规划，并作为专家在会议中持续做出重要决定。

另外，从项目的阶段上看，即使是软件产品，在从0到1的阶段，其需求都比较基础且不会有太大改动，此时通常不需要用敏捷开发。

总之，单纯的敏捷不太适合大型团队开发，不适合研发需求不经常变化的大软件，也不适合为大型客户提供开发服务，不适合任何软件从0到1的开发阶段。

（2）计划性弱，不好度量、管控，影响效率

由于敏捷团队一开始对于产品"最终的样子"并不知道，是通过一边开发一边探索用户需求才逐渐知道的，它受制于客户对需求的把握。敏捷开发项目的成功与否，在比较大的程度上取决于团队与客户互动的情况。因此，如果客户不清楚需求，团队可能会被引导到错误的方向，或者东一下西一下、变来变去，造成严重浪费。

于是，一方面，项目前期对于成本、时间及其他资源的规划难以做得比较准，越大越复杂的项目越是如此；另一方面，也很难有效地度量进度。由于敏捷以增量的方式交付，跟踪进度比较困难；"边走边看"的开发模式，导致不能在项目之初设置较多的目标、指标。长此以往，度量项目进度比较困难。没有度量，就难以有效地管理，效率必然降低。

（3）文档不合格，软件问题难定位、难维护，影响质量

敏捷重视沟通胜于重视文档，提倡能工作的软件即文档，其核心是代码即文档。在开发过程中，对文档不够重视的情况时有发生，例如，在方式上，采用口头沟通和确认这种比较随意的方式，缺乏大家共同确认过的、之后可以用于问题追溯的正式文档；在时间上，用于产品开发的文档一开始并没有准备好，更有甚者，除了用户手册之外，干脆自始至终都没有文档，相当一部分是一边开发一边准备，大部分文档都是在项目结束时处理、补上，不少文档是草草了事。这样会导致至少三个方面的问题。

第一，项目结束时，文档的质量和数量都不合格，文档工作不达标。

第二，当软件出现问题影响运行时，查找设计开发文档时容易发现内容缺失或错误，难以快速对问题进行定位。

第三，对开发人员的依赖严重。文档不但数量少，而且质量不高，只有写文档的人才容易看懂，导致对开发人员高度依赖。这给系统维护带来

不少困难，当需要把项目移交给新的人员时更是如此。当项目中新手比较多时，老员工会更加费神费力。

文档不合格，导致软件在开发和维护过程中都容易出现质量问题，出现质量问题后也不能快速定位并解决。

除了文档之外，还有其他因素使产品质量和一致性难以得到保证。在实际的敏捷开发中，相当一部分环节缺乏代码审核和单元测试，开发人员也不愿承担部分测试工作，代码质量不过关，产品质量不尽如人意；另外，由于敏捷采用增量交付的方式，可能有助于将产品更快推向市场，但由于各个组件的开发团队是由不同的团队成员在不同的时间段内进行的，这样容易使本来应该系统化的、各部分之间联系紧密的输出变得非常零散，严重影响整体产品的一致性。

若开发过程实现了拉通，通过交付有质量保证的产品来更好地创造客户价值，而不是简单地交付可用的产品，那么，无论是过程质量还是结果质量都能得到保证，而过程质量本身也能在相当大程度上保证结果质量，因此拉通从源头上杜绝了质量问题的产生。拉通后并不怎么需要质量问题定位，也不怎么需要维护。质量并不怎么依赖文档，文档只是为了保证可追溯性而存在的。

（4）成本较高

所谓的敏捷成本低，主要是指试错、迭代成本低，但是综合成本往往都比较高。

从微观看，计划性弱，不好度量、管控，从而影响效率；文档不合格导致软件问题难定位、难维护，从而影响质量。质量和效率的降低，都会增加成本。

从宏观看，就软件开发而言，敏捷注重具体的开发实践和项目管理；精益或拉通则更系统，把软件开发及其业务环境作为一个整体来对待，注重在对客户有价值的环境下消除浪费。只有消除浪费才能使成本更低。

和敏捷相比，拉通的适用范围不受行业、客户类型、产品或项目及其阶段、开发团队规模等方面的限制；只需要对一个环节做具体计划，计划性较强；过程和结果都比较好度量、管控，问题不容易发生，一旦发生也容易定位；质量和效率较高，成本较低。

由此可见，拉通克服了敏捷在适用范围、管控、质量、成本等方面的不足。

4. 敏捷属于不稳定环境中小范围的快速拉通

综上所述，拉通早已包含敏捷的原型；敏捷的核心优势，例如快速响应等，拉通同样也有；拉通系统中的主要部分，即打通、穿通、弹通、段拉通、内拉通，是敏捷的基础和前提，没有拉通就不能敏捷。此外，拉通之中还有推拉通等敏捷没有涵盖的部分。

高效要靠精益、拉通，敏捷的主要作用是灵活，敏捷既属于精益、拉通，又要依靠精益、拉通。拉通既利用了精益的高效性和稳定性，又恢复了可以与创业公司相媲美的敏捷和创新。

拉通和敏捷的关系，可以用一句话概括，即敏捷是不稳定环境下、小范围的快速拉通。

拉通和 TOC 对比

1. 拉通可以兼容和发挥 TOC 的所有优势

TOC 的核心思想是以点带面、抓大放小，强调"约束"是首要的突破点，必须突破。它区分了瓶颈资源与非瓶颈资源，把企业在实现其目标的过程中现存的或潜伏的制约因素称为"瓶颈"或者"约束"。TOC 通过逐一识别和消除这些瓶颈，明确了企业的改进方向与改进策略，帮助企业提高企业产销率[一]等目标。

瓶颈管理的基本思想和实施基石，都集中在以下 TOC 的九条管理原则上。

第一条原则是追求物流平衡而不是生产能力平衡。追求生产能力平衡是为了充分利用企业的生产能力，这一点在设计新厂时是必须努力做到的。但对于已经投产的，尤其是同时生产多个品种产品的企业而言，由于市场并非一成不变，对于产品种类和数量的需求难免出现波动，在某一时刻还处于平衡状态的各环节生产能力，在另一时刻可能变得不平衡。

此时，如果仍然一味追求生产能力平衡，各个环节都按照之前设计的能力开足马力生产，由于实际需求和设计时规划的需求大相径庭，必然导致各个环节的产出比例和实际需求的比例不符，因此不是所有环节都恰好符合当时的市场需求，有的环节必然会积压在制品或成品。

瓶颈管理则强调在企业内部追求物流平衡。所谓物流平衡，就是使各个环节都与瓶颈环节同步，以缩短生产周期，减少在制品。TOC 认为，让同时生产多个品种产品的企业一直保持产能平衡不太现实，因此，必须接受市场波动这个现实，并在这个前提下努力追求物流平衡。

第二条原则是非瓶颈资源的利用程度不由自己决定，而是由系统的瓶颈决定。非瓶颈资源的充分利用，不仅不能提高产销率，还会增加库存和运行费用。因此，非瓶颈资源要利用到什么程度，由瓶颈资源决定，非瓶颈资源通常不应该满负荷运转。

第三条原则是要明确区分资源应该利用的程度以及能够利用的程度。应该利用的程度侧重于有效性，能够利用的程度侧重于可能性。不是所有环节的能力都要充分利用，对系统中"非瓶颈"的安排使用，应该基于系统的"瓶颈"。例如，一个非瓶颈资源的利用率达到了100%，但后

[一] 单位时间内生产出来并销售出去的产品所创造的利润额。

续资源只能及时消化其70%的产出，则另外30%的产出将变成在制品库存。此时虽然非瓶颈资源利用得很好，但从整个系统看，它的有效性只有70%。所以，为了平衡物流，可以让非关键资源适当闲置，这类似于在拉通中阐述过的"当停则停"。

第四条原则是瓶颈上损失一个小时将使整个系统损失一个小时。由于瓶颈资源没有多余的生产能力可供补充，因此它中断一个小时将使整个系统硬生生损失一个小时，反之，如果它的调整准备时间可以节省一个小时，那么它的加工时间将能增加一个小时，于是整个系统将增加一个小时的产出。因此，瓶颈资源的利用率必须尽量保持在百分之百，以增大产出。为此，要采取措施使其不能因为管理不善而不能工作、不得不停工。

第五条原则是非瓶颈资源节省的时间无益于增加系统产销率。非瓶颈资源之所以不是瓶颈资源，是因为它有闲置时间。在某个非瓶颈环节节约的一小时，在后面通常也会被闲置时间抵消掉，因而并不能增加系统产销率。

第六条原则是瓶颈控制了库存和产销率。由于制约系统产销率的是瓶颈资源而不是非瓶颈资源，因此，非瓶颈资源应该与瓶颈资源同步，其库存水平只要能使瓶颈上的物流维持连续稳定即可，多余的库存只是浪费，于是瓶颈也就相应地使库存得到了控制。

第七条原则是运输批量可以不等于，在许多时候也不应该等于加工批量。运输批量指的是环节之间运送一批零件的数量，主要考虑的是生产过程的连续和并行，以及环节之间等待时间、运输量、运输费用的减少；加工批量是指经过一次调整准备之后所加工的同种零件的数量，既可以等于一个运输批量，也可以等于几个运输批量之和，它主要考虑的是减少设备调整次数，合理利用相关资源，减少库存及其资金占用。

批量不仅影响库存，也影响产销率。关于批量，需要同时考虑两个方面，一方面，要尽可能提高产销率，在不改变批量之间切换时间的情况下,增大瓶颈资源上的加工批量;另一方面,在制品库存应尽可能小,不能随着瓶颈资源上加工批量的显著增大而同步增大,因此运输批量必须小,这也意味着非瓶颈资源上的加工批量要小,这样可以减少库存等方面的费用。运输批量和加工批量的优化目的、方向不同,因此往往不相等。

第八条原则是批量大小应该是可变的,而不是固定的。只要把第七条原则运用好了,就可以得出第八条原则。在 TOC 中,运输批量着眼于在制品,而加工批量则着眼于设备等资源的利用。同一种物料或半成品,在瓶颈资源和非瓶颈资源上加工时的批量可以不同,在不同的环节之间传送时的批量也可以不同,决定批量大小的因素不止一个,但主要因素是实际需要。

第九条原则是编排作业计划时考虑系统资源瓶颈。与 MRP Ⅱ 预先设定周期再排计划不同,TOC 认为周期不是预先设定好的,而是计划的结果,受批量、优先级等多种因素的影响。在 TOC 中,考虑到计划期内的系统资源瓶颈,应先制订瓶颈资源上的关键件加工进度计划,之后再制订非关键件的作业计划。另外,为了更好地解决瓶颈,对瓶颈处的质量有严格要求,尽可能不出现不良品。

根据以上九条原则,TOC 在实施时需要五大核心步骤,第一步是找出约束;第二步是找出突破约束的方法;第三步是使所有活动在第二步的基础上实施方法;第四步是解决约束问题;第五步,回到第一步,进行新一轮的循环、迭代。

根据 TOC 的思想、九条原则和五个实施步骤可知,TOC 的核心在于想尽一切办法用好瓶颈资源,并根据瓶颈资源的需要使用非瓶颈资源;非瓶颈资源只有在需要时才使用,不需要时就不用。在瓶颈资源及其前后,有推有拉,推拉结合。TOC 的优势在于解决系统瓶颈,扩大产销率,以便抢占市场、快速发展。在拉通中的"推拉通"中,同样可以在所有环节运用 TOC 理论,该提高产能的环节提高产能,该备库存的环节就备库存,该保持不动的环节保持不动,该减的减,该停的停。因此,拉通可以兼容和发挥 TOC 的所有优势。

2. 拉通克服了 TOC 在管理基础、成本、适用范围等方面的缺陷

TOC 的发明人是物理学家，他的强项在于从数理逻辑出发，用数理方法迅速提升产销率。但由于他毕竟不是管理学出身，特别不是工业工程或管理科学等专业出身，再加上他又不是从企业一线逐步成长起来的，因此 TOC 的主要缺陷在于没有实打实地夯实管理基础，提升管理内功和水平，导致管理基础不牢，于是成本也偏高。

因此，TOC 比较适合多品种、小批量且经常波动的市场需求，企业想要快速增长但管理水平不是特别高的情况，而拉通就没有这方面的限制。另外，拉通能不断夯实管理基础，提升管理水平，降低成本，克服了 TOC 在管理基础、成本、适用范围等方面的缺陷。

3. TOC 属于在不稳定环境中不具备拉通能力时想实现的"推拉通"

事实上，一般意义上的解决瓶颈约束，提升产出效率，并不是新鲜事，早在 20 世纪 10 年代，福特流水线的平衡就做得很好，这比 TOC 要早 70 年。TOC 在一定程度上也可以理解为运营算法的改进，TOC 这个相对独立的体系中所有的算法都可以应用、融合到拉通的各个环节之中，例如，每个环节都可以增加库存，且库存数量可以自由掌控。拉通中"推拉通"的算法、理论，不仅可以包括 TOC 的算法、理论，还可以融合任何其他先进的算法、理论。

对比拉通，TOC 相当于直奔拉通的最高水平"推拉通"而去，但没有一步一个脚印地逐一经过悟通、打通、穿通、弹通、段拉通、内拉通、链拉通等阶段。而真正意义上的推拉通是在拉通功夫到位基础上的推拉结合。

因此，拉通和 TOC 的关系可以用一句话概括：TOC 相当于拉通基础管理功夫不到位时的推拉结合，属于不稳定环境中不具备拉通能力时想实

现的"推拉通",可见,TOC也可以归入拉通的大范畴。

拉通是对各种主流运营管理理论的集成创新

"集成创新"里的"集成",至少有三层意思。第一层意思是,它暗含了一个前提,即这些理论都有可取的地方,首先需要虚心学习、吸收,需要"扬长"。第二层意思是,任何理论都难免有不足之处,这些理论也不例外,需要"避短",需要在消化了之后,再进行优化、创新。第三层意思是这种创新不是原始的底层创新,而是集成性、应用性的创新。

当然,在集中发挥这些智慧的优势、克服劣势的基础上,如果还能用一套统一的方法论,通过灵活配置来综合实现它们的优势,就更好了,这也是本书写作历时三年力图实现的目标。

从本章的论述中可以看出,这个目标大体上已经初步实现,但是,仍然需要并期待企业界和学术界的朋友一起来进一步丰富、推广,让它为中国企业既增长又增效、增强核心竞争力,发挥更大的力量!

第 8 章

拉通蕴含了哲学思想，更契合中国文化与现实

文章合为时而著，歌诗合为事而作。

——唐代 白居易

哲学一词源于希腊文，意思是"爱好智慧"。它是基础的学问，因为任何专业学科，包括企业的经营管理学科，都需要从最基础的定义开始，才能逐步构建学问的高楼，而定义就是哲学的思考方法；哲学也是统合的学问，一般专业学科的特点是分，而哲学则是合，能统合一切知识，是学问之母、"学问中的学问"。哲学不仅是知识，还超越知识成为智慧，完整地拥有智慧的两个基本特征，即完整性和根本性。哲学如此重要，以至于苹果公司创始人乔布斯曾经感叹道："我愿用一生的成就与财富，换取同苏格拉底共处一个下午。"

如果把企业的经营管理比作飞行，哲学就是航空罗盘，它会告诉人们飞机目前在哪里，方向和目标是什么，以及为什么要去往那个方向，达到那个目标。特别是在气象情况复杂或夜间飞行时，航空罗盘的作用尤为重要。

因此，很有必要从哲学的高度和深度研究经营管理，包括研究拉通。哲学学科多种多样，早在古希腊时期，哲学家们通过提出、分析问题来研究哲学，发展出了形而上学、逻辑学、认识论、伦理学、美学等多门哲学学科。

事实上，拉通中也蕴藏着比较丰富的哲学思想。限于篇幅，本书重点分析与古老的形而上学相对应的辩证法。不懂辩证法，很难做好经营管理，当然也做不好拉通。

拉通中蕴含了哲学思想

在讨论中国哲学之前，必须先明确一下，任何一种哲学，包括中国哲学、西方哲学等，都有可取之处。西方哲学具有注重理性和分析、讲求逻辑和概念、分支众多且大部分目前仍然处在蓬勃发展之中等优势，在未来较长时间内仍然非常值得中国哲学研究者研究。如果相关人员有了唯我独尊的狭隘思想，就必须抛弃。当然，中国哲学也有自己注重统合和直觉、重视人类与自然的协调、对西方哲学的学习和借鉴比较虚心等优势。

学习需要虚心，但应不卑不亢。拥有近三千年历史，有糟粕更有精华的中国哲学，也应该有足够的自信。

笔者认为，能有效指导中国企业经营管理实践的哲学，将会是在充分吸收西方哲学精华的基础之上，以中国哲学为灵魂，中西融通的哲学。

纵观全球哲学史，中国哲学和西方哲学都重视辩证法，并对辩证法的发展做出了重要贡献。

就中国哲学而言，以先秦《易经》为本源，哲学家们通过人与自然的生命运动、阴阳化合的过程，直接感悟辩证法原理，加上老子、孔子、庄子等先哲们的贡献，从而发展出了偏重天人合一、注重感性直观的"和谐辩证法"。"不为已甚""毋太过"成为儒、道两家共同的箴言。众多与人类生存活动密切相关的、看似矛盾的范畴，其实相辅相成，共同构成了中国"和谐辩证法"的基本结构形态。在地球环境污染严重、亟须采取"碳中和"等措施的时代背景下，"和谐辩证法"的重要性不言自明。

就西方哲学而言，古希腊的赫拉克利特、柏拉图、亚里士多德等哲学家，在雅典城邦自由论辩等传统中，发展出了偏重物我两分、注重理性逻辑的"冲突辩证法"，它被视为矛盾双方通过辩论探寻真理的工具；之后，在19世纪初，黑格尔提出了包含三大规律及一系列范畴的辩证法。其实，真正的"三大规律"提法，是由恩格斯转述的，他认为黑格尔在《逻辑学》中阐述的"三论"实际上就是三大规律。限于篇幅，本章接下来主要以对立统一、质量互变、否定之否定"三大规律"为主线，来分析拉通中的哲学思想。

1. 对立统一

拉通系统，即贯彻了拉通思想、理念、方法的系统，也是"矛盾"的统一体。因此，需要辩证地思考拉通系统，即要用联系的、发展的、全面的观点，特别是用对立统一的观点看待拉通系统。矛盾的各个方面既对立，又统一。

首先，需要抓主要矛盾。总体而言，在"拉通"的整个变革过程中，都要求紧抓主要矛盾，牢牢把握方向，谋定而后动，急用先行，不苛求一步做到完美。具体而言，"通"的九级水平或九个阶段之中，每一个阶段需要抓的主要矛盾、关注的重点问题不尽相同。除了走通主要解决"活下去"的问题之外，其余都是重点解决"路"或"车"的问题。四级拉通，解决的主要是"车"的问题；悟通、打通、穿通、贯通重点解决"路"的问题，其中，悟通解决思想中的"路"，其余三个解决运营中的"路"。

同时，还要辩证地思考，根据实际中的具体情况，多角度地（包括从相反方向）去思考分析，以提出解决问题的新思路。本书在分析拉通时，用到了辩证法中的逆向思考，一方面，本书的主题之一是拉，但要想更深入、全面地理解拉，需要从其"反面"推进行分析。着眼于"反面"进行分析，更能清晰看出"正面"的优缺点及其逻辑；另一方面，为了深入理解通的水平，前文已从阻力的视角进行分析，对问题的解决以及通的水平的提升，更能对症下药、更有效。

此外，还要特别注意从以下几种对立中把握统一。

（1）柔性与刚性

拉通，既然可以逐一、单件运转，当然也可以小批量乃至中大批量运转，因此适用的批量范围较广，柔性较强。即使批量大一些，也是通的，只是通的程度即"畅通度"不一样罢了。此外，拉通能使系统在变更计划或作业方法等方面，拥有更强的柔性。

但是，柔性的前提是刚性，即相关环节（特别是关键环节）要具有刚性、可靠性，否则系统会运转得跌跌撞撞、非常吃力，更遑论柔性了。

拉通系统，是柔性和刚性的统一。

（2）无限与有限

拉通，永无止境，只能逼近。

无论是"通率"及其因子"穿通率""拉动率"，还是"畅通度"或"增值比"，虽然都可以"无限"地改善下去，但都难以达到"有限"的100%，只能"无限"逼近。

正如现在的周期是20分钟，只要相关环节仍然存在，哪怕按一半的比例不断缩短，可以依次缩到10、5、2.5、1.25、0.625、0.3125……分钟，但永远不能到达0分钟。虽然目标存在天花板，但改善仍可不断进行，日拱一卒也是进步。

以华为为例，虽然悟通、打通、弹通做得不错，但对比最高标准，穿通、拉通仍有较大的改进空间。这也是笔者认为华为人效仍有较大提升空间的原因之一。

拉通，既有限也无限，既无限也有限。

（3）整体与细节

拉通重视整体，"五通"方法论环环相扣，逻辑较为严密，是一个系统化的整体；同时，作为一个追求卓越的系统，拉通又注意每个环节、每个阶段的改进，并使相关人员激发出一种动力去持续改进，从而实现整体与细节都不断得到重点突出、循序渐进的提升。

（4）确定与不确定

关于确定与不确定，可以从两个方面来看。

从变化上看，企业面临的外部环境在不断变化，但不能让内部所有环节都一直变，否则容易迷失方向、乱了阵脚，因此要以内部规则的确定性来应对外部的不确定性。"五通"方法论，就是比较确定的规则，是应对"万变"的"不变"。

从企业属性上看，企业位置、所处行业、规模大小、经营模式和文化都不尽相同。不管这些属性在不同的企业之间有多么不确定,"五通"方法论对它们都是确定的、适用的。

(5) 压力与动力

在第2章中,我们已经分析了,在实现拉通的过程中,出现质量事故会让人感受到来自相关部门、同事的关注和压力,从而激发相关人员在后续工作中主动防患于未然、提升质量的动力。于是,压力转化成为动力。

(6) 利他与利己

拉通首先可以"利他",为客户更快地提供性价比高的优质服务,使客户更有核心竞争力;与供应商更加快速地共享更加丰富的信息并共同改进。当客户和供应商发展得更好、更认可企业的价值了,企业会得到并顺利交付更多、更优质的订单,反过来实现了"利己",从而实现共赢。

2. 质量互变

一方面,拉通的各级水平都是从量变到质变的过程,因此,既要在量变能够引起质变时,有必胜的信心与敢于突破的勇气,又要不失时机地促成从量变到质变的飞跃,使通的水平向上一级水平跃升;另一方面,质变发生后,通的水平上升到一个新的台阶,反过来能促进新的量变,正如老子所说"为学日益,为道日损"的量变过程一样,要坚持脚踏实地不断改进,使通在新一级水平上逐步提升。

拉通各个步骤的推进、通的各级水平的提升,都是量变和质变、连续性和间断性的辩证统一。

3. 否定之否定,螺旋式上升

从推到拉,是第一次否定,因为推存在一系列先天缺陷,会带来一系列不良后果。在具备了段拉通能力、管理内功练得比较扎实之后,又可以引入推，进行推拉结合，以便抓住增长机会，加快做强做大的进程。引入推进行推拉结合，也是在急切追求快速增长的情况下对纯粹拉式的一定程度的否定。因此，从推到拉再到引入推，可以算是否定之否定的过程。

前后两次虽然都称为"推"，水平却大相径庭。第一次的推，是管理比较原始、粗放的状态，管理水平低下。第二次的推，是在管理内功比较扎实、至少具备段拉通能力之后的状态，管理水平较高，并且从管理层面上升到经营层面。因此，从推到拉，再到引入推，是推的螺旋式上升的过程。

打个比方，这个否定之否定、螺旋式上升的过程，就像在经济困难的时候，很多人没有肉吃，只能吃蔬菜等素食。经过多年的经济发展，有了足够的肉，不但吃腻了，而且吃出了高血脂、高血压、高血糖等一系列的疾病，最后人们又回归到以吃素食为主。经济困难的时候以吃素食为主和生活富裕时以吃素食为主，如果从上往下看，会发现它们投影到平面上时是一样的，都是吃素食；如果换一个视角，从纵切面看，就可以清楚地看到从下到上是从吃素食到吃荤菜再到吃素食这样一个完整的过程，中间经历过一个否定之否定的过程。

除了辩证法之外，拉通中还蕴藏了其他的哲学思想。精益、约束、敏捷、业务流程再造等名称，都仅仅指出了方法或结果中的一个方面，而在"拉通"中，既包含了方法，又包含了结果，还能体现渐进的过程及其完整性，此外更简练；拉通研究的是运营的根本规律，因此反映了根本性。同时具有根本性和完整性是哲学、智慧的特征，因此拉通具有哲学意义上的简约之美。拉通系统是简约而不是简单。

拉通反映了华为哲学的核心：开放、妥协、灰度

开放、妥协、灰度，是华为哲学的精华，也是一个领导者应该具备的风范。无论是拉通系统的发展、推行、推广，还是拉通系统的实际运作，

都需要开放、妥协、灰度。一个系统的实际运作，不一定是非推即拉的，可能是介于纯推式和纯拉式中间的"灰色"地带，并且系统处在经常变化之中，因此，灰的程度也经常变化。拉通背后的哲学思想，较好地顺应、体现了华为哲学的精华。

1. 开放：拉通是兼容并包的开放式系统

一个不开放的系统，一种不开放的哲学、文化，一家不开放的企业，都不会努力吸收别人优点，会逐渐被边缘化，迟早会变成一潭死水。古罗马、古巴比伦的文化虽然曾经与中华文化并驾齐驱，但早已荡然无存。中华文化之所以延续到今天并在继续发展，与其开放、兼收并蓄密切相关。

拉通系统具有很强的开放性。由于人们既可以自由调整"弹簧"的数量和每根"弹簧"的受力范围和受力大小，又可以在任何需要的环节进行推拉结合，因此，拉通系统是一套开放、可延展的体系，可以整体地、没有阻碍地兼容质量管理理论、瓶颈理论等众多有借鉴价值的理论精华，持续增强自己的生命力。

2. 妥协：使影响拉通的各种要素和谐的过程

"妥协"是双方或多方在某种条件下达成的共识，与中国儒家哲学中的"中""和"非常相似。明智的妥协是为了确保实现目标而进行的一种适当的交换，是以退为进。它通常指的是为了达到主要目标，可以在次要目标上做适当的让步。它是一种让步的艺术，是一种美德，是高水平管理者的必备素质。

妥协虽然不是解决问题的最好办法，但在没有更好的办法时，它就是最好的办法。

就拉通系统而言，由于企业在发展过程中时空不断在变，而企业中人与人之间的关系不是征服与被征服的关系，加上企业经营管理水平的提升和目标的实现靠的是理性而不是意气，因此可以通过设置"弹簧"的数量、弹性、需要承载的力，在何时何处进行推拉结合，推拉结合中各占多大比例，来进行务实、明智、通权达变的调整、"妥协"，从而团结大多数人达成共识，减少拉通系统在推行和运行中的阻力，消除冲突，以实现当时的增效或增长等目标，达成"双赢"或"多赢"。因此，虽然拉通的方向、原则不可妥协，但实现拉通目标过程中的一切都是可以妥协的，这些妥协不但重要而且非常必要。

3. 灰度：使影响拉通的各种要素和谐的结果

灰度是妥协的结果，是一个领导者水平的重要体现，通常可以概括为因势利导。

好坏、对错的标准，都是人定的。要从好和坏、对和错的极端思维中跳出来，依据时空的不同，审时度势，只有知道什么时候使灰色深一点，什么时候浅一点，才能正确决策并落实决策，进退自由，游刃有余。没有妥协，就没有灰度。

就拉通系统而言，虽然提高运营核心竞争力的目标是"弹簧"和推越来越少，但是，一方面，理想的目标不是一蹴而就的；另一方面，在需要市场进攻的时候也需要推拉结合。因此，从这个意义上看，拉通的哲学也是灰度哲学。

各级管理者在拉通的研究、推行、运行当中，都需要学会妥协、宽容，并保持开放的心态，这样才能真正达到灰度的境界，才能使企业在拉通内外、增效增长、为客户创造价值的路上走得更稳、更远。

"拉""通"更契合中国文化和现实

中国文化源远流长、博大精深。儒释道是中国传统文化的重要支柱，其中儒家文化尤其重要。而在儒家文化中，被提倡作为道德准则的"仁""义""礼""智""信"，以及作为中心线索贯穿统摄整个儒学体系的"中""和"，堪称精髓。对于"拉""通"和中国文化的关系，将围绕七个方面展开。

1. 仁：关爱他人，携手并进

在个人品德方面，孔子强调"仁"和"义"，尤其是"仁"。《论语·颜渊》篇中记载，樊迟问孔子什么是仁，孔子答道："爱人。"能爱人，就是仁。在历史上和现实中，有不少自己家庭非常贫困，但仍能帮助他人，舍己为人的人，这就是一种"仁"。

"仁"的核心，是要以人为本，充满爱心地关怀人、爱护人、发展人。

孔子认为，把"仁"付诸实践的途径是"忠恕之道"。"忠"指的是为人着想，舍己为人，"己所欲者亦施于人"，类似于《论语》中的"己欲立而立人，己欲达而达人"；"恕"，就是"己所不欲，勿施于人"。忠恕之道既要由人及己，懂得哪些事情不能做，又要推己及人，知道该做哪些事情并主动去做。虽然按"忠""恕"行事的人面临的情况在变，但衡量自己行为准则的来源不变，都源于自己而不是源于别人。

"拉"契合中国的"仁"文化，原因如下。

（1）拉：考虑下一个环节

推是发生在前后两个环节之间的关系，即前一个环节对后一个环节"不管你要不要，做完就给你"。即使后一个环节不需要，前一个环节也要给。因此，推只顾自己。

但是，拉考虑别人，"你需要，我才给"。考虑下一个环节的需求，对作为"别人"的下一个环节而言就是一种"爱"，因此，此时的拉也是一种"仁"，对下一个环节的"仁"。

（2）拉：主动承担任务

拉的基本含义包括牵引、承载等，即用力使物品或知识等朝自己所在的方向或跟着自己移动，如拉锯、拉车、用车拉货、拉网、拉紧绳子等。承载、牵引，就是承担、担当，也是一种"爱"。

从悟通开始，拉通系统就勇于担责，始终担当为客户创造价值的任务，不断挖掘自身管理潜力，"深淘滩，低作堰"，帮助客户构建核心竞争力并获得成功，本质上也是主动"爱"客户，因此，也是一种"仁"，对客户的"仁"。

（3）拉：身先垂范，"跟我上"

推动的时候，推的人通常走在行进方向的后面，内在的理念是让团队其他成员"给我上"，作用时间常常是断断续续的，甚至是一瞬间的，环节之间的结合比较松散。推的人虽然自己省事，却把困难留给了系统和团队其他成员。

但是，在拉动的时候，用力拉的人通常走在行进方向的前面，内在的理念是让团队其他成员"跟我上"，自己率先垂范、身先士卒，作用时间一直在持续，拉的人付出的努力更多，环节之间的结合也更加紧密，系统的表现更好。此时，拉是一种对团队其他成员的"爱""仁"。

（4）拉：拉近距离，携手并进

在距离感上，推通常是推开，有疏远的意味。而拉则可以表示和各种距离的人联络，使关系密切起来，因此有"拉近距离"的说法。

许多人距离越来越近，就可以手"拉"手团结协作，互帮互助，携手并进。

此时，拉就是一种对企业内部及供应链上相关人员的"爱""仁"了。

2. 义：雪中送炭，拉人一把

对于什么是"义"，《中庸》认为，"义者宜也"，"宜"是指一个事物应有的样子，因此"义"的含义有两方面：一方面，应该做的就要做，哪怕牺牲个人利益，为人处世有底线；另一方面，不该做的坚决不做。该做的事情，其本身就是目的，而不是达到其他目的的手段。

在中国儒家文化中，"义"更多体现为人与人之间的一种责任，能替人着想，重在行为。在别人遇到危难、需要帮助的关键时刻，就应该对其施以援手、"拉"一把，济困扶危。这种雪中送炭、担当"及时雨"的行为，是一个有良知的人应该做的，是"义"。

在拉通系统的设计、推行和运行过程中，难免有部门或个人需要帮助，"拉"人一把有助于工作的开展，也能培养、提升团队的互助氛围、合作精神和战斗力。

企业的发展往往是逆水行舟、不进则退，只有不断练好包括拉通在内的经营管理内功，企业才能"拉"好上坡车，促进企业更好地发展，解决更多就业，缴纳更多税收，乃至带动整个行业或整条产业链的进步。从这个意义上看，"拉""通"就是企业的应有之"义"。

作为对比，虽然推也用力了，但可能不但帮不到别人，反过来还会损害别人的利益，甚至造成生命危险。以日常生活中的排队行进为例，如果后面的人经常推搡前面的人，而前面的人并不需要别人推，这就会导致摔倒等危险。设想一下，在攀登珠穆朗玛峰时，环境险恶且体能宝贵，身体中的每份能量最好都不要浪费，就像企业的宝贵资源不容浪费一样。如果后面的人推前面的人，极其容易导致被推的人重则跌下悬崖，失去宝贵生命，轻则消耗彼此能量，并使秩序混乱不堪，增加拥挤，引发矛盾，影响行进的质量和效率，延长登顶的周期，增加了浪费和成本。因此，攀登珠穆朗玛峰时，一般不会出现后面人推前面人的现象，但前面的人可以根据需要在关键时刻拉后面的人一把，后面的人再根据需要去拉他后面的人。这样，在把推改为逐一拉之后，就没有什么无谓的体能消耗了。

3. 礼：尊重客户，遵守规则

外部客户的需求是整个拉动系统的原动力，内部客户即下一个环节的需求，是"拉"一个环节的动力。

对任何一个环节而言，最终都是为满足客户或用户的需求服务，而拉动是有规则的，例如，只在有需求时才拉。因此，"拉"本身就体现了所有环节既尊重客户，又遵守规则，即做到了"礼"。

4. 智：通明是非，知己知人

智，表示"通"晓天地之道，深明人世之理，明辨是非、曲直、邪正、真妄之心，对事物非常熟悉、精"通"，既包括熟悉别人，如友商、合作伙伴等，更包括认识自己。具备这样能力的人，被称为智者。在某一方面技术高超、有独创性或聪明灵巧的人，如中国"通"、万事"通"，也是一种智者。

在古汉语中，"通明"表示洞晓事物的道理，"通悟"表示洞达事理，具有高度的领悟力，《张衡传》中有"遂'通'五经，贯六艺"，其中的"通"都和"智"有关。

"拉""通"都有"智"的含义。无论是由推到拉带来巨大飞跃，还是一步步实现各级通的水平，从而逐步提升企业经营管理的水平和实际绩效，既需要明辨是非，又需要通明自己目前处于什么阶段和水平，还有哪些不足，其他企业或部门做得怎样，接下来往哪个方向和哪些抓手上努力等，这些都是"智"。

5. 信：坚定信念，诚实守信

信由人字旁和"言"组成。古语"言为心声"，说的就是人的言论应当不狂妄、不欺诈、真实、可靠，为人应当诚信。

在当今，"信"也可理解为思想、学说，在被人相信之后还可理解为"信念"，即自己认为可以确信的看法。

"信"体现了实事求是、坚定信念、诚实守信的精神。"人无信不立"，诚信是立身、立业、立国之本。

在拉通系统中，拉的原理、拉相对于推的比较优势、五通方法论和通的九级水平，拉通是数字化的重要基础和对精益和敏捷等的集成，这些综合起来就是有充分科学依据的一种思想、一门学说。当人们弄懂它的原理之后，更容易相信它能给企业、部门、环节、个人、供应链上下游伙伴带来益处，于是坚定信念、诚信对待相关环节，去使它真正得到实施和运行，使多方切实受益。

6. 中：恰合其时，恰如其分

"中""和"在中国文化中也极为重要。在《中庸》中，"中"指的不是正中间，而是"恰如其分""恰到好处"。"增之一分则太长，减之一分则太短"就是儒家所谓的"中"，既不"过分"，又无"不及"。

"恰如其分""恰到好处"的背后，通常暗含了"恰合其时"的时间概念，儒家往往把"时"与"中"联系在一起，如"时中"。比如，穿短袖衬衫，在夏天是"正好"，但在严寒的冬天就成为笑话了。孟子曾经这样评价孔子："可以仕则仕，可以止则止，可以久则久，可以速则速"，即很好地做到了"中"。

在拉通系统中，每一环节只在适当的时间提供适当数量的适当物品或服务，数量上不多不少，时间上当快则快、当慢则慢、当停则停，每一块好钢都用在刀刃上，成本和效率也没有什么浪费。这些恰恰就是"恰合其时""恰如其分""恰到好处"，也就是实现了"中"。

7. 和：协调分歧，和谐通泰

"和"经常和"同"放在一起比较，"同"意味着单调、千篇一律，不允许存在任何不同；"和"表示和谐，它承认不同，并协调分歧，把"不同"联合起来达成和谐一致。当然，这种和谐需要一个条件，即能让不同成分之间配比合适的"中"。一个理想的社会，就是这样和谐的一体。如《中庸》所说："万物并育而不相害，道并行而不相悖"。"和"来自"中"，"中"是"和"的条件，作用是达成"和"。

在拉通系统中，穿通和弹通的环节各自所占比例、需要推拉结合时推和拉的比例或推拉平衡点位置的选择，都需要符合"中"的要求，只有这样才有可能实现拉通系统与需求之间的"和"。

谈到"中""和"，就很有必要再谈谈和"中""和"都密切相关，在中国文化中也很重要，占了"拉通"系统半壁江山的"通"。

单纯从文字上看，《说文解字》中说："通，达也"，意思包括没有堵塞，可以通过、到达目的地，顺、畅等。

从文化上看，"通"一般指的是两个或多个实体之间在物质、信息以及能量、情感、精神等方面的相互交换、交流、循环、相互作用和影响。"通"表示不同实体之间有机相连，是一种联系。就像中医的经络，解剖之后看不到实际经络的存在，因此经络的"通"不是实体而是联系。

（1）痛则不通，通则不痛：内拉通

痛则不通，通则不痛，原本是中医术语，最早源自《黄帝内经》，是瘀血阻滞经脉引起疼痛的发病机理。中医理论极其重视人体的气血，认为"气为血之帅，血为气之母""气行则血行，气滞则血瘀"，当人体出现局部受寒、急慢性损伤、气血减少之类的情况时，会影响到气血的畅通，从而出现疼痛。换句话说，气血畅通就不会疼痛，如果疼痛就说明气血不畅通。

不但医学上认为"通"对身体重要，道家亦然。堪称是西汉之前道家思想之集大成者的《淮南子》认为"孔窍肢体皆通于天"，强调了人体的

新陈代谢都是通过孔窍与天地相通、"天人合一"的道理。道家养生学的玄机，核心就在一个"通"字。

古人还认为，保持人体管道通畅，维持人体各窍道的出入平衡以及人体和自然界交换的平衡，是强身健体、延年益寿必须遵循的法则。两种平衡都属于"中"，强身健体、延年益寿属于"和"。

痛则不通、通则不痛也完全适用于企业经营管理，特别是内拉通。例如，如果企业的物流、信息流或数据流、资金流都非常通畅，企业就会运转顺利、资金充沛、客户体验好、竞争力强。如果企业运转困难、客户满意度低、市场竞争力弱，则表明物流、信息流或数据流、资金流中的一种或几种不够通畅。

在"五通"方法论中的每一个步骤中，都需要沟通、协调，其中"悟通"是思想上的自我沟通和协调，打通、穿通、弹通、拉通是环节与环节之间、人与人之间的沟通、协调。借助拉通机制实现了这些通，就实现了企业内部的"通"与"和"。

（2）生态和谐，各方共赢：链拉通

企业和供应链上下游伙伴乃至生态合作伙伴之间的关系，就像人和自然的关系。西方思想中对于处理人和自然的关系的指导思想是征服自然，对大自然穷追猛打、暴力索取；而中国文化的主导思想，是与自然万物浑然一体。人与大自然不是敌我关系，不能讲"征服"；而是朋友关系，应以诚相待，以礼相待，共同发展。

企业和合作伙伴之间，也不是征服与被征服的关系，而是通过全价值链拉通提升经营管理水平，从根本上真正提升效率、质量、交付速度、资金周转速度，实现大家合作共赢、生态长期良性发展，从而实现整体的、长久的"通""和"。

当前，全球环境问题日益严重，企业之间、产业链之间甚至生态之间的竞争越来越激烈，需要各国联手采取实质性措施，这些情况也适合于中国和中国企业。此时，需要用蕴含仁、义、礼、智、信、中、和等中国文化精华的拉通系统来关爱他人、携手并进；雪中送炭，拉人一把；尊重客户，遵守规范；坚定信念、诚实守信；做事恰合其时，恰如其分；不断协调分歧，力争和谐通泰。这样不但可以持续提升自己以及供应链乃至生态系统的合作伙伴的经营管理内功和水平，而且可以减少浪费及对环境的破坏，还可以主动与自然环境和谐融合，促进人、企业与环境的协调发展。

在理论体系构建和实践上，本书创新性地总结出了精益、敏捷、流程再造、TOC与拉通的从属关系，即精益和流程再造属于稳定业务的拉通，敏捷属于不稳定环境中小范围的快速拉通，TOC属于不稳定环境中不具备拉通能力时想实现的"推拉通"。另外，本书也研究出TQM、六西格玛等也可以没有障碍地融合到拉通系统中。因此，精益、敏捷、TOC、TQM、六西格玛、业务流程再造等主流运营管理理论，都可以在相关人员秉持"仁义礼智信"原则的基础上，在"拉通"的统领下，达到"中""和"的境界。

和其他主流运营理论或推式系统相比，蕴含了丰富的哲学思想的拉通，更契合中国文化与现实。

致　谢

该写的前面已写，剩下的唯有感谢。

感谢胸怀宽广、格局宏大的任正非先生。

其一，没有一流的企业实践，很难诞生一流的经营管理理论。在任总带领下，华为投入巨资广拜名师，踏实实践，成长为场景足够丰富、过程及管理足够复杂、所有环节整体管理优秀、能为广大企业提供经营管理"全景图"的全球顶级企业，也为孕育新的管理理论提供了沃土。

其二，是任总在讲话中讲到"拉通"这两个字，我很喜欢，于是把它总结成理论体系。感谢他的启发！

其三，他领导的华为对我个人的成长也有很大帮助。在华为的工作经历既让我实践了所学的专业知识，通过参加ISC、IPD等重大变革的相关工作，大大开阔了视野，丰富了见识，潜移默化地激发了家国情怀和对专业、研究的热爱；也为我近年实践研究成果提供了咨询的机会；还使我有缘结识了一大批优秀的同事和前华为人。

感谢父母的养育和言传身教。

父亲做过农村民办教师，之后为了村里把半辈子都献给了赤脚医生的工作，他只读过三年半小学，但在工作中参加函授，拿到了中医学院的毕业证。父亲兴趣广泛，热爱书法，喜欢创作古体诗、楹联，也能唱黄梅戏，使我在艺术教育条件匮乏的情况下，依然幸运地从小就受到了原始但比较全面的美学教育和熏陶，让我受益终身。父亲经常以使老家的白鹿洞书院声名鹊起的朱熹先生教育我，一要求真理、讲伦理；二要读书下功夫，工作见真章，拉好上坡车；三要像"问渠那得清如许？为有源头活水来"那样会哲学思考，懂诗意浪漫。山区医生匮乏，父亲中西医一肩挑，中医重视经验、"通"；西医重视科学分析，如同本书对推、拉的分析。因此，拉通和中西医结合相似。从小的耳濡目染，对我写这本书不无益处。

母亲虽然没上过学，但善良好客，勤俭持家。她晕车，当我带她旅游一路摩托、城轨、高铁、地铁而避开乘坐汽车时，她开心的样子是我非常幸福的回忆。

我对两件事印象深刻，一是儿时虽然自家也经济拮据，但对于看不起病的患者，父亲会免除医疗费甚至药费；二是当患者走几公里山路来我家看病时，母亲经常在饭点留患者和家人一起吃饭，并用平时舍不得吃的鸡蛋、红薯粉、腊肉招待他们。父母的为人处世、待人接物、勤奋上进，一直是我的榜样。

感谢岳父母、妻子潘老师、儿子 Stanley 以及姐、弟对我长期以来的大力支持，谨将本书献给即将迎来七十大寿的岳父。

感谢三位写推荐序的老师，他们的专业领域与本书高度契合，既有学术界的又有产业界的，都是理论功底扎实、实践经验丰富的重量级专家，基本上是最适合为本书写序的专家组合。

感谢华为前执行副总裁、顶级人力资源专家、我在华为时的老领导徐赤老师，他使我对企业整体经营管理架构和人力资源管理的认识，在高度、深度、宽度上都得到明显提升。

感谢管理学界的北大陈春花、人大彭剑锋、华为首席管理科学家黄卫伟等老师，他们很早就让企业感受到管理学的价值，和他们的交流让我受益匪浅。

感谢母校上海交通大学的苗瑞、奚立峰、潘尔顺、蒋祖华、陈峰、孙小明、杜松宁、李昕荣、谢艺伟等老师的指导和帮助，也感谢我求学时的上海交通大学校长、中科院院士、美国科学院外籍院士张杰老师对"拉通"的鼓励。老师们的培育和上海交通大学"起点高、基础厚、要求严、重实践、求创新"的传统，既促使我将自己定位为有研究能力、能解决疑难杂症的实战派学者，也促使我对自己写书提了两个要求，一是50年后还有读一读的价值，二是凡是我独著或作为第一作者写的书，读者只需要闭着眼睛买就是了，读后肯定会有收获；还促使我结合在管理（科）学、信息科学、美学等领域积累了超过20年的实际情况，努力探索一条新路：以创造价值为目标，"拉通"顶层设计、战略管理、组织与人力资源管理、流程优化、信息化和数字化，尽量实现中西结合、科学与人文结合、古今结合，力争使经营管理既能服务于工作和事业，又能造福于人们向往的诗意生活，这也是我创作"十倍增效增长"三部曲乃至后续作品的初衷。这个目标实现起来很难，但我愿意迎难而上。

感谢机械工业出版社华章分社。感谢本书编辑张竞余老师、高珊珊老师专业的审校，以及对我一发现不合适之处就改稿、苛求质量的理解和支持。谢谢分社营销总监郑琳琳老师的热心引荐和分享。

此外，还要感谢表叔罗其银、施浩，剑鸣叔、廖姐、卢校、鱼头哥、刘诗文、何尤华、周桃玲等师长，童立新、Kiwi、黎飞、Susan、张鹏、Mary等好友夫妇，Michael老弟、唐兴通、唐文、邓斌、陈雪频、鲍志萍等书友，潘泽峰、沈瑾、吴一帆、李元博、厉譞、陈雪峰、伍宏伟、刘超等同学以及所有客户多年来真诚地支持或提点。

最后，要感谢中国文化的魅力。"拉通"这两个字蕴含中国文化，富有哲理而且精炼，故而我采用了这个提法，并下了很大功夫进行系统研究，一遍遍打磨书稿。从2018年在全国IE会议上有幸被邀作了"拉通"专题报告后开始本书的写作，到现在，写和改已经跨越四年。本书探究性工作接近百项，无论是构建结构，还是撰写每一章，都不轻松。痛并快乐着，也是一种美。

需要感谢的人还有很多，恕不能一一列出。谢谢大家带来的幸福感！就像我在接受电视台专访时突然有感而发的："有恩可感也是一种幸福！"

限于篇幅和时间，本书重点讨论的是华为的案例，后续会通过微信公众号、短视频、微博或图书再版等形式，增加其他行业特别是互联网、金融、咨询等服务业的案例，并介绍理论体系的新发展。

本书难免有疏漏之处，恳请斧正！欢迎企业界和学术界的朋友一起来丰富、推广"拉通"理论，使它发挥出更大的力量！

期待读者朋友们运用"拉通"理论，持续打磨适合自己企业的精益求精、美益求美、玲珑剔透的高效协作模式，开启一段又一段经营管理提升之旅，领略一程又一程的人生曼妙风景！

朱相鹏

2022 年 3 月 16 日于上海

参考文献

[1] 沃麦克，琼斯.精益思想（白金版）[M].沈希瑾，张文杰，李京生，译.北京：机械工业出版社，2015.

[2] 沃麦克，琼斯，鲁斯.改变世界的机器[M].余锋，张冬，陶建刚，译.北京：机械工业出版社，2015.

[3] 苗瑞，朱相鹏.质量管理学[M].北京：机械工业出版社，2020.

[4] 高德拉特，科克斯.目标：第3版[M].齐若兰，译.北京：电子工业出版社，2019.

[5] 萨瑟兰.敏捷革命：提升个人创造力与企业效率的全新协作模式[M].蒋宗强，译.北京：中信出版集团，2017.

[6] 克纳斯特，莱芬韦尔.SAFe 5.0精粹：面向业务的规模化敏捷框架[M].李建昊，陆媛，译.北京：电子工业出版社，2021.

[7] 哈默，钱匹.企业再造[M].小草，译.南昌：江西人民出版社，2019.

[8] 黄卫伟.以客户为中心[M].北京：中信出版集团，2016.

[9] 黄卫伟.以奋斗者为本[M].北京：中信出版集团，2014.

[10] 华为公司数据管理部.华为数据之道[M].北京：机械工业出版社，2020.

[11] 钟华.企业IT架构转型之道[M].北京：机械工业出版社，2017.

[12] 施战备，秦成，张锦存，等.数物融合[M].北京：人民邮电出版社，2020.

[13] 罗素.西方哲学史[M].解志伟，侯坤杰，译.北京：应急管理

出版社，2019.

[14] 冯友兰. 中国哲学史 [M]. 北京：中华书局，2014.

[15] 朱熹. 四书章句集注 [M]. 中华书局，1983.

[16] 周振甫. 周易译注 [M]. 北京：中华书局，2015.

[17] 成中英. 世纪之交的抉择：论中西哲学的会通与融合 [M]. 北京：中国人民大学出版社，2017.

[18] 乔清举. 儒家自然哲学的"通"的思想及其生态意义 [J]. 社会科学，2012（7）.

[19] 史延丽. 做最真实的财报 [R/OL].（2017-6-29）[2021-10-12]. http://app.huawei.com/paper/newspaper/newsPaperPage.do?method=showSelNewsInfo&cateId=11549&pageId=14747&infoId=35964&sortId=1.

[20] 张丽华. 华为研发 [M]. 北京：机械工业出版社，2017.

[21] 季羡林. 季羡林谈东西方文化 [M]. 杭州：浙江人民出版社，2016.

[22] 梁漱溟. 东西文化及其哲学 [M]. 上海：世纪出版集团，2005.